财经
法治

献给我的父母

金融财税法学前沿问题论丛 | 许多奇／总主编

Financial and Tax Fiscal Law

本书系国家社科基金一般项目“我国实施企业环境信息公开制度的障碍与对策研究”（项目编号：12BFX040）研究成果

Study on Implementation of Legal System of Enterprises' Environmental Information Disclosure in China

中国实施企业环境信息公开法律制度研究

方堃／著

4

法律出版社 | LAW PRESS

总　序

回顾历史可以发现，决定21世纪全球结构巨变的动因主要有两个，都发生在美国。一个是2001年9月的恐怖袭击事件；另一个是2008年9月的投资银行"雷曼兄弟"破产。前者引起了阿富汗战争和伊拉克战争，导致美国财政赤字激增。就在此时IT泡沫破灭，经济形势恶化，"钱从何处来"的问题变得非常尖锐。美国政府的对策是借助不动产政策来抬升景气，由于无法采取财政扩张手段，不得不采取信用扩张手段，借助金融技法获取必要的注入资金。然而增发货币和降低银行利息的结果是制造出了极大的住宅泡沫，最终因次贷问题诱发金融危机。后者——雷曼事件——则发出了政府不会救济大型证券公司的信号，接着在投资银行和券商中激起连锁反应，从不同角度严重冲击了世界的金融市场。正是这两大事件让美国政治和经济蒙受惨重打击，单极的帝国体制构想也终于土崩瓦解。

不言而喻，经济景气恶化势必造成国库税收减少，而反恐战争规模扩大势必增加政府开支。在一减一增之间，财政赤字必然会不断膨胀。这时，如果想提振景气、开拓资金来源，决策者会面临一系列困境。如果因为赤字压力无法进一步运用财政刺激方法来拉动经济，那就不得不增发国债或者扩大货币供应。但是，这样做总是有限度的。如果国债和货币发行过度，可能引发国债信誉暴跌和货币价值暴跌。在金融市场出现信用收缩之际，银行放贷行为随即会消极化，从而影响企业的生产绩效、雇佣以及销售。实体经济一旦恶化,又会反过来造成不良贷款率上升和金融市场的萧条,进而形成金融领域的恶性循环。为了阻止金融危机的蔓延,不得不硬着头皮按照凯恩斯的思路采取财政刺激手段,这就难免酿成政府债务危机或者加重企业和公民的税负。于是,很可能形成另一种财税领域的恶性循环。

在法学研究的视野中考察上述社会变迁及其经济形势,就会发现财税法与金融法之间其实存在某种奇妙的关联,似乎在凯恩斯学派与芝加哥学派之间出现了一个复杂的制度环路。一般而言,在风险性不断增大的状况中,仅凭确定的法律规则很难有效解决问题,政策性裁量的余地势必有所拓展。因此,在面临金融风险时,基于凯恩斯主义的财政扩张、金融救济以及企业援助等举措将陆续出台,政府对市场的干预和诱导会显著加强。显而易见,这些做法与全球金融资本主义体制所追求的市场原理主义和自由至上主义的理念是互相抵牾的。但是,如果不采取这些举措,一定要坚持芝加哥学派的那种货币主义立场,全球化的自由市场最终将被金融危机所摧毁。这是一个怪圈。

换言之,这也是一个自反性悖论。全球化的金融市场在强烈要求更大自由的同时就埋下了政府干预的契机,这样的逻辑似乎构成某种历史的讽刺。实际上,没有政府的干预和引导,20 世纪 30 年代的金融危机以及世界大萧条是很难收场的。实际上,在全球化的状态下,由于边界的流动化,通过货币供应量的维持或调节来保持经济平衡的效果已经越来越微弱,货币主义已经捉襟见肘。这就证明了纯粹的资本主义体制的确具有不稳定性、脆弱性,需要某种非市场的基础条件来克服其内在的无政府主义冲动。这种市场的非市场性基础,归根结底,就是适当的政府监管以及公平而有效率的法治。

然而我们不能仅仅从技术层面来理解监管和法律秩序的作用。的确,现代文明的一个本质特征是技术。在美国财政和金融领域,技术主义(technologism)的倾向尤其显著。众所周知,在 20 世纪五六十年代,庞德(Roscoe Pound)的"社会工程"法律观曾经风靡一时;20 世纪八九十年代,马科维茨(Harry M. Markowitz)开发的金融数理方法和通过复数证券的组合来分散风险的技术更成为华尔街的天之骄子。这样的金融工学,实际上暗设了一个前提,这就是人们的心理可以在一定范围内进行预测和计算。这样的理论预设,把个人金融动机的不确定性转化成了具有一定概率、可以进行控制的风险性,并通过拆解和重组的理性操作来分散和管理投资行为的风险。这种技术理性在微观上的确是可以存续的,也是有效的。但是,微观行为的合力未必能形成宏观的合理性。为此,我们需要超越个别行为和技术理性的维度,从信念、结构以及实践等不同侧面，把握金融领域的法治。

例如，信贷资产在细分之后进行证券化处理，在一定程度上转化为似乎很安全的金融商品，并大量出售给全世界的投资家，使得风险被极大地稀释。房贷是一种新式金融衍生品，全球金融资本主义体制为这种证券化商品的流转提供了最佳环境——这两者结合在一起，却于不经意间无限放大了美国2008年之秋次贷问题的危害。结果是一个国家内部住房泡沫的破灭竟然把欧洲乃至世界的金融市场冲得七零八落，激发了一场百年难遇的经济地震，至今余波荡漾。在这样的背景下，如何甄别和防止金融风险及其"蝴蝶效应"就成为一个世界性课题。分析与次贷危机相关的各种现象和效应后人们不难理解，金融市场的不确定性和脆弱性并非证券的固有品质，而是由作为金融市场的基础或者框架的制度和规范所决定的。不言而喻，金融自由化会加强市场的动态，即增加流动性。信贷资产的证券化因为分散了风险也会增加市场的流动性。这种人为的流动性越显著，越容易形成投机性价格，并使这种投机价格与正常的基础价格相距越来越远。反之，如果适当完善和坚持制度、规范以及监管，就会抑制投机的流弊，维护市场的稳健性。

金融法与财税法的贯通式研究是许多奇教授有意识追求的学术目标。她计划主编一套题为"金融财税法学前沿问题论丛"的系列研究成果，推动金融法与财税法的学科交叉合作，为学者、专家、律师以及金融管理者提供专精化的知识交流平台。对于这样的宏伟抱负和雷厉风行的执行力，我很欣赏，也非常钦佩，更乐观其成。鉴于金融法和财税法在中国还属于新兴研究领域，今后具有越来越重要的学术价值和现实意义，我希望法学界同人对有关动向给予更多的关注和支持，并愿意与大家共同促进相关学科的交流合作。金融危机及其对实体经济乃至财税制度的影响是当今世界不得不面对的最大风险，也是市场经济法律体系的一个关键性变量。相信这套丛书对于我们深入理解和把握风险社会的法治问题也大有裨益。

是为序。

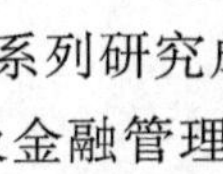*

2015年12月2日于京沪旅次

* 上海交通大学法学院院长，教授，长江学者。

序　一

欣闻方堃副教授的专著《中国实施企业环境信息公开法律制度研究》即将付梓，十分高兴，特以此序为贺。

企业环境信息公开制度，是维护公民、法人和其他组织依法享有获取环境信息的权利，促进企业事业单位如实向社会公开环境信息，推动公众参与和监督环境保护的一项重要制度。但是，该制度在理论支撑和立法规范方面还存在不少问题，其实施效果也不够理想。针对企业环境信息公开制度的问题和困境，方堃副教授勇担学者的使命，对该制度进行了较为系统、深入和全面的研究。本书既是他近几年来潜心研究的心得，也是其研究成果的具体体现。

本书共由7个部分构成，内容相当丰富。问题意识和对社会现实的关怀是贯穿本书的一条生命线。作者展开研究和论证的起点是企业环境信息公开制度在我国实施过程中存在的问题和障碍，包括信息公开的原则对传统行政管理模式的依附、信息公开主体统一判定标准缺失、公开范围狭窄、企业环境信息游离于企业会计核算公开之外、救济途径失范、制度实施中政府功能缺失等热点、难点问题。结合上述问题，作者从社会学和政治学角度出发，根据风险社会理论和企业社会责任理论，深入论证了企业环境信息公开制度的整体性特征。作者通过分析研究指出,在风险社会背景下,企业唯有履行公民义务、担负起社会责任,才有可能实现企业利益与社会、环境利益之统一;风险社会决定了企业应当同其他利益主体相互合作、共同面对和承担环境风险社会责任,通过完善信息公开制度达成企业利益与社会公众利益、环境利益的统一;借助博弈论的成果和信息资本的价值取向,可以形成一套有机联系的、既符合国家立法目标又能满足市场主体利益需求、促进企业实施环境信息公开的制度保障体系。通过深入研究,作者提出了一系列具有合理性和可行性的对策建议:将企业环境信息公开制度实施融入中国生态文明建设制度构建总体战略之中,体现制度建设的普遍性与特殊性结合;强调发挥政府在制度实施中的引领和监督功能;坚持企业环境信息的强制公开与自愿公开相结合原则,充分发挥企业市场主体的能动性;强化企业环境会计核算公开体系建设,有效协调企业内部治理与外部监督;结合国家对环境影响评价和排污许可证制度的改革,发挥企业环境信息公开制度在强化环境治理的事前预防、事中事后监管功能;通过环境行政、民事、刑事责任制度的强化,为实施企业环境信息公开制度提供司法保障。

在研究方法上,本书运用多元研究的思考模式,通过综合考察环境问题的综合性、所涉利益主体的多元性、法律追求的实质正义与程序正义,以及权利义务对等性等特点,从法学、政治学、经济学等多学科层面进行分析和论证,为建立健全企业环境信息公开制度和国家环境治理改革提供了理论支持。例如,从经济学角度考虑,制度的架构和实施的目标在于制度的运行效率。企业环境信息公开是合作博弈的前提,也是共同应对环境风险的基础和关键环节,企业在对环境信息资本的经济价值和社会价值的选择中社会价值应当是首选。在法学层面,基于公众拥有在良好环境中生存的权利、有参与环境保护管理的宪法权利,推行环境信息公开制度有利于对公众环境知情权的保障,实施有效的环境保护监督管理。

总之,本书从多种角度深入分析研究了我国实施企业环境信息公开制度的障碍与对策,相信读者能够从中获得不少收获和启迪。

作者方堃是我指导的1996级硕士研究生,从事环境资源法的学习、研究和教学工作已有22个年头。他勤奋好学、谦虚严谨、关心现实、潜心钻研、坚持不懈,20多年来一直辛勤耕耘于环境资源法学领域,矢志于并深爱着这一专业,正是这种品德奠定了他能够在学术上不断提高、频出硕果的基础。他的系列成果和本书的出版印证了他的这些优秀素质。今天,我衷心祝贺他这本专著的出版,并期待他为我国环境资源法学的发展做出更多的贡献。

蔡守秋

2018 年 4 月 25 日

序　二

方堃博士在国家社科基金项目研究报告的基础上改写的专著《中国实施企业环境信息公开法律制度研究》终于完成了。

对该著通读,我感到它的最大特点就是对中国环境问题的现实关怀及其对法律实践的切实关注。第一,基于企业公民的社会属性,将企业社会责任理论(以企业为原点)同风险社会理论(以公众为原点)有机结合,探寻了如何通过完善信息公开制度达成企业利益与社会公众利益、环境利益的统一。基于成本效益的一般经济分析框架,借助博弈论的成果和信息资本的价值取向,形成一套有机联系的,既符合国家立法目标又能满足市场主体利益需求,促进企业实施环境信息公开的制度保障体系,为中国法学理论研究提供新的理论样本。第二,基于其研究主题内容的法学主体性以及环境问题解决的综合性和所涉利益的多元性特点,着重从法学层面探讨制度实施中的实质与程序正义、多方主体权利的保护以及对应的义务(尤其是企业义务)履行。同时,从对环境问题的解决需要超越法律之外的思考和对策角度,努力尝试了从政治学、经济学层面进行分析和思考,以求给出对策的完善性。

本书除注重对于企业环境信息公开制度的理论挖掘和制度架构外,还以动态的研究视角,注重对现行中国环境法治实践中重要环境问题的关注、注重对中国环境立法进程中涉及研究主题的热点、难点问题的分析与解读，并适时为国家改革和立法、地方实践提供建议和理论支持。

掐指一算，我和方堃相识已有10多年了。虽然平时接触不多，但因同为武大校友，我们之间的交谈无论是生活还是工作，总比其他学者来得亲近和自然一些。方堃是一位为人谦虚、做事踏实、待人和气的学者，多年前他曾就他的博士学位论文选题、构思和文献综述等问题与我交流研究心得，博士学位论文撰写完毕后还专门邮寄给我留作纪念。最近几年，在青岛、武汉、北京、上海，我们之间的学术交流更为频繁，我们一起讨论问题的场景经常浮现在我的眼前。

为了取得一手数据资料，在本书撰写过程中他曾带领学校“大创项目”的同学们顶着烈日去工厂、公司和社区做实地访谈调研，调研完毕后还要与同学们一起分析调研数据，完成调研报告并总结经验为下次调研确立优化方案。为完成英文核心期刊论文的写作，他和他的合作者们一起花费了2年时间，经过10多次的反复查询资料、修改完善。令人感动的是，他在患病住院期间还不间断地修改著作。

在实地调研中，方堃同企业家进行了平等交流，在分享其观点与建议之后，与企业家们就解决问题的对策方案进行探讨，为书稿的观点奠定了实际可行的基础，为本书的社会影响和效益提供了现实的依据。因此，本书面对现实问题，借助风险社会、博弈论、信息资本、社会责任、公民环境知情权等理论，力求正确定位企业实施环境信息公开制度存在问题的性质和类别、把握产生问题的原因、从而寻求和梳理出克服这些障碍的手段、路径和阶段，使其提出的问题能够得到较为系统的学术应对。

在我看来，这本沉甸甸的著作是方堃用自己多年心血和精诚合作换来的。他告诉我，在本书的撰写过程中他曾结合研究心得多次向政府有关部门提交咨询报告。我认为，方堃博士这样的学术品德和务实精神正是一个学者所应追求和具有的，这些看似平常简单的修炼却在不经意中成为铸成正果的牢固基础，才能成就他对环境法律问题的独到见解和智慧。

值此新作出版之际，欣然为之作序。

汪劲
2018年5月4日写于
北大法学院陈明楼507室

序　三

在方堃副教授大作《中国企业环境信息公开制度研究》付梓之际，受他之邀作序，很是欣慰。虽说20世纪90年代末在武大就与他结识，但是与他的学术交流和沟通是在我到上海工作之后，尤其是在他博士学位论文写作和国家社科项目执行之时。我们之间就企业环境信息公开制度这一主题进行了较为深入的讨论。

环境问题的成因无论是“市场失灵”，还是“政府失灵”，企业外化内部生产成本总是环境问题的表征。以解决环境问题的为目标值的环境法律制度设计与实施必须针对企业偏好及其行为函数或曲线，否则制度绩效无从谈起。为此，企业环境信息公开成为环境法律制度设计与实施的基础性制度，机制设计理论甚至将信息对称性作为有效制度设计的标准。尽管中国环境法是设计与实施政府环境监管或规制的法律规则，政府偏好及其行为函数或曲线才是现行制度设计与实施的出发点，但未来肯定会有改变。方堃副教授将企业环境信息制度作为自己多年研究的选题意义或许正在于此。

本书是方堃副教授积淀多年潜心研究，在国家社科结项的成果基础上形成的，蕴含着他研究过程的辛勤劳作及深入的探讨和思考，实属来之不易。他有关企业环境信息公开法律制度的深刻思考在本书中得到了充分的体现，本书的出版可能会为企业环境信息公开的法学理论研究和制度实践带来更多的启示和借鉴。

方堃问题意识明确，直面中国现实环境问题、环境治理进程，企业环境行为，将环境信息公开纳入环境治理政府、企业、社会公众制度结构体系之中，进而将企业环境信息公开作为国家环境治理体系建设和环境治理能力建设的关键点。同时，将企业环境信息公开制度与中国环境法制改革进程结合起来，使企业环境信息公开制度更具有可操作性，如结合排污许可证制度、环境影响评价制度和环境公益诉讼制度改革论及企业环境信息公开制度环境，使主题具有很强的现实价值。

作者跨越了传统法学的视野，对理论与制度进行开拓性思考和专业性研究。本书将制度设计与实施放在风险社会的宏观背景下进行考量，以较成熟的风险社会理论解构企业环境信息公开制度中的各利益方主体之间相互合作的可能性，在逻辑的运用与推理中证成有效的环境信息公开机制和行动，将企业发展利益同社会发展利益、环境服务功能相协调，进而最大限度地促成社会整体利益的平衡。

作者的研究充分考虑到企业及企业家经济人属性，将环境信息公开成本比较与选择作为企业环境信息公开制度的出发点与归属，直接揭示出企业积极参与企业环境信息公开制度的动力源。为此，作者引入博弈论和信息资本理论进行更加深入的分析。提出强调企业环境信息公开主体作用，必须充分意识到企业自愿行为才是制度绩效的根本；承认企业制度惰性和投机行为，强调制度需要政府的主导和引导与社会公众的监督，从而实现企业内部治理与外部监督的有机结合。同时，作者借助环境权理论，深刻地阐释了企业公开环境信息的合法性、正当性及其价值，强调了企业环境环境信息公开的严肃性以及其责任担当。

必须强调，作者综合运用法学、政治学、社会学、经济学等多学科的研究智慧，为建立健全企业环境信息公开制度和国家环境治理改革提供了理论支持，使问题的研究更全面、给出的对策和建议更具有说服力。这也是本人极力推崇的研究范式。

本书也是方堃副教授走向新的研究高度的基础，期待他今后能够为中国环境法学的发展贡献出更多、更好的成果！

肖国兴

2018年6月26日于上海

序　四

本书从不同层面针对相关理论和中国发生的环境事件、环境立法中涉及的企业信息公开问题和相关理论进行了研究，是以其承担的国家社科基金项目最终成果为基础而完成的一部力作。

本书的研究目的是，基于企业的社会属性，围绕着“企业”和“公众”两个“原点”，综合企业利益相关方理论、企业社会责任理论、风险社会理论、公众环境知情权理论，探寻实施企业环境信息公开制度对企业经济利益与社会利益、环境利益的统一。基于“成本—效益”的分析框架和信息资本的价值取向，借助博弈论的成果，形成一套有机联系的、既符合国家立法目标又能满足企业利益需求、促进企业实施环境信息公开的制度保障体系。

根据上述研究目的，本书对企业环境信息公开制度在我国实施过程中存在的问题和障碍进行了较为全面的探讨分析，提出了破解上述问题和障碍的理论支撑和依据，设计并论证了突破现实障碍的制度协调体系。

本书密切关注当代中国实施企业环境信息公开的实践和立法发展；问题意识思路清晰，提出问题，分析产生问题的原因，给出解决问题的理论依据和制度体系架构；在对策建议中，既有对制度设计的宏观把握，也有具体制度的微观组织。在学术研究方法上，基于环境问题解决的综合性、本课题所涉利益的多元性特点，本书除着重从法学层面探讨制度实施中的实质与程序正义、多方主体权利的保护以及对应的义务（尤其是企业义务）履行外，还从政治学、经济学角度进行了对策思考。除注重对于企业环境信息公开制度的理论挖掘和制度架构外，还关注对企业实践中出现的问题、对策与经验的分析。

本书的学术贡献主要体现在：第一，理论阐述涵盖面广。涉及社会学的风险社会理论、经济学的信息资本理论和博弈论、法学的环境权理论，从而为制度体系建构设定了宽广的理论空间和支持。第二，制度的具体建构注重了统分结合、内外兼修。从企业环境信息公开的原则出发，阐述强制公开与自愿公开的制度类型设计，延伸到企业内部的环境信息核算与公开与外部环境影响评价、许可证监管、社会公众与司法监督的结合。

本书的出版，对深化我国企业环境信息公开制度的研究具有学术价值和实践意义。首先，对我国实施企业环境信息公开制度立法和实践现状、原因进行了深刻的剖析，从而为后续实践和研究提供了新的认识基础；其次，保障措施以制度体系的进路进行设计，从而保障了今后进一步完善实施企业环境信息公开制度更具有现实可行性和可操作性；最后，研究企业环境信息公开制度的实施，可以推动政府层面的环境信息公开和社会公众环境保护知情权、参与权和监督权的实现，有利于新时期政府为主导、企业为主体、社会公众参与的环境治理模式的形成。

希望方堃老师在本书研究成果的基础上，能够在环境法学的研究中，进一步产出更多高质量的学术成果。

蒋传光

2018 年 6 月 24 日于上海

序　五

方堃老师的力作《中国实施企业环境信息公开法律制度研究》付梓出版在即，要我作序，首先是因为我深知该书经多年磨砺才结硕成果，值得推介，更是由于作者倾心研究的精神、认真踏实的态度令我感动，便欣然接受了。

方堃老师是我的校友，先于我到上海交通大学法学院任教。学习环境法的他和研习经济法的我在专业上本无交集，今天有幸为他的专著作序，得益于2010～2012年我任院长助理分管学院科研工作期间，他兼任学院的科研秘书，因工作关系加深了相互了解。当时他一边承担学院繁重的教学和行政工作，一边努力攻读博士学位。由于一些原因，最后他博士学位论文的指导工作也转到我这边来了。

方老师是一个并不多见的有着阿甘精神的学者。在学术研究道路上他每一目标的实现都得益于那份坚持与执着。他确定在既定的时间内完成博士学位论文，就把办公室当成家，夜以继日地工作与写作；为了成功申报国家社科基金课题，他不断学习同事们的中标经验，反复修改、完善自己的申报书。2009～2012年，他以"我国实施企业环境信息公开制度的障碍与对策研究"为题连续4次申报，前3次虽然失利但第四次终于成功。这份坚守和执着，不但使他顺利完成了国家课题并得以结项，还在SSCI刊物上以第一作者发表了相关内容的英文论文。据我观察，自

2005年起,方堃老师就想出版一本用心撰写的专著,2012年成功获批国家社科项目后,强化了这一愿望,并凭着那份坚守与执着将愿望变为了现实。方老师并无在企业和政府部门工作的经历,要完成与企业环境信息公开紧密关联的专著写作并非易事,但越是困难越能激发他的激情与坚韧。几年来,他利用寒暑假带领学生到工业区、社区、政府部门实地调研、收集现场材料,得到第一手资料;与其他老师一起在上海和外地的企业、行业调研与讨论;甚至自掏经费出国短期考察。这些调研和考察为专著的写作打下了坚实的实证基础。

有谚云:永远不要忘记法律的生命在于实施而不在于颁布。方堃老师敏锐地观察到,自2008年我国开始实施《环境信息公开办法(试行)》之后,存在各地各自为政、缺乏统一适用的有关企业实施环境信息公开制度以及评价该制度实施效果的标准等问题。针对实施中存在的问题有的放矢,本书的写作不乏亮点:一是前置性概念内涵与外延的准确把握。"环境信息公开"是"企业环境信息公开",也是全书的前置性概念。对这一概念的阐释,作者并未停留于我国学者大同小异的定义,而是在主体、程序和过程三个维度加以说明的基础上,再从发展的角度,沿着历史运动的逻辑通过考察其演进规律予以把握,从而形成对概念理解的连续性。扎实的前期工作,在某种程度上印证了"倘若前提假设设立得越严谨,后面的论证就会更有说服力"的学术规律。二是梳理我国有关企业环境信息公开立法清晰;分析企业承担环境信息公开责任注重实证根据。我国曾在不同层面,针对不同环境要素和不同具体情况,以不同形式对企业环境信息公开进行了规定。本书从"企业环境信息公开中的突发性事件应对立法""过程监管规范""预防立法""系统性立法启动和发展""上市公司环境信息公开规范"等方面加以展示,文表并茂,夹叙夹议。对于企业环境信息公开社会实践的研究,或者说对企业自愿环境信息公开的效果评价,本书是以调研结果来说明的,所选取的案例包括:2010年主持对某区《环境公报》试点(2008~2010年)的企业调研、2013年作为主要参与者参与的对某市企业社会责任实践的调研。个案分析在"环境信息公开的去向""环境信息对外公布的渠道""合适的信息公开方式""附近社区、居民参与听证程度""对被公开企业环境信息的反馈机制"等方面,借助大量的企业问卷、环境报告分析和访谈纪要来求证,数据充足,图文并茂,得出的研究结果客观中肯,令人信服。三是对企业环境信息公开的理论分析比较深刻。本书作者结合研究主题,运用风险社会理论、博弈论、信息资本理论、企业社会责任理论和公众环境知情权理论,通过经济学、法社会学方法,以环境保护与经济发展之间关系为主线,探讨了这些理论对于企业环境信息公开制度设计的功能和作用,表述了这些理论对于中国企业环境信息公开制度建设贡献的内部机理,既丰富了本书的理论内容,又使后面的制度设计具有了较强的理论说服力。四是对策性研究建立在前面理论分析的基础之上,有一种逻辑上的承接关系。本书用一种宏观整体的观念看待社会风险意识,指明"在这个复杂的风险网络链条中,最根本的原因是有关环境生态资源的信息、环境污染的信息、环境法律规范实施的信息在政府、企业、公众之间出现了不对称或者断层",在后现代主义风险社会理论基础之上,秉承风险交流理念,进一步厘清了企业环境信息公开中的利益博弈和平衡关系。在此之后,构建中国语境下的"企业强制信息公开制度"和"自愿信息公开制度",以及解决制度实施障碍问题的对策体系,就显得逻辑上自然延展,结论水到渠成。

本书是作者长期准备、反复思考、日积月累的成果,既有从理论到实践的逻辑推演,又有中国经验的实证考察,是"企业环境信息公开"方面不可多得的专业研究著作,值得法学研究者和所有关注这一主题的读者仔细品读。

是为序。

许多奇

2018 年 6 月 12 日深夜

于上海市虹口区华能公寓

Contents

目录

绪　论

一、研究意义

中国近年频繁发生的环境事件，如2011年中海油——康菲渤海湾漏油事件、2012年江苏省启东市市民反对排污项目事件等，都暴露出了一个共同问题，那就是企业对环境事件的前因、后果、进程等关键信息缺乏及时和完整的对社会公众的公开。然而，信息公开却是解决环境事件所涉及的问题、预防同类环境事件再次发生或者其他未知环境事件发生的前提和基础。只有全面完善企业环境信息公开制度建设，从法制层面约束企业的环境行为，才能督促企业增强环境守法收益意识和环境违法成本意识，防患环境问题与环境风险于未然。

2008年中国开始实施《环境信息公开办法（试行）》（2007年），将环境信息公开的主体分为政府和企业，明确规定了企业环境信息公开的内容，但在其后的几年里却只有部分地方政府环境保护部门在企业进行了试点。从对已有的试点地区和试点企业的考察来看，仍然是各自为政的局面，没有统一适用的有关企业实施环境信息公开，以及评价该制度实施效果的规则或者标准，实施效果并不理想。

在中国现行立法中，《政府信息公开条例》（2007年）原则性地规定了政府应当公开的环境信息。以此为依据的《环境信息公开办法（试行）》

(2007 年)对企业自愿和强制环境信息公开的内容给予了简要列举,对公开的方式以及对自愿环境信息公开的奖励进行了规定。其他少数环境法律规范中对企业环境信息公开也有零散的涉及。来自证券监管领域的立法也只仅仅涉及上市公司的信息公开。但是,分散的、缺乏统一的规则和标准的规定却不利于企业环境信息公开制度整体效率的充分发挥,加之中国亦缺乏对企业环境信息公开立法的系统性研究,所以,需要对现行的相关的法律规范进行整合以提升制度实施效率。2014 年修订的《环境保护法》对环境信息公开的专门性规定提升了法律规范的层级和效力,强化了该制度的实践意义和对该项制度研究的意义。

2008 年中国《环境信息公开办法(试行)》后,境内的大多数外资、合资企业实行了一定程度的环境信息公开,有些地方(如上海市闵行区)还要求在大型国有企业进行环境公报的试点,这对促进企业环境保护与经营的协调发展起到了一定的促进作用。然而国家"十二五"规划实施的反思、"十三五"规划的实施,却对企业的环境守法行为提出了更高的要求。无疑,企业环境信息公开制度的完善和实施效率的提高,对于完善中国环境法律体系和强化环境治理将起到积极的推进作用,也会促进在这一领域理论研究的深入。

(一)实践意义

在当今网络发达的时代,网络对于信息的公开、传递与传播作用具有辐射效应。[①] "破窗理论"对于维护环境信息的真实性、完整性很有借鉴意

---

① 在 P. J. 莫尔(P. J. Mol)新出版的著作中,作者从信息治理的轮廓出发,以总共 11 章的篇幅,详细地论证了信息时代的环境改革。该著作内容涉及面广、触角独特,涵盖信息治理、环境改革的社会理论、环境规制中的信息政策、网络经济的绿化、监管监督与授权,以及媒体垄断、数据民主和文化冲突等。该项成果对于中国从传统的向以信息为链接的环境治理模式转换的理论研究和实践具有重要的参考价值。See P. J. Mol, *Environmental Reform in the Information Age: The Contours of Informational Governance*, Cambridge Books Online © Cambridge University Press, 2009. Downloaded from Cambridge Books Online by IP 202. 120. 57. 61 on Mon Sep 15 06:22:35 BST 2014. http://ebooks. cambridge. org/ebook. jsf? bid = CBO9780511491030, Cambridge Books Online © Cambridge University Press, 2014; P. J. Mol, "Environmental Governance in the Information Age: the Emergence of Informational Governance", *Environment and Planning C: Government and Policy* 24, 2006, pp. 497 – 514.

义。① 无论是政府还是企业,如果对于网上误传的相关环境信息或者其本身发布的环境信息不真实或者不完整,肇事方或者信息发布者不采取紧急修复措施进行及时修补,就极有可能将这些不完整或不真实的信息传播出去、散布开来,从而形成一种无序状态。最终的结果是给社会带来对于信息和事件的种种猜测的混乱局面,使政府、企业与社会均陷于不利状态。当发生重大环境事件时,防治环境信息传播的“破窗效应”尤其重要。破窗理论的提出,其意义并不在于如何防止破窗,因为破窗是无法根本杜绝的;其意义在于,有良好的破窗后的修复机制以预防破窗乱象的发生,正确地引导或者警示人们、防微杜渐。这里的关键是,要建立一个针对不真实信息、不完整信息的严密的防范规则体系。如果立法中规则之间缺乏足够的有机联系,就会给法律遵守和法律适用造成麻烦,同时更会给违法者开启钻制度空子的“天窗”,如果应对不当也会引致破窗效应。相反,通过所设计的周密程序具体实施这些规则,强化信息公开,加强部门之间的信息共享和协同合作,并通过责任机制和救济机制予以保障,则可以让事件朝着有利的方向转化。本书的实践意义如下:

1. 对公众的企业环境信息需求的积极回应

以中国因规划建造垃圾焚烧厂引起的群体性事件为例。近年,中国连续出现已经通过环保部门环境影响评价的垃圾焚烧场选址因地方居民的强烈反

① 美国斯坦福大学心理学家菲利普·津巴多(Philip Zimbardo)于1969年进行过一项有趣的试验:把两辆一模一样的汽车分别停放在两个不同的街区。其中一辆原封不动地停放在帕罗阿尔托的中产阶级社区;而另一辆则摘掉车牌、打开顶棚,停放在相对杂乱的布朗克斯街区。结果怎样呢?停在中产阶级社区的那一辆,过了一个星期还完好无损;而打开顶棚的那一辆,不到一天就被偷走了。后来津巴多把那辆完好无损的汽车敲碎一块玻璃,结果仅仅几小时这辆车就不见了。以这项实验为基础,美国政治家詹姆士·威尔逊(James Q. Wilson)和犯罪学家乔治·凯林(George L. Kelling)提出了一个“破窗理论”,也称“破窗效应”,他们认为:如果有人打破了一个建筑物上的窗户玻璃,又没有及时修复,别人就可能受到某些暗示性的纵容,去打烂更多的窗户玻璃。久而久之,这些窗户就给人造成一种无序的感觉,在这种麻木不仁的氛围中,犯罪就会滋生、蔓延。“破窗效应”(Broken windows theory)是犯罪学的一个理论。此理论认为环境中的不良现象如果被放任存在,会诱使人们仿效,甚至变本加厉。一面墙,如果出现一些涂鸦没有被清洗掉,很快的,墙上就布满了乱七八糟、不堪入目的东西;一条人行道有些许纸屑,不久后就会有更多垃圾,最终人们会视若理所当然地将垃圾顺手丢弃在地上。载百度百科:https://baike.baidu.com/item/%E7%A0%B4%E7%AA%97%E7%90%86%E8%AE%BA/5407392?fr=aladdin,最后访问日期:2018年5月8日。

对而迫使当地政府“叫停”的事件。[①] 这类群体性事件在2009年以后呈现出高发态势，平均每年近5件。猫眼云情（KCIS）将诱因归结为“没有提早公示或知会群众就擅自规划施工，行政程序错误”“缺乏足够的宣传和教育，谣言扩散，使群众对设施存在误解”。[②] 而本书以为，其中的一个重要原因就出在政府和承担项目的企业，它们自己没有清楚地理解、也不向公众阐释环境影响评价的目的。环境信息评价的目的在于提示开发行为带来的好处和对环境方面的坏处，通过居民的参与，听取居民对项目实施后的好坏影响进行比较衡量的意见，从而使政府能够以此为参考决定公共政策。[③] 实践中，当对某个规划或者项目所产生的环境影响进行公开说明或者听证时，政府官员、企业、专家通常只是提及该规划或者项目能带来怎样的经济利益、会支出多少比例的资金用于环境保护，而对于规划或者项目即将或将来会面临的环境挑战与副作用则是不提、不敢提或者轻描淡写、一笔带过地提。或者是，有意在参与的公众的类型和数量上进行不公平的分配，以达到项目在形式上走过公众参与程序的目的。[④] 在这样的信息提供情况下，即使法律规定了公众参与的具体程序，也难以达到立法初衷，因为信息公开的不完整，人们根本无法进行实质意义上的交流，公众参与环境保护流于形式。与一桩桩环境事件相对应的事实是，无论是企业还是政府乃至政府环境主管部门，他们对所涉及的环境事件的信息公开都不尽如公众之意，对于法定的环境信息公开义务或者不完全履行或者不履行。然而，当环境事件发生后，对于环境信息的公开，政府诚信问题、

① 针对类似事件，即发生在我国四川的“什邡事件”和发生在江苏的“启东事件”，方堃从环境影响评价和环境信息公开的角度进行了分析。参见方堃：《完善环境影响评价的立法与执法——“什邡事件”和“启东事件”的启示》，载《绿叶》2012年第9期。根据猫眼云情报™（Kdnet Cloud Intelligence System ™，KCIS™）统计，到2012年10月20日，中国大陆垃圾处理引发的群体性事件经中外华文媒体报道的总共有23件，发生在2009年以后的共19件，占总数的82.6%。其中涉及垃圾焚烧发电厂的11件，关于垃圾填埋场的有7件，而涉及垃圾压缩站的有3件，涉及小区垃圾中转站的有2件。参见《如何实现双赢？中国大陆垃圾处理与群体性事件的博弈》，载凯迪社区：http://club.kdnet.net/dispbbs.asp?id=8729555&boardid=101，最后访问日期：2013年2月28日。

② 《如何实现双赢？中国大陆垃圾处理与群体性事件的博弈》，载凯迪社区：http://club.kdnet.net/dispbbs.asp?id=8729555&boardid=101，最后访问日期：2013年2月28日。

③ ［日］原田尚彦：《环境法》，于敏译，马骧聪审校，法律出版社1999年版，第130页。

④ 这个可以由相关案例材料记录和数据得到印证。参见刘金梅：《福建闽侯四百环境难民诉福建省固体废物处置有限公司大气、水污染案》，载王灿发主编：《中国环境诉讼典型案例与评析》（律师版），中国政法大学出版社2015年版，第43页。

企业诚信问题都处在人们的深度关注之下，成为整个社会和公众舆论的焦点。不足的环境信息阻碍人们对现实环境状态的了解，公众参与环境保护的作用就难以体现，公众所在的社区在环境保护管理体系中的功能也难以彰显和发挥。

针对这类环境事件，本书总结公众的需求主要表现在如下三个方面：

第一，对中国污染物总量和基本准确的数量的信息需求，如垃圾近年增加量。2011 年 12 月 8 日上海中国垃圾发电展望论坛上的信息显示，目前中国每年的生活垃圾产生量超过 3.6 亿吨。① 这个数字相当于中国年人均产生 0.277 吨生活垃圾。这些数据信息的公开，有利于公众提高对中国环境状况的关注程度、关心程度，加强公众对某地区乃至整个社会垃圾问题的深入理解。因为任何人都无法置身于他所在地区的垃圾问题之外，无论是从道义上还是从基本的法律义务上，解决这个问题也是他作为社区或地区一员的义务之一。形成公众对环境风险的防范意识和加强对环境保护和环境法律的认知，有利于公众对环境保护的参与。

第二，对中国污染控制技术现状信息的需求。这里不是指具体的技术本身，而是指中国关于这些技术的真实的、总的状况描述，比如，中国对垃圾焚烧的二次污染物的处理技术究竟到达什么样的水平。这种需求源于公众自身对污染损害的担忧、对污染处理技术知识的缺乏和由此产生的对技术的怀疑，还有来自技术所有者对技术的过度正面宣传与现实不符所造成的负效应。依据 KCIS 历史案例库的统计，对垃圾处理过程中产生的二噁英等有害物质超标致癌的害怕、担忧有毒废弃物污染环境是公众反对兴建垃圾处理设施的最重要理由。② 垃圾焚烧在日本应当说是技术很先进的，但是至今它都不能向世人宣称对二噁英的控制已不是问题，这仍然是一个世界性的科技难题。所以公众对在其生存环境内兴建垃圾焚烧场的担忧具有合理的依据。对于中国极速上马的垃圾焚烧场规划，公众表现出焦躁、惶恐和不知所措也情有可原，因为他们一直并没有得到对这种危险物质控制哪怕是次优的解决方案的信息。“十二五”期间规划的垃圾焚烧厂超过 200 座，到“十二五”末总数将超过 300

---

① 于达维：《“十二五”末中国垃圾焚烧厂将超 300 座》，载财新网：http://www.china5e.com/show.php?contentid=202323，最后访问日期：2013 年 2 月 28 日。

② 《如何实现双赢？中国大陆垃圾处理与群体性事件的博弈》，载凯迪社区：http://club.kdnet.net/dispbbs.asp?id=8729555&boardid=101，最后访问日期：2013 年 2 月 28 日。

座,这不能不说是引起人们对现实环境危机困惑的重要原因。

第三,对于有关规划建设垃圾焚烧场的信息的需求,这一需求首先由于他们的人身和财产利益会与此相关。人们本来应当享有的对垃圾焚烧场建设项目的知情权利和参与权利却受到漠视、忽视乃至亵渎,他们被蒙在鼓里,这是引起人们郁闷、压抑、不满并最终导致抵制反抗项目规划和建设的主要原因。政府在垃圾处理决策过程中民意的缺失,是引起群体性事件乃至事件发酵的重要原因。KCIS 对番禺垃圾焚烧发电厂事件中的信息公开的调查显示,92.5%受访居民对有关部门政府信息公开方面“很不满意”,4.8%受访居民表示“不太满意”,0.6%“基本满意”,仅有 0.3%的受访居民“很满意”。①“《联合早报》进一步指出,番禺的垃圾焚烧发电厂计划早在 2006 年就敲定了,‘但地方政府一直秘而不宣,公众并不知情’,直到 2009 年导致事件的爆发。信息公开过于缓慢,可以说是为事件的爆发埋下地雷。”②

2. 对企业环境信息公开立法问题的积极回应

本书尝试回应了企业环境信息公开制度实施在我国的诸多诉求,例如,中国已有关于企业环境信息公开的法律规范零散地分散在不同级别的规范中,相关规定抽象而不具体,虽然有些地方开始试点,但实施效果不理想。政府环保部门本应在企业环境信息公开中发挥重要作用,但实践中政府与企业在实施环境信息公开制度时却是“两张皮”,政府与企业之间的协调机制不畅。近年陆续发生在中国境内的重要环境污染事件表明,企业对环境信息的公开严重不足,在平时与出现紧急情况时的环境信息公开相分离,不能有机衔接,以致对事件的处理不力,引发社会危机。企业实施环境信息公开的措施不具体,制度实施的评价机制和激励、责任机制欠缺。公众参与企业环境信息公开远远不够,难以构成对企业的监督作用,有碍环境知情权的实现。

本书从上述现实诉求出发,结合地方现行试点实践,对中国现行的与企业环境信息公开有一定联系的立法进行了深入剖析,从而提出了促进中国企业实施环境信息公开的立法完善措施,以图破解上述现实困境。同时,为国家制定实施标准提供参考,也为环保部门和企业提高制度的实施效果提供了可以参考的法律方法。

---

① 《如何实现双赢? 中国大陆垃圾处理与群体性事件的博弈》,载凯迪社区:http://club.kdnet.net/dispbbs.asp? id = 8729555&boardid = 101,最后访问日期:2013 年 2 月 28 日。

② 同上。

(二)理论意义

以现有的国内外理论研究为基点,本书的研究体现了如下价值:基于企业公民的社会属性,将企业社会责任理论(以企业为原点)同风险社会理论(以公众为原点)有机结合,探寻了如何通过完善信息公开制度达成企业利益与社会公众利益、环境利益的统一。基于成本效益的一般经济分析框架,借助博弈论的成果和信息资本的价值取向,形成一套有机联系的、既符合国家立法目标又能满足市场主体利益需求、促进企业实施环境信息公开的制度保障体系。针对本书的研究主题在当今社会存在许多问题,以及对这些问题的解决模式需要用心解构的现实,本书形成的系统而深入的研究成果将为中国法学理论研究提供新的参考价值。

二、研究文献及综述

以2016年10月19日为节点,本书作者查询中国知网显示:研究"环境信息公开(披露)"主题的法学类硕士论文有62篇(有关企业和公司的16篇),从法学角度研究"环境信息"的只有1篇博士学位论文《环境信息法研究》(2008年)、期刊论文108篇(其中真正在法学类专业核心期刊刊出的有8篇)。在相关研究中,研究"环境知情权"的法学类期刊论文119篇,研究"环境报告"的论文为124篇。同日,中国国家、上海、北京大学、武汉大学、复旦大学、浙江大学、中国人民大学、上海交通大学、南京大学等图书馆馆藏显示:在研究"环境信息公开(披露)"的7部中文专著中,只有1部属于法学类[编著《环境信息公开立法的理论与实践》(2011年)]、4部为涉及企业类著作。可见当时,中国法学界对于企业环境信息公开(披露)的研究,无论是量上还是研究的深度都不够,有待加强。

以上述2016年文献为基础,关于环境信息公开的研究包含以下内容:

1. 经济学、社会学等多元视角研究为法学研究提供重要支撑

从成本效益理论、市场供需理论、利益相关者理论出发,探讨企业环境信息公开的动因、影响因素和效果;从企业的经济利益取向与外部利益冲突矛盾切入,探求企业的权利支配和利益选择。例如,马修斯(Methews)(1993年)、曹东等(1994年)、孔德卡尔·卡里姆(Khondkar E. Karim)和罗伯特·拉特里奇(Robert W. Rutledge)(2004年)、张振华(2007年)、爱德华·弗里曼(R. Edward Freeman)等(2010年)、德克·皮特勒(Dirk Bunger)(2011年)、王建明(2011年)、孟晓华(2014年)。定量分析制度的实施效果,探讨环境信息公

开与企业环境绩效之间的相关性,企业的环境信息公开对于提升企业环境业绩有否、有多大作用。例如,弗里德曼(Freedman)(1990年),弗拉特(Fekrat)(1998年),休斯(Hughes)(2001年),王华等(2002年),吴翊民(2009年),张世兴(2009年),吴玫玫(2009年),沈洪涛(2011年),田翠香(2011年),陈华(2013年),赵萱(2015年),吴灏文、张弛(2015年),毕茜、顾立盟、张济建(2015年),杨连星、张秀敏、陈婧(2015年)。从投资者和消费者对市场期望值研究,深化对企业环境损益、环境会计研究进程,如武剑锋(2015年)。从环境报告切入研究,如王金南等(2004年)。上述成果为本书研究企业环境信息公开制度实施中法律如何平衡公正与效率关系、如何评价制度实施的法律机制运行优劣提供了重要参考。

从社会学、社会契约论、社会需求理论、企业公民理论切入,认为企业作为社会公民的一员,除承担为社会提供经济财富的责任外,还应当承担维护社会公共利益包括环境利益在内的社会责任,企业环境信息公开是其承担社会责任的一种内在要求。例如,阿尔奇·卡罗尔(Archie B. Carroll)(1981年),雷曼(Lehman)(1983年),格雷(Gray)等(1996年),乔治·斯坦纳(George A. Steiner),约翰·斯坦纳(John F. Steiner)(1997年),李立清、李燕凌(2005年),黛比·索恩(Debbie M. Thorne)等(2008年),王积超(2012年),陈华(2013年)。这类成果为本书运用法社会学方法研究企业环境信息公开立法问题提供了社会学理论要素和社会学研究方法。

2. 从立法基础、法律制度设计和实施层面展开探讨

上述查询结果显示,中国目前对"环境信息公开(披露)"及其相关主题"环境知情权"的专门性研究从量上看远远不足,而涉及企业类的法学成果就更少,更深度系统性成果(如博士学位论文或者专著)数量寥寥无几。已有研究从如下几个层面展开:

制度设计和立法基础探讨。强调宪法赋予公民环境权,指出人民主权、环境知情权、环境公共财产、公共信托和企业社会责任、企业公民等是其理论基础,对应的环境立法则应规定公众享有"环境知情权",保障公众参与环保制度之实施,这当然构成企业公开环境信息的法定前提。例如,马骧聪(1998年),吕忠梅(2000年),周训芳(2003年),张璐(2003年、2013年),周珂(2004年),李艳芳(2004年),朱谦(2005年),王小钢(2007年),王文革(2008年),徐祥民(2009年),巩固(2009年),竺效(2011年),蔡守秋(2012年),刘佳奇(2013年),刘畅(2015年、2016年)。

对国外的制度规范评价与研究。评介国外或地区相关立法,尤其是对《奥胡斯公约》进行介绍,考察中国现有的相关立法并提出立法建议。例如,周汉华(2003 年),周卫(2006 年),常纪文(2007 年),罗丽(2007 年),丹·古特曼(Dan Guttman)(2008 年),王灿发(2009 年),彭峰(2009 年),崔赞(2009 年),李爱年(2010 年),李醒、石春玲(2011 年),彭磊(2013 年)。对国外立法程序、立法过程的评价,奠定了深化中外制度比较研究的基础。《奥胡斯公约》对于公众参与和环境信息的获取是其核心内容,对该制度的实施机制予以系统性、专题性研究,能为破解现实难题提供有益借鉴。

专门对环境信息公开的立法探讨和制度设计。这个层面的研究是同时针对政府和企业两个信息公开主体进行,对环境信息公开的原则、主体、内容、程序、方式进行设计,提出应通过立法从鼓励公众和非政府组织参与、评价指标体系严谨化上进行完善,并强化环境会计监管。例如,王曦(2003 年),李挚萍(2003 年),邓旸(2006 年),朱谦(2007 年、2009 年、2012 年),张式军(2007 年),韩文峰(2008 年),钱水苗(2009 年),郑凯(2010 年),金迪(2010 年),王灿发(2011 年),胡静等(2011 年),方堃、万美(2012 年),王树义(2013 年),傅学良(2013 年),方堃(2014 年),黄夫祥、李松颖(2014 年),陈勇(2014 年),王彬辉(2015 年),向欢(2015 年),贾莉莉(2015 年),谷子豪、陈阳、黄可馨(2016 年)。有学者还提出应制定一部专门的环境信息公开法律,如孔晓明(2008 年)。

三、研究方法

1. 比较研究方法。本书系统地收集与整理了国内外有关企业环境信息公开研究的文献资料,对理论的主流观点进行了分析,比较其异同及优缺点以找出关键问题,考察彼此差异的发生机制,确定应有的用于研究的理论基点。对国内外企业环境信息公开的成因、模式以及影响改革的环境、条件和因素等进行了比较,发现不同环境、条件和因素对企业环境信息公开行为的选择、企业持续公开环境信息的行为存在制约。在研究框架上,尽量借鉴法治先进国家的研究框架;在研究细节上,尽量关注到中国转型社会的现实状况。

2. 历史分析方法。厘清企业环境信息公开制度发展的历史变迁和脉络,将制度实施与企业发展放在历史和现实背景下加以考察,理解制度实施在法律平衡企业的经济利益与社会利益和环境利益中的价值。

3. 实证研究方法(含个案分析)。一方面,考察国内外关涉企业环境信息公开的实际案例,找出有关该项制度实施所面临的理论与实际问题,确定其实践面向性与理论针对性。另一方面,通过调查等方式,对中国尤其是上海等试点地区和企业环境信息公开的个案进行全方位观察、分析,考察在不同情形下该项制度发生实效的机理,探讨影响该项制度实施的影响因素和要件。

多学科交叉研究方法。企业公开环境信息关涉企业本身、社会、他人的利益和权利,同时也是企业的义务。本书的研究综合运用多学科知识与方法,借助新信息技术(如新型网络技术),能确保论证厚实而全面、结论正确、机制实用。

四、基本框架

第一部分(包括绪论,第一章)。"绪论"介绍了本书研究的意义、文献综述、研究方法和框架结构。第一章主要对环境信息公开、企业环境信息公开的概念、内涵和外延、兴起与演进、要素和特点等内容进行了阐述和挖掘,对企业环境信息公开的制度在中国的演进进行了分析。本章为其后各部分论述奠定基础。

第二部分(第二章)。这是本书研究的对象和出发点,主要对企业环境信息公开制度实施的问题与障碍进行了归纳和分析。本章是本书研究的第一个重点,其后的理论探讨以及对策分析均在这些问题的基础上展开和论证。

第三部分(第三章)。这是本书研究的第二个重点,它是对前述问题予以剖析和其后提出对策建议的理论依据,本书的理论意义也体现在这一部分。第三章结合研究主题,选取风险社会理论、博弈论、信息资本理论、企业社会责任理论和公众环境知情权理论,尝试通过经济学、法社会学方法,以环境保护与经济发展之间关系为主线,探讨这些理论对于企业环境信息公开制度的设计的功能和作用,探讨这些理论对于中国企业环境信息公开制度建设贡献的内部机理,目的是使制度设计更加合理和具有可行性。

第四部分(第四章、第五章)。这是本书研究的第三个重点,以上述理论为基础,对企业环境信息公开的两个重要类型企业强制性环境信息公开制度和企业自愿性环境信息公开制度进行了探讨。这两章着重研究了企业强制性环境信息公开制度的主体、公开的范围与边界及其监督问题,同时,也对企业自愿性环境信息公开的合理性及其边界以及自愿公开的措施等重要内容进行了专门研究,从而形成对中国企业环境信息公开的总体印象。

第五部分(第六章)。这是本书研究的第四个重点,也是本书的目的和落脚点,是建立解决障碍问题的对策体系,主要论述了企业环境信息公开制度实施的几个保障制度。本书认为,可以通过加强中国环境会计核算公开制度、环境影响评价制度、环境许可证制度和环境责任制度之间的协调,配合我国生态文明建设中的政治和经济制度建设来保障中国企业环境信息公开制度的实施。通过依托传统的企业财务报告制度,将环境效益与成本内化于企业财务报告中,可以提高企业环境信息公开立法实效。这一设想源于中国现行环境立法现实,环境法已经为环境核算进入企业的经济核算提供了原则、制度和规范依据。另一个原因在于,中国已经形成了比较良性的企业会计运行环境,加之环境会计的逐步推进,这种条件有利于企业经济环境信息的公开。基于此,本书提出了通过加强企业环境会计报告完善企业环境信息公开的设想。环境影响评价制度和环境许可证制度本身内含着丰富的环境信息,并且有对公众参与环境管理的规定,这便是两个制度发挥作用的原因所在。环境影响评价是中国从国外移植而来的制度,在中国已经有多年的实践基础,虽然在实施过程中暴露出了很多问题,但也为中国制度的推行积累了正向经验和反向教训,其中美、日的实践提供了重要启示。环境许可证制度应当说是中国传统的行政审批制度的延伸,有着比较牢固的中国文化基础,但是却缺少法治和市场基础,瑞典对环境许可证管理的丰富立法经验值得我们好好研究和借鉴。本书研究后认为,这两个制度的完善和有效协调对企业环境信息公开立法具有促进作用。环境责任制度是企业环境信息公开得以顺利推行的最后保障屏障,通过责任制度的完善,使企业环境信息公开所涉利益相关方权益得到保障、义务能够确实履行,依法履行信息公开义务者获得激励、违反信息公开义务者责任得以追究。基于对制度实施障碍破解的需要,除法律对策之外,本书还尝试从政治与经济的角度进行了对策研究与探讨。

第六部分(结论)。在通过上述五章内容对企业环境信息公开制度实施的理论与实践问题探讨之后,综合形成了本书的主要观点。

第七部分(参考文献)。

第一章　企业环境信息公开的现实由来

第一节　基本概念的界定

2007年依据国务院《政府信息公开条例》,原国家环保总局率先制定《环境信息公开办法(试行)》(以下简称《办法(试行)》)并于2008年正式实施,就此拉开了中国环境信息公开建制的序幕。中国企业环境信息公开也真正开始从法律规范层面进行规制,其制度的系统化也便以此为原点逐次展开。其后,学术界对于企业环境信息公开的理论和实践亦予以了持续性的关注。对基本性的理论问题的研究将会有利于该项制度的立法完善,也有利于促进对制度的把握和产生实施效果。对环境信息公开的兴起与演进规律的探讨、对环境信息公开概念内涵与外延的把握及其法律诠释,以及对企业环境信息公开概念特点及其在中国的特殊性研究,将有利于增进上述目标的实现。

一、环境信息公开

(一)前置性概念:对环境信息公开的内涵与外延的把握

1. 对现有环境信息公开定义研究的分析

中国学者从不同的侧重点出发,对环境信息公开给出了大同小异的定义。本书选取了几个有代表性的定义,结合自身的思考提出了商榷意见,只是为了更全面地理解和把握环境信息公开的概念内涵。

王华、曹东、王金南等学者在其著作中给出了如下定义:环境信息公开又称环境信息披露,是指将与环境保护有关的各种显性和隐性的信息加以收集整理,并在一定范围内以适当形式公开,用以提供各种刺激与激励机制,从而改进环境行为,改善环境质量。通过环境信息发布,使环境管理部门、公众和各类企业都了解和共享环境信息,从而对环境破坏行为产生压力,促使破坏者控制污染,保护环境,使经济朝可持续方向发展。① 针对这一定义,本书提出了如下两点商榷:其一,定义中更多地强调了环境信息公开的功能,但对于功能的过多的强调并非定义的原旨,虽然有助于对定义的理解。其二,定义中公开的主体处于缺位和不确定状态,而且"显性和隐性"的信息也不具体,给人的印象似乎是一个普适性的定义,如果对这两点明确化就便于对定义的理解和把握。

邓旸学者认为,环境信息公开是指公开主体依据法律的规定以适当的形式将其所有或控制的环境信息向公众公开的行为。② 对此,本书作者认为仍然存在可商榷之处:定义中的"公开主体"泛化、不明确,因为对于环境信息的拥有主体除政府和企业外,还会有其他社会主体,如果做此定义难免会对实施环境信息公开带来不确定性;定义中对环境信息使用"所有和控制",强调了环境信息资本在经济利益上的所有权属性,对于企业等营利性组织这种属性表现明显,但对于政府机构则不是这样,更何况环境信息的公开更应当强化它的社会功能,因此适用学界通用的表述或许更妥;依据定义的通用性,如果信息公开主体没有违背法律,出于自愿而不是"依据法律"公开环境信息,这是被允许的。

孔晓明博士主张,环境信息公开应当包括环境主管部门、法律法规授权的和委托的组织以及企业,通过法定形式和程序,主动将环境信息向社会公众或依申请而向特定的公民或组织公开。它通过环境信息发布,为管理者、被管理

---

① 王华、曹东、王金南:《环境信息公开的理念与实践》,中国环境科学出版社 2002 年版,第 2 页。

② 邓旸:《我国环境信息公开制度的立法构建》,中南林业科技大学 2006 年硕士学位论文,第 11 页。

对象和公众了解和共享环境信息提供便利。[①] 本书同孔先生商榷如下：(1)在定义主体范围时，文中使用"应当包括"，明确了这些主体的必不可少性，但是否就是只有这些主体？现实中的主体比这多。比如，在行使环境管理行政职能的国家机关中，环境主管部门是经常和最主要的，但还是有许多其他相关机关拥有环保部门所不具有的、可供公开的环境信息。(2)通常情况下在文献中的表述是，"法律法规授权的组织"很少出现"法律法规委托的组织"。"委托"则指的有权的国家机关的行为、并由该委托机关承担被委托组织执行委托事项的法律后果；"委托"同样可以由企业或者其他组织进行，如果某组织执行某一企业委托进行环境信息进行却给他人造成经济损失，那么该委托企业就应当承担对该损失的赔偿责任。另外，由于飞速发展的现代信息技术提供了广阔的信息公开平台，因此，环境信息公开是否一定要经过"法定形式和程序"，不能一概而论，也应当依据不同的公开主体的不同的公开行为而定，有的情况下只要是不违反法律规范就行。

魏松耀学者则将其定义为，环境信息公开是指政府或企业根据法律规定，主动或经公众的申请而通过法定程序进行收集、整理、制作和发布环境信息等行为的过程。[②] 对于本定义，本书的观点还是，对于环境信息公开主体以及公开过程的限定会使定义范围过于狭窄。

在所列的这些定义中，虽然本书作者给出了与之商榷的观点，但是，这些定义阐明了环境信息公开的主要内涵，为进一步理解环境信息公开制度奠定了基础。

2. 环境信息公开概念区分的三个维度

基于上述探讨，本书认为，应当从主体、程序和过程三个维度把握环境信息公开的概念。

(1)环境信息公开主体的界定。依据国内外环境信息公开的实践和研究，通常意义上的主体是指政府(包括环境行政主管部门、其他行使相应环境行政管理职能的政府部门)、企业。实践中、学术界探讨最多的是政府环境信息公开问题，这与政府拥有庞大的环境信息资源、政府的环境保护职责和对政

---

① 孔晓明：《环境信息法研究——以完善立法为目的》，中国海洋大学2008年博士学位论文，第12页。

② 魏松耀：《地方政府环境信息公开的法律制度研究》，山东大学法学院2012年硕士学位论文，第7页。

府权力的约束和监督诉求密切相关。企业在环境问题的解决中的作用很关键，社会和公众对于企业环境行为表现的期望值越来越高，企业环境信息公开也就越来越为公众关注和重视。但是，当代环境问题所具有的跨界性、多要素交叉性、原因综合性、时空跨越性等特征，公众环境民主法治意识的加强，加之现代迅速发展的信息网络技术，已经使环境信息公开主体范围突破了通常意义上的规定。在特定时机，符合法律所设定的特定条件，诸如立法机关、司法机关、企业之外的其他社会组织、乃至公众都有对环境信息公开的权利和义务。

(2)环境信息公开的方法与程序。法律规定环境信息公开的方式与程序，其目的是保障环境信息真实得以公开，便于对环境信息的获取以及监督公开行为，发挥环境信息在环境治理中的作用。所以，在一般情况下，如果法律规范对信息公开的方式和程序有明确的规定，还是应当依据法律规范办事，这样可以保障对环境信息的公开真实、及时、全面和充分，也有利于公众对信息公开主体的公开行为的监督和救济。然而，在制度设计时还是应当考虑到制度实施的成本和效率，设置不违法的界限，只要是能够达到信息公开的目的效果，应当允许公开主体灵活运用公开方式和程序的正当性和合理性，不应当一味地囿于法定要求。比如，企业自愿环境信息公开就应当有自己更多自主的、对信息公开方法和程序的选择。

(3)环境信息公开，应当是一种动与静相结合的行为过程。[①] 从静的角度看，体现为一种结果即公开了环境信息的状态，这一状态决定了其后续的救济程序是否启动；从动的角度看，表现为公开主体对环境信息进行收集、整理、制作和发布的各种阶段的连续，是一种动态的过程，它反映的是义务的运行状况，会直接决定着所公开的环境信息的质量。

3. 环境信息公开的法律界定

考察国际规范性文件、国内外有关环境信息公开的法律实践发现，这些规范均没有对环境信息公开给予明确的定义。其界定主要是通过如下方式进行。

(1)在规范层面，在专门的立法中，通过法律条文规定具体公开的环境信息体现出来。如中国《政府信息公开条例》第 10 条第 11 项就将“环境保护”的“监督检查情况”规定为“县级以上各级人民政府及其部门应当”并“重点公

① 魏松耀学者将其表述为“行为的过程”。参见魏松耀：《地方政府环境信息公开的法律制度研究》，山东大学法学院 2012 年硕士学位论文，第 7 页。

开”的政府信息之一。再如,中国《危险化学品环境管理登记办法(试行)》(2012年)第22条规定:“危险化学品生产使用企业应当于每年1月发布危险化学品环境管理年度报告,向公众公布上1年度生产使用的危险化学品品种、危害特性、相关污染物排放及事故信息、污染防控措施等情况;重点环境管理危险化学品生产使用企业还应当公布重点环境管理危险化学品及其特征污染物的释放与转移信息和监测结果。”立法做如此选择,主要考虑的是所制定规范的可适用性、立法对于法治进程的效果。

(2)在原则性层面,通过明确规定公民或者公众具有获取环境信息的权利,引致政府或者企业具有向公众公开环境信息的义务,或许也可以认为是立法对于环境信息公开的一种理念性诠释。例如,1994年《人权与环境纲领宣言》中就明确规定公众参与环境管理的程序性权利,应包括“获得环境信息的权利,及取得、传播观点和信息的权利”。1994年德国公布并实施的《环境信息法》第1条即规定,“制定本法之目的是为确保自由获取并传播由主管部门掌握的环境信息,规定获取环境信息的先决条件”。《俄罗斯联邦环境保护法》第3条中规定,“每个人都有获得可靠的环境状况信息的权利,以及公民依法参与有关其享受良好环境权利的决策的权利”。早在1986年,美国就开始实施有毒化学品排放信息库与33/50计划(1986年),也旨在加强公众对排放到环境中的有毒物质信息的了解,并通过多种途径促使企业消减污染。中国2014年修订的《环境保护法》专设第五章“信息公开和公众参与”,该法第53条第1款开门见山宣称“公民、法人和其他组织依法享有获取环境信息、参与和监督环境保护的权利”。其后以总共5条的篇幅对信息公开和公众参与进行了规定。以法律的形式明确规定公众的环境知情权,这是中国环境民主原则的重要体现和保障,必将促进中国环境信息公开制度实践的发展。

朱谦先生从对公众财产权利维护的角度阐释了这样立法的缘由。他认为,公众对其工作和居住地环境污染信息的了解,有助于他们认识到其所承受的环境风险:一方面公众可以基于对人身及财产权利保护,主张排污者采取防范性措施消除环境污染;另一方面公众也可以通过对周围环境信息的掌握和分析采取适当的预防侵害的措施。[①] 这其一是公众行使法定的救济权利,其二是公众采取合理合法的自救行为。王名扬先生在《美国行政法》中阐明了观点:“对于那些可能对环境造成损害的决策或者其他措施,首要条件是必须

① 朱谦:《企业环境信息强制公开的法律问题》,载《法治论丛》2007年第4期。

使可能受到影响的个人事先得到通知。”[①]在现代信息社会，信息既是资源也是手段，公众无论是从个体利益出发还是从公共利益考量，都有获得更多的环境信息并参与到环境管理和环境保护活动中的诉求。因此，作为拥有众多环境信息的政府和企业应当有义务和责任去创造条件，利用各种有效的途径和形式向公众提供及时的、全面而真实的环境信息，从而让公众能更有效地参与环境保护。这也是法律对环境信息公开的目的之所在。

对环境信息公开概念的内涵和外延，还需要我们能从发展的角度、沿着历史运动的逻辑通过考察其演进规律予以把握，从而形成对概念理解的连续性。

（二）前置性历史逻辑：环境信息公开的兴起与演进

对于环境信息公开的历史分析，不只是一个时间上的单向度演绎问题，需要人们能够从理念层面、国际和外国立法实践以及本国实践层面进行时空上的解析，从而获得比较清晰的概念。

1. 尊重公众参与环境事务权利的理念支撑

现代社会，大量的环境污染事故频发，已经影响人们的正常生产和生活活动，乃至威胁到人们的生存，加之严峻的生态危机和资源“瓶颈”现实，促使人们不断地尝试新的环境治理方式、创新环境政策工具和环境管理方法，环境信息公开便在这样的环境下逐渐进入人们的视野，并且越来越受到人们的重视。随着公众环境保护意识的增强和环境权利观念的树立，环境保护运动已经从一种运动演变为诸多国家的社会实践，环境信息公开工作也因此在许多发达国家以不同的形式展开，并逐渐步入制度化、法制化轨道；同时，作为信息公开领域的新晋，环境信息公开已上升为其中的重要成员，成为公众参与民主政治的有效途径。

环境知情权作为环境权的一部分，是指公众有权知道与自身生存环境密切相关的情况的权利，它源于环境状况的恶化和环境保护事业的发展，并在对环境问题的治理中不断丰富其内涵。环境信息资本的强社会性特征表明，人们需要获取更多的环境信息并参与环境治理和环境保护活动，因此，政府和企业应当承担起责任并且负责任地向公众提供广泛的环境信息，以使公众对环境总体状况的了解更全面、对某一具体环境问题的理解更深刻，从而能够有效地参与环境保护。还有一个理由，通过环境信息的公开，可以为公众行使环境事务参与权和环境损害救济权提供保障和证据，督促政府、企业依法采取防治

① 王名扬：《美国行政法》（下），中国法制出版社1995年版，第960页。

环境污染和环境破坏、保护环境的措施。基于环境信息公开制度的特定功能，在环境治理中经常被人们诟病的政府和市场“双失灵”的症状有望得以缓解，或者说能够较好地防治。

经济的发展及其全球化、信息和网络传播技术的迅猛发展、环境问题的严峻和全球化特点，已使公众的环境危机意识、环境保护愿望大大提高，公众的参与使环境管理的效率提高和功能得到加强，信息在环境治理中的作用也变得越来越重要。生态和环境的公共产品特性决定了环境问题的社会化特征、环境危机也成为了当今风险社会的重要内容之一，环境保护需要全社会各方面的共同努力、合作和公众的支持和积极参与。实现上述目标的基本前提就是公众对相关环境信息的获取，环境信息公开制度的建立和有效实施是对公众环境知情权的保障，也是对有效环境治理、环境保护目标的贡献。

2. 国际和外国相关立法的贡献

对国际组织、世界各国信息公开立法的进程的研究后发现，公众知情权(right-to-know)的权利意识的普遍提高是推动各国信息公开立法的重要因素之一。环境信息公开立法虽然是后来者，但其产生和发展同样地得益于公众的环境知情权的权利意识的建立和不断提高。例如，美国有毒化学品排放信息库与33/50计划(1986年)其旨意就在于加强公众对排放到环境中的有毒物质的信息的了解，德国的《环境信息法》(1994年)对确保自由获取并传播环境信息目的之确定、《俄罗斯联邦环境保护法》对每个人获得可靠的环境状况信息的权利的宣称都印证了立法对公众环境知情权的保障。

1990年6月欧共体理事会通过的《关于自由获取环境信息的指令》(Freedom of Access to Information on the Enviorment，“Council Directive90/313/EEC”)对环境信息作了列举式规定。1992年联合国环境与发展大会通过的《里约环境与发展宣言》[Rio Declaration，又称《地球宪章》(Earth Charter)]原则10规定，在国家一级，每个人应有适当的途径获得有关公共机构掌握的、环境问题的信息的权利；《21世纪议程》也将环境信息公开列入各项议题。1994年联合国人权委员会防止歧视及保护少数民族委员会(UN Sub-Commission on the Prevention of Discrimination and Protection of Minorities)提出有关对于人权与环境关系的《最终报告》(一般称为《Ksentim报告》)，该份报告并提出《人权与环境基本原则草案》(Draft Principles on Human Rights and the Environment)，该草案为公众获取、传播环境信息的程序性权利提供了实质性权利基础，也就是说从某种意义上讲，在国际法层面，公众环境知情权已经纳入人权范畴。[①] 1998 年,在欧洲经济委员会环境政策委员会在欧洲环境第四次部长会议上,《关于在环境事务中获取信息、公众参与决策和获取司法救济的公约》(Convention on Access to Information, Public Participation in Decision-Making and Access to Justice in Environmental Matters,简称《奥胡斯公约》)以 1990 年指令为基础,对环境信息作了更为宽泛的界定。2002 年《可持续发展世界首脑会议实施计划》则重申了环境信息公开的重要性。而 2015 年有关气候变化的《巴黎协定》则规定了一套更加系统化的、有关透明度的框架。[②]

3. 中国的实践推进

(1)宪法的基础功能的发挥

中国环境信息公开立法和制度的实施推进伴随着改革开放的进程、经济的增长、环境问题的产生与环境管理的推进以及公众环境意识和环保观念的增强而产生和发展,具有中国的发展轨迹。改革开放后《宪法》的变迁起到了重要的先导和引领作用。

---

① 中国台湾地区学者李建良先生认为,联合国人权委员会"防止歧视及保护少数次委员会"(UN Sub-Commission on the Prevention of Discrimination and Protection of Minorities)1994 年提出的《Ksentim 报告》中所提出的环境问题及其因应之道,"已经不再只是北半球工业国家的课题,而是一项全球性的问题。而环境法的问题亦应转而从人民享有健康及健全环境的权利观点来思考。此种权利原属于现存国际法的一部分,可以由现有人权的主体直接主张之,而其实质的内涵则包括发展权、生存权、健康权等;从程序的观点则又包括正当法律程序、公共参与权及有效救济的权利等"。参见李建良:《论环境保护与人权保障之关系》,载法律教育网:http://www.chinalawedu.com/news/16900/171/2004/10/ma8666993419101400233129_136671.htm,最后访问日期:2014 年 3 月 8 日。关于《人权与环境基本原则草案》,载人权促进和保护次级委员会(Sub-Commission on the Promotion and Protection of Human Rights)网站:http://en.wikipedia.org/wiki/Sub-Commission_on_the_Promotion_and_Protection_of_Human_Rights,最后访问日期:2014 年 3 月 8 日。有最新的报道称,国际刑事法院周四宣布,将把同环境破坏、非法开采资源和掠夺土地有关的环境罪案列入危害人类罪的范畴。国际刑事法院这一行动在国际法层面强化了人权与环境关系的重要性。参见新加坡联合早报:《国际刑事法院宣布 破坏环境者可被控危害人类罪》,载早报网:http://www.zaobao.com/news/world/story20160917-667234,最后访问日期:2016 年 9 月 17 日。

② 赵俊副教授从学术角度阐述了环境信息公开制度与《巴黎协定》的关系问题。参见赵俊:《我国环境信息公开制度与〈巴黎协定〉的适配问题研究》,载《政治与法律》2016 年第 8 期。2016 年 6 月 14 日,国务院新闻办公室公布《〈国家人权行动计划(2012~2015 年)〉实施评估报告》,首次将"环境权利"列入"经济、社会和文化权利"之中,明确了"环境权利"属于"国家人权"。这是中国人权和环境权的重大进步。载中国政府网:http://www.gov.cn/xinwen/2016-06/14/content_5082026.htm,最后访问日期:2016 年 9 月 18 日。

从1978年中国农村改革启动,到1982年《宪法》对"个体经济"、1988年《宪法修正案》对"私营经济"的合法的权利和利益的保护,至2004年《宪法修正案》规定、2018年《宪法修正案》继续确认"公民的合法的私有财产不受侵犯"和"国家依照法律规定保护公民的私有财产权和继承权",中国非公有经济权利的宪法保护力度的增强坚定和强化了非公有经济权利主体实践经济建设的信念;1993年《宪法修正案》将"国营经济"修改为"国有经济""社会主义市场经济"体制得以确认,1999年《宪法修正案》提出的"坚持公有制为主体、多种所有制经济共同发展的基本经济制度,坚持按劳分配为主体、多种分配方式并存的分配制度"就更强有力地推进了中国经济的快速增长。与此同时,2001年中国正式成为世界贸易组织成员,对中国经济的发展又增添中国经济融入全球化、走向国际的外部动力。而与此相对应的是,中国经济增长产生的环境负外部性亦相形而至、环境问题越发严峻,从而推动着环境管理手段和模式的创新、环境治理方式的变革。1993年《宪法修正案》强调"国家加强经济立法,完善宏观调控"体现了中国发展市场经济需要用法律保障的觉悟,1999年《宪法修正案》向世人宣称"中华人民共和国实行依法治国,建设社会主义法治国家"彰显了法治在中国发展中的重要地位和行动,而2004年《宪法修正案》进一步明确了国家对人权的"尊重和保障"的理念和行动的决心,2018年《宪法修正案》规定的国家工作人员就职时依据法律进行"宪法宣誓"亦足显国家对宪法权威的尊重。中国宪法修改所传递的对法治国理念、依法治国首先是依宪治国理念、人权保护信念为解决经济发展中的环境问题、化解经济与环境和人权纠纷、寻求最佳环境管理路径和治理方案奠定了坚实的法治基础。2012年11月党的十八大从新的历史起点出发,做出"大力推进生态文明建设"的战略决策;2014年10月20日至23日,党的十八届四中全会召开,通过《中共中央关于全面推进依法治国若干重大问题的决定》;2015年5月5日《中共中央、国务院关于加快推进生态文明建设的意见》发布;2015年9月11日中共中央政治局召开会议,审议通过了《生态文明体制改革总体方案》;2015年10月,随着党的十八届五中全会的召开,增强生态文明建设首度被写入国家五年规划;至2018年3月,将"新发展理念"、五位一体的"文明协调发展"观念,将"生态文明建设"规定为国务院职权写入国家根本大法《宪法》(2018年修正)。这一系列党和国家的重大战略举措为中国依法、民主管理环境提供了新的机遇、指明了新的前进方向。本书认为,中国改革开放后宪法的几经变迁、党的十八大以来的历次会议为中国环境信息公开制度的确立和发展奠定了坚实的经济调控、法治调节、人权保护基础。

(2)法律法规中理念和思想的渗入

在中国,目前有关环境信息公开类的专门性的法律法规可以说几乎没有。对于政府或者企业环境信息公开的规定散见于法律条文之中,虽然体现了环境信息公开的理念或思想,也有些条文涉及信息公开制度的内容,①但是,本书认为这不是真正意义上的环境信息公开制度体系。

对于环境信息的公开,可以追溯到1989年《环境保护法》的颁布实施,该法于第31条要求发生事故或者其他突然性事件,造成或者可能造成污染事故的单位"及时通报可能受到污染危害的单位和居民"。虽然说公开的对象只是涉及可能的单位和居民,但还是看到了立法对于环境信息公开的导向性作用。其后,《环境噪声污染防治法》(1996年),《土地管理法》(1998年,2004年修正),《大气污染防治法》(2000年修订,2015年修订),《海域使用管理法》(2001年),《清洁生产促进法》(2002年,2012年修正),《环境影响评价法》(2002年,2016年修正),《放射性污染防治法》(2003年),《固体废物污染环境防治法》(2004年修订,2013年、2015年、2016年修正),《节约能源法》(2007年修订,2016年修正),《循环经济促进法》(2008年)已各自规定了少许信息公开的条款、具备环境信息公开的理念。比如,2012年《清洁生产促进法》规定环境保护行政主管部门要向社会定期公布污染严重企业的名单,这类企业应当按照国务院环境保护行政主管部门的规定公布主要污染物的排放情况,接受公众监督。《水污染防治法》(2017年修正)规定,企业事业单位发生事故或者其他突发性事件,造成或者可能造成水污染事故,要向有关部门及

---

① 说明:这里的法律是指由全国人大或全国人大常委会所制定的法律,法规是指由国务院所制定的行政法规、地方人大所制定的地方性法规。虽然《环境保护法》(2014年修订)专设第五章"信息公开和公众参与",加之第68条的责任条款,但是第五章只有6个条文,而且这些条文也不是只谈环境信息公开问题的规定。不可否认,这些规定将对中国环境信息公开制度的推行,对于环境知情权的保护和推进公众参与环境保护具有划时代意义,然而这部立法同样够不上专门意义上的立法。另外,依据《环境保护法》(2014年修订),地方(如上海市、广东省、广西壮族自治区)人大修订后的《环境保护条例》,也有相应条款规定政府、企业公开环境信息的义务及违反法定公开义务的责任。不过令人欣慰的是,2014年11月28日河北省第十二届人民代表大会常务委员会第十一次会议通过,并于2015年1月1日实施《河北省环境保护公众参与条例》。虽然该地方性法规不是专门性的针对环境信息公开,但是在总共43个条文中有17个条文涉及"环境信息"(约占总条文数的40%),而且将"依法获取环境信息"作为"公众参与"的内容,在总共3个"法律责任"条款(第39~41条)中基本上是关于环境信息公开的规定。可见,我国有关环境信息公开立法趋势看好,在立法层级和质量上均有提高。

时报告。虽然这些报告不是真正意义上的公开,但这也传递了国家要通过立法加强环境信息公开的思想。不过,《海洋环境保护法》(2016 年、2017 年修正)针对发生事故或者其他突发性事件,造成或者可能造成海洋环境污染事故单位和个人,规定必须立即采取有效措施,及时向可能受到危害者通报。《水污染防治法》(2017 年修正)针对饮用水水源发生水污染事故,或者发生其他可能影响饮用水安全的突发性事件,要求饮用水供水单位应当采取应急处理措施,向所在地市、县级人民政府报告,并向社会公开。可见,在强化企事业单位环境信息公开制度建设上我国立法正走向进步状态。此外,涉及信息公开规定较多的有关会计、生产经营和食品安全、证券类的法律和法规,[①]可以借鉴或者援引到环境信息公开的法律实践之中,如《食品安全法》(2015 年修订)。[②] 该法要求国务院食品药品监督管理部门及时对食品安全风险提出警示和公告,这种警示以国家强制性食品标准为判据;而标准的制定又必须考虑相关的关键性环境和污染因素,同时应当认真并综合考虑来自食品安全风险评估结果、食用农产品质量安全风险评估结果、相关的国际标准和国际食品安全风险评估结果,以及食品生产经营者和消费者的意见;法律规定标准应当免费供公众查阅。

在国家最高行政机关的层面,国务院《关于落实科学发展观加强环境保

① 这些法律诸如,《会计法》(2017 年修正)、《中外合资经营企业法》(2016 年修正)、《证券投资基金法》(2015 年修正)、《商业银行法》(2015 年修正)、《审计法》(2006 年修正)、《企业破产法》(2006 年)、《公司法》(2013 年修正)、《证券法》(2013 年修正)、《注册会计师法》(2014 年修正)、《安全生产法》(2014 年修订)、《食品安全法》(2015 年修订)。国务院亦以相应的行政法规进行了详细规定,如 2000 年《企业财务会计报告条例》(国务院令第 287 号)、《国务院批转证监会关于提高上市公司质量意见的通知》(国发〔2005〕34 号)、《证券公司监督管理条例》(国务院令第 653 号,2014 年修订)。而最高人民法院《关于审理证券市场因虚假陈述引发的民事赔偿案件的若干规定》(法释〔2003〕2 号)则从司法监督的角度强化了信息公开的严肃性和责任分担。

② 《食品安全法》(2015 年修订)第 6 条规定标准的内容应当包括"(一)食品、食品添加剂、食品相关产品中的致病性微生物,农药残留、兽药残留、生物毒素、重金属等污染物质以及其他危害人体健康物质的限量规定"。第 22 条规定:"……对经综合分析表明可能具有较高程度安全风险的食品,国务院食品药品监督管理部门应当及时提出食品安全风险警示,并向社会公布。"第 25 条规定:"食品安全标准是强制执行的标准。"第 28 条第 1 款规定标准制定时应当考虑的因素,"应当依据食品安全风险评估结果并充分考虑食用农产品安全风险评估结果,参照相关的国际标准和国际食品安全风险评估结果,并将食品安全国家标准草案向社会公布,广泛听取食品生产经营者、消费者、有关部门等方面的意见"。第 31 条第 1 款规定:"省级以上人民政府卫生行政部门应当在其网站上公布制定和备案的食品安全国家标准、地方标准和企业标准,供公众免费查阅、下载。"

护的决定》(2005 年)要求“企业要公开环境信息”,通过类行政法规的形式明确提出“环境信息”的概念,进一步强调信息公开在环境保护中的重要性,强化了上述法律相关规定的法律权威。接下来,《政府信息公开条例》(国务院令 2007 年第 492 号)从宏观层面、《危险化学品安全管理条例》(国务院令 2002 年第 344 号,2011 年修订)从微观角度,正式以行政法规的形式对涉及环境的信息公开进行了详细规定。这些法规也为相关行政职能部门的环境行政行为提供了上位法的基础和指引。

(3)环保部门的笃行探索

在中国环境信息公开发展历程中,直接承担着环境保护和管理职能的环保部门对于该项制度在中国的发展起到了积极的引领和践行作用,通过试点、规范制定和监管多头推进。

1998 年原国家环保总局与世界银行合作,在 1999 年到 2000 年,在江苏省镇江市和内蒙古呼和浩特市实施企业环境信息公开的试点。然而试点之后的结果则让项目发包方所始料不及:镇江的环境信息公开得以延续,而呼和浩特则处于停止状态。对此,李万新、李多多两位学者对两地试点过程进行了比较,深刻地分析了产生两种截然相反的两种结果的原因。本书推崇该论文作者研究结论中的两点:其一,强调“政府—工业界—公众”三方对话网络建立的必要性。从几何学角度观之,在同一平面内,三角形结构比单一的点、线结构更稳定,而且环境信息公开应当以公众参与作为基础、以此切入。其二,两个试点地区均缺少公众的参与和实践。环境信息公开从其产生的目的讲就是维护公众的环境知情权,缺少了公众这一关键性主体环境信息公开就形同无本之木,也无从奢谈实施效果。①

以《清洁生产促进法》(2002 年)为依据,原国家环境保护总局发布《关于企业环境信息公开的公告》(环发〔2003〕156 号),首次对企业环境信息公开的范围、方式、内容以及监管和处罚作出了较为系统的规定,通过规定强制公开企业环境信息的时间限制来发挥公众对企业的环境影响和环境行为的监督

① 李万新、李多多:《中国环境信息的主动发布与被动公开——两个环境信息公开试点项目的比较研究》,载《公共行政评论》2011 年第 6 期。

作用。①

2005年国家环境保护总局发布《重点企业清洁生产审核程序的规定》进一步要求污染物超标排放或者污染物排放总量超过规定限额的污染严重企业公开其主要污染物的排放情况，接受公众监督。②《环境影响评价公众参与暂行办法》(2006年)规定建设单位在环境影响评价过程中应当公开有关环境影响评价的信息，征求公众意见。

2007年国家环境保护总局在2003年公告的基础上，以《政府信息公开条例》为依据，发布了《办法(试行)》(国家环保总局令2007年第35号)，这是一部专门性的有关环境信息公开的部门行政规章，可谓在中国环境管理史上具有划时代意义。《办法(试行)》对中国政府和企业的环境信息公开进行了比较详细的规定，界定了环境信息的概念、类别，列举了公开的内容，规定了公开的方式、责任和救济措施，并对环境保护行政主管部门的监管责任和企业的法律责任作出了规定。③ 2008年原国家环保总局发布《关于加强上市公司环境保护监督管理工作的指导意见》指出，国家环保总局与中国证监会建立和完善上市公司环境监管的协调与信息通报机制，以促进上市公司特别是重污染行业的上市公司真实、准确、完整、及时地披露相关环境信息，增强企业的社会责任感。该指导意见规定了股民、媒体和社会各界的外部监督制度。

① 《关于企业环境信息公开的公告》(环发〔2003〕156号)规定了5类必须公开的环境信息和8类自愿公开的环境信息。同时还要求，被省级环保部门列入超标准排放污染物或者超过污染物排放总量规定限额的污染严重公司名单的公司应当按照公告要求在指定期限公布上一年的环境信息，没有列入名单的公司可以自愿参照该规定进行环境信息公开。2014年《企业事业单位环境信息公开办法》(环境保护部令第31号)规定了重点排污单位应当公开的五类环境信息，还规定列入国家重点监控企业名单的重点排污单位还应当公开其环境自行监测方案。相比较于2003年的公告，2014年的办法应当说是强化了企业的强制环境信息公开，而且将主体扩展到事业单位；但是，对于自愿公开则只是鼓励，并没有明确规定公开内容，可以理解为充分发挥企事业单位的环境信息公开的主动性。

② 《重点企业清洁生产审核程序的规定》(环发〔2005〕151号)要求污染"双超"企业公布的内容包括：企业名称、规模；法人代表、企业注册地址和生产地址；主要原辅材料(包括燃料)消耗情况；主要产品名称、产量；主要污染物名称、排放方式、去向、污染物浓度和排放总量、应执行的排放标准、规定的总量限额以及排污费缴纳情况等。《企业事业单位环境信息公开办法》(环境保护部令〔2014〕第31号)。

③ 《办法(试行)》将企业环境信息公开分为强制和自愿两类。国家鼓励企业自愿披露9类环境信息，而被列入污染物排放超过国家或者地方排放标准，或者污染物排放总量超过地方人民政府核定的排放总量控制指标的污染严重名单的企业，则被强制要求披露主要污染物情况、环保设施情况以及环境污染事故应急预案等内容。

2011 年 5 月环境保护部发布“关于加强铅酸蓄电池及再生铅行业污染防治工作的通知”，其中第 5 款要求生产商公开信息，接受全社会监督。① 9 月，环境保护部通报各省、自治区、直辖市 7 月底前在门户网站公开了辖区内排查的铅蓄电池（加工、组装和回收）企业名单，首次将行业所有企业名单及其环保整治基本信息向全社会公开，全面接受公众监督。② 后来的 2011 年《突发环境事件信息报告办法》（环境保护部令第 17 号）、2012 年《危险化学品环境管理登记办法（试行）》（环境保护部令第 22 号）则更针对具体环境信息公开问题给予针对性的规范，环境信息公开在环保部门的强力推动下逐步走向制度化、机制化。为配合《环境保护法》（2014 年修订）、2014 年《企业信息公示暂行条例》（国务院令第 654 号）的实施，环境保护部发布了 2014 年《企业事业单位环境信息公开办法》（环境保护部令第 31 号），该办法对企事业单位应当公开的环境信息作了更为详细的规定，体现了国家强化企业公开法定强制性环境信息的义务和责任，推进了企业环境信息公开制度的体系化建设。③

（4）相关政府部门的实践配合

环境问题的产生和对环境进行治理的特殊性决定了加强企业环境信息公开的必要性。与企业发展密切相关的投资、金融和工业管理部门与环保部门的配合与信息共享，能够有力地强化环保部门的环境执法功能、增强执行效率。

2004 年国家发改委、国家环保总局制定并审议通过《清洁生产审核暂行办法》，该办法规定省级环保行政主管部门会同发展改革行政主管部门，在所在地主要媒体上公布实施强制性清洁生产审核的企业名称、法人代表、企业所在地址、排放污染物名称、排放方式、排放浓度和总量、超标、超总量情况。

2006 年中国证监委《上市公司治理准则》规定上市公司在保持公司持续发展、实现股东利益最大化的同时，应关注所在社区的福利、环境保护、公益事

① 《关于加强铅蓄电池及再生铅行业污染防治工作的通知》（环发〔2011〕56 号）。

② 《关于铅蓄电池企业信息公开有关情况的通报》（环办函〔2011〕1041 号）。

③ 2014 年《企业事业单位环境信息公开办法》（环境保护部令第 31 号）第 9 条对重点排污单位应当公开的信息作了如下规定：“……（一）基础信息，包括单位名称、组织机构代码、法定代表人、生产地址、联系方式，以及生产经营和管理服务的主要内容、产品及规模；（二）排污信息，包括主要污染物及特征污染物的名称、排放方式、排放口数量和分布情况、排放浓度和总量、超标情况，以及执行的污染物排放标准、核定的排放总量；（三）防治污染设施的建设和运行情况；（四）建设项目环境影响评价及其他环境保护行政许可情况；（五）突发环境事件应急预案；（六）其他应当公开的环境信息。列入国家重点监控企业名单的重点排污单位还应当公开其环境自行监测方案。”

业等问题，重视公司的社会责任。该准则同时要求上市公司持续进行信息公开，以便于使用者能够用经济而便捷的方式获得信息，保证信息的提供"真实、准确、完整、及时、主动"和"所有股东有平等的机会获得所公开的信息"。2007 年《上市公司信息披露管理办法》（证监会令第 40 号）则是对《准则》中信息披露问题的细化，为开展上市公司环境信息公开管理提供了前提性指导。

为此，也就是在 2008 年 5 月 14 日，上海证券交易所发布《上市公司环境信息披露指引》，以指导在上海证券交易所进上市公司的环境信息披露。将应当进行环境信息披露的上市公司分为如下三种：发生与环境保护相关的重大事件，且可能对其股票及衍生品种交易价格产生较大影响的公司；从事火力发电、钢铁、水泥、电解铝、矿产开发等对环境影响较大行业的公司；被列入国家环保部门的污染严重企业名单的公司，这类公司是相比较前述《关于加强上市公司环境保护监督管理工作的指导意见》增加的公司，强调了对造成严重污染的上市公司的证券监管导向和力度。①

继 2010 年首次公开《2010 年工业行业淘汰落后产能企业名单公告》②后，工信部继续公告 2011 年、2012 年、2013 年工业行业淘汰落后产能企业名单，③

---

① 上海证券交易所《上市公司环境信息披露指引》还规定，上市公司可以根据自身需要，在公司年度社会责任报告中披露或单独披露国家环保总局令第 35 号文中提及的九类自愿披露的环境信息；被列入环保部门的污染严重公司名单的上市公司，应当在环保部门公布名单后两日内披露主要污染物情况、环保设施情况、环境污染事故应急预案以及公司为减少污染物排放所采取的措施及今后的工作安排四类与环境相关的信息。

② 载工业和信息化部网：http://www.miit.gov.cn/n11293472/n11293832/n11293907/n11368223/13333127.html，最后访问日期：2014 年 2 月 17 日。

③ 《工业和信息化部公告 2011 年工业行业淘汰落后产能企业名单》，载工业和信息化部网：http://www.miit.gov.cn/n11293472/n11293832/n11293907/n11368223/13928592.html，最后访问日期：2014 年 2 月 17 日。《工业和信息化部公告 2012 年 19 个工业行业淘汰落后产能企业名单（第一批）》，载工业和信息化部网：http://cys.miit.gov.cn/n11293472/n11295023/n14584578/14708286.html，最后访问日期：2014 年 2 月 17 日。《工业和信息化部公告 2012 年 19 个工业行业淘汰落后产能企业名单（第二批）》，载工业和信息化部网：http://cys.miit.gov.cn/n11293472/n11295023/n14584578/14812726.html，最后访问日期：2014 年 2 月 17 日。《工业和信息化部公告 2013 年工业行业淘汰落后产能企业名单（第一批）》，载工业和信息化部网：http://cys.miit.gov.cn/n11293472/n11295023/n14584578/15534239.html，最后访问日期：2014 年 2 月 17 日。《工业和信息化部公告 2013 年工业行业淘汰落后产能企业名单（第二批）》，载工业和信息化部网：http://cys.miit.gov.cn/n11293472/n11295023/n14584578/15605018.html，最后访问日期：2014 年 2 月 17 日。《工业和信息化部公告 2013 年工业行业淘汰落后产能企业名单（第三批）》，载工业和信息化部网：http://cys.miit.gov.cn/n11293472/n11295023/n14584578/15627950.html，最后访问日期：2014 年 2 月 17 日。

从而有力地推进了国家节能减排、调控产能过剩、产业升级进程,为国家的能源和经济结构调整做出了贡献。

环境信息公开的演进与发展不能脱离企业这一特殊的社会群体,企业的特殊性决定了它是环境信息公开中的关键主体。因此,对于企业而言,环境信息公开的内涵与外延也应当具有其本身的特殊规定性。

以上述两个前置性认识作为逻辑起点,对于企业环境信息公开的认知便具有了其生存的合理性和含义基础。

二、企业环境信息公开

(一)本义认知:企业环境信息公开的含义诠释

对于企业环境信息公开,就本书研究所掌握的资料显示,目前还没有一个权威机构给出专门性的定义。即使是中国原国家环保总局所颁布的《办法(试行)》,也只是对企业环境信息给出了定义,给出了企业环境信息公开的原则,对公开的方式和内容只是进行了列举。① 学者们通常依据自己的研究对其进行定义。例如,朱谦先生认为:"企业环境信息强制公开,是指企业根据法律规定,将自身的环境信息通过法定公开的形式或者由环境保护部门将企业环境信息按照法定方式予以公开的行为。"②在这里,他只是对企业强制性环境信息公开给出定义,这只是论及了其中的一个方面。刘琪先生在其论文中对上市公司环境信息披露所下的定义是,"在证券发行、上市、交易等诸多环节中,上市公司依据相关法律法规,将可能引起股票价格波动并且能够影响信息相关者依据此信息所作出的、重大决策的一切环境信息予以公开的制度"。③ 刘琪先生的定义实际上也是指企业的强制环境信息公开,只不过对象是针对上市公司。本书以为,对企业环境信息公开进行定义,有必要结合已有

---

① 《办法(试行)》第2条第3款规定:"企业环境信息,是指企业以一定形式记录、保存的,与企业经营活动产生的环境影响和企业环境行为有关的信息。"第4条第2款规定:"企业应当按照自愿公开与强制性公开相结合的原则,及时、准确地公开企业环境信息。"对于企业强制环境信息公开,第11条第1款第13项和第20条规定了公开的范围,第21条第1款对公开方式进行了原则性规定;对于企业自愿环境信息公开,第19条和第22条指导性地分别列举了自愿公开的范围和方式。2015年1月1日实施《企业事业单位环境信息公开办法》(环保部令第31号),该规章对这两个概念也没有给予明确的定义。

② 朱谦:《企业环境信息强制公开的法律问题》,载《法治论丛》2007年第4期。

③ 刘琪:《我国上市公司环境信息披露法律研究》,华东政法大学2011年硕士学位论文,第4~5页。

环境信息公开的概念、国家相关规范乃至自然科技成果，在参考国际、他国实践和研究的基础上得出。

基于此，本书认为，企业环境信息公开的含义应当从主体、类型和范围三个要素入手进行把握。

1. 实施环境信息公开的主体应当是企业，符合法定的成立要件，能够对外独立承担法律责任。政府及其职能部门、事业单位或者其他社会组织不包括在其中。朱谦先生在其对企业环境信息强制公开的定义中，将政府对企业环境信息公开的行为也纳入其中，本书认为值得商榷。因为，虽然公开的是企业环境信息，但是毕竟公开的行为是政府履行法定职责的行为，政府的信息公开行为应为强制性的，是其本身的职权表现形式，在符合法律规定的情况下，并不涉及企业的意思表示和行为表达，不需要征求企业的同意或者允诺。

2. 公开的类型包括强制公开和自愿公开两种。在上述定义中，刘琪先生的定义小于其研究的主题，上市公司的环境信息公开中实际上还有其自愿公开的一面。强制公开是由法律规范所确定的、企业应当履行的公开环境信息的行为，正如现行的《办法（试行）》第20条第2款规定的"企业不得以保守商业秘密为借口，拒绝公开"法定的强制公开的情形，否则将承担违反法律规范的责任。① 自愿公开则是由企业根据其自身的发展诉求和意愿决定的行为，不受法律规范的约束。但是，在很大程度上受到法律规范的引导、②国内外行业自治规范和习惯、社会公众愿望、经济市场变化的影响。本书认为，强制环境信息公开与自愿环境信息公开对企业产生的影响是相互的。规范到位、责任明确的强制信息公开能够让企业逐渐地认识到，进行强制公开的信息对于社会、环境的重要作用。同样企业也会从这些功能中收益，企业也就会逐渐认同这些信息公开的重要性，从而增强企业公开环境信息的主动性、自愿公开的频率也会相应地增多。当企业的自愿环境信息公开能够从社会和政府得到充

① 《办法（试行）》第28条规定："违反本办法第二十条规定，污染物排放超过国家或者地方排放标准，或者污染物排放总量超过地方人民政府核定的排放总量控制指标的污染严重的企业，不公布或者未按规定要求公布污染物排放情况的，由县级以上地方人民政府环保部门依据《中华人民共和国清洁生产促进法》的规定，处十万元以下罚款，并代为公布。"

② 例如，我国《公司法》（2005年修订，2013年修正）第5条即规定公司从事经营活动要承担社会责任。这在很大程度上能引导公司在其经营运行过程中主动地承担社会责任，因为公司明白其对社会责任的承担是法律所倡导的，会受到法律的支持和鼓励，会增加公司自愿进行环境信息公开的自信和底气。而类似于联合国《全球契约》、ISO14000环境管理系列标准则从更具体的操作层面上增进了企业进行环境信息公开的能力。

分的激励后，企业就会逐渐感受到自愿行为的好处而慢慢地将自愿行为转化为一种自觉的企业行为，甚至提升为企业发展战略的一部分。自觉性高了也就会有针对性地对照法定的信息公开要求，或者更进一步将企业利益与整个社会利益综合起来考量，自然也就会相应地减少被法律强制公开的频次，从而实现企业受益与社会目标的统一。

3. 至于企业公开的信息范围，本书认为一定要讲究效用，就是要能趋近于信息公开制度设定的初衷。比如，在中国《办法（试行）》（2007 年）中，第 20 条第 1 款第 2 项规定的企业强制公开的内容，与第 19 条第 2 项、第 4 项、第 6 项规定的企业自愿环境信息公开的内容安排在结构上不太合理，①这最终会影响强制信息公开的效果，因为现行立法对强制环境信息公开的范围更多的是强调对“结果”的公开。然而，设计强制环境信息公开最终目的是要借助政府监管、公众监督促使企业符合国家规定的排放标准要求、节能减排、节约资源。要实现这一目的，不仅应当强制公开静态的信息，更应当对污染产生的过程、对污染的处理过程、最终处置情况进行公开，对过程监督到位才能保证结果可信和企业行为的环境友好。对公开的信息内容的界定，无论是强制公开的还是自愿公开的信息，都应当考虑到行业发展特点、环境要素特点以及当地环境状况及其环境质量目标要求，做到信息公开目标明确、信息资源能够被合理利用。因此，作为全国性的立法，不可“一刀切”，可以做列举引导、原则性的规定，以此为基础，地方可以结合当地环境和社会经济的要求再做灵活具体的规定。

虽然企业环境信息公开的含义具有其一般共性，但是，如果要真正使得该项制度的落实能够见成效，那么就应当秉持实事求是的精神和态度，对其特殊性予以考证，这也正是辩证法的精髓之所在：共性与个性的统一。

---

① 《办法（试行）》第 20 条第 1 款第 2 项规定“主要污染物的名称、排放方式、排放浓度和总量、超标、超总量情况”为企业强制公开的内容。第 19 条有关企业自愿信息公开的内容中，包括第 2 项“企业年度资源消耗总量”、第 4 项“企业排放污染物种类、数量、浓度和去向”、第 6 项“企业在生产过程中产生的废物的处理、处置情况，废弃产品的回收、综合利用情况”。本书认为，企业强制环境信息公开的范围除目前第 20 条第 1 款第 2 项规定外，还应当纳入第 19 条第 2 项、第 4 项中的“企业排放污染物种类、去向”和第 6 项内容。这样就将企业的污染结果和污染过程的信息的公开结合起来，形成对企业排污监督的强制效果。

(二)本性思考:企业环境信息公开的特殊性辨析

1. 企业作为环境信息公开主体的特殊性

(1)从对环境信息的拥有量角度讲,应当说如果政府能够依法行使环境管理职能、依法公开环境信息,那么环境信息公开的推行就足以见效。但是,中国的民主政治还处于社会主义初级阶段,政府环境法治也是在起步之初,因此要达到理想状态的环境信息公开仍然需要走很长的路,单凭政府的能力还很难达到制度推行的效果,需要企业的参与。国内外的环境信息公开实践也是将政府和企业作为两个主要的信息公开主体。

(2)环境问题的产生,以至于达到现阶段的严峻局面,不能说政府不承担责任,但是,形成这样的环境问题状况企业难逃其咎。可以说,当今的环境问题与很多企业肆意挥霍生态环境资源、违法排放污染的生产发展过程密切相关联。为应对环境问题产生的现实和未来风险,企业有责任将其生产对环境产生的不利影响予以公开,从而为政府做出科学的环境治理决策、为公众有效参与环境保护和环境治理提供依据。同时,企业作为环境问题的制造者,能真实地提供产生污染的相关信息,这是政府无法根本做到的。如果企业不提供,政府和公众可能永远都难以知道。

(3)规定企业进行环境信息公开,一方面,在经济上符合成本—效率原则。如果企业造成污染、产生环境问题的信息都由政府搜寻、公众发现之后提供,只是被动而没有主动积极地配合,尚且不说所获取环境信息的全面性、真实性、及时性要大打折扣,还要消耗大量的人财物资源、支付与企业进行博弈的成本;反之,如果企业能够依据法律规范主动进行环境信息公开,就会相应地降低政府和公众信息获取的成本,博弈成本对哪一方来讲都会降低。另一方面,从法律分析的角度,企业生存的合法性来源于法律的授权和公众的认同,因此它能够在法定的条件下和范围内获得经济资源和由此产生的经济利益。但是,法律权利与义务是对等的、企业的责权利应当是统一的,企业在法律和公众的授权下从环境中获得利益,就应当有义务向政府和公众告知如何利用环境的信息、如何对资源环境进行保护。

2. 企业环境信息公开类型的特殊性

对于企业的环境信息公开类型,一般规定为强制性公开和自愿性公开两种。中国规定的是遵循强制性公开与自愿性公开相结合的原则。为何要规定企业自愿公开而不只是强制公开?本书从两个方面予以了探讨:其一,从发展的角度,企业从其依法成立产生时起就存在生存与发展问题,而从整体的角度,国家的经济社会也要发展,这是一个发展问题上的特殊性与普遍性的关系,两者应当相互照应和统一协调。企业的发展有利于社会的整体发展,但不能因此损害社会的整体利益;反之,不能只是强调整体利益而不顾及或者否认企业利益乃至损害其合法权益。因此,对制度的设计、对于环境信息公开制度的规范也应当遵循这样的规律,在自愿与强制之间达成平衡。如果企业经营符合环境法律规范,不损害到社会发展整体利益和他人的合法利益,那么就应当以鼓励企业自愿公开为主;如果情形相反,就应当强化对该类企业的强制公开。其二,企业与社会的关系是先有社会后产生企业,企业应当是作为社会的一份子而存在和发展,以国为单位它就是企业公民,它享有权利但也应当承担企业公民应尽的义务,自愿公开企业环境信息就是企业公民承担社会责任的一种体现。同时,传统意义上的环境管理只是强调对被管理者的管理和控制,这种模式已被证明为缺乏活力和潜力,所谓环境管理中的"政府失灵"就是指的这种情形。本书认为,转变这种状况的办法是将对环境事务的管理模式转换为治理模式。因为,管理是单方行为,而治理则是包括政府、公众、企业和其他社会组织等多方参与的集体行动,并且以公众参与为基础,环境利益和解决环境问题的对策在各个利益相关方参与的情形下博弈形成。博弈形成的契约考虑到了企业的利益,这就是企业自愿公开环境信息的基础。

3. 中国企业环境信息公开的特殊性

作为中国法意义上的企业,包括在中国的外资独资企业、中国在海外的企业,其对环境信息公开的特殊性决定于以下因素。

(1)企业类型的多样性。中国从改革开放至今,已经形成了形式多样的企业类型:公有的(如国有企业、国有性质的从事公益性的事业单位、集体企业),非公有的(如民营企业、外国独资企业),混合型的(如中外合资企业、中外合作企业)。这些不同性质的企业具有不同的经济基础、文化基础和不同的发展愿景,其发展过程中对环境的影响以及对环境问题的认识和应对之策也会各有侧重,因此对环境信息公开制度的反应和效果也会产生差异。

(2)环境问题的特殊性。在上述这些企业中,不同类型的企业分别属于不同性质的行业和产业(如一、二、三产业,重污染行业与服务业),对应着社会的不同需求。由于产业分工、行业性质不同,其对环境资源的需求、产生的污染物种类(如重金属污染、有毒有机污染、放射性污染)和数量就不一样,因此法定的进行环境信息公开的范围就应当有区别。

(3)发展水平的差异性。这个问题表现在两个层面:第一,由于上述不同类型的企业所决定的发展水平的差异性。第二,中国地域广大、民族多种、人口众多,具有不同的地质、地貌、水文、气候、环境容量特点,不同的人文、文化、民族和历史环境,各地的资源禀赋相差很大,改革开放后又形成了经济和社会物质文化生活水平相距悬殊的区域(东、中、西部地区,发达、发展中和不发达地区)。这些差异使各地的环境生态问题、环境污染水平呈现出不同的特点,而且与企业的不同类型相联系。这些不同的特点使中国的环境问题更加复杂化、多样化,对问题的应对、制度的设计就应当多元化。因此,对于企业环境信息公开制度的设计就应当考虑地区的差异性,比如,对于相同类型、规模和水平的化工企业,在东部发达地区和西部不发达地区是否应当区别对待?如果区别对待又应当怎样把握环境信息公开的标准和范围?如果不区别对待,那么又该如何兼顾地区发展的公平?所以,只有在深入探讨中国企业环境信息公开现状的基础上,全面分析中国企业环境信息公开制度建设中的问题和原因,才能使立法既反映出共性规律又能照应这些差异性,趋向于效率和公平的基本上平衡。

第二节　企业环境信息公开制度在中国的演进

中国有关企业环境信公开的立法,在不同层面、针对不同环境要素和不同具体情况、以不同的形式进行了规定。本书初步统计发现,从 1989 年到 2014 年,中国涉及企业环境信息公开主题的立法共有 23 部,这些规范包括法律、行政法规、部委规章、部委规范性文件、行业规范等,如图 1 所示。

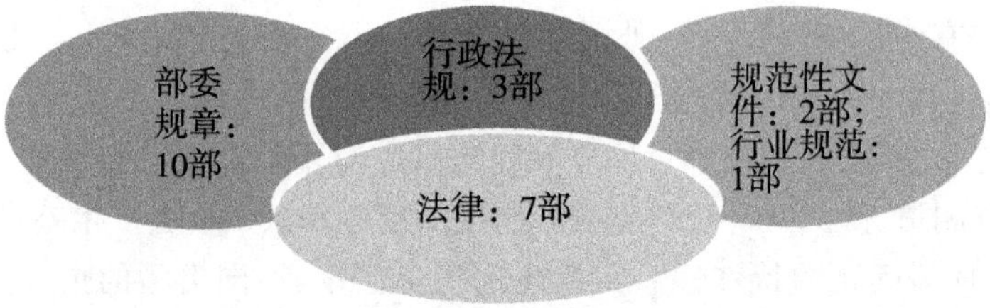

图 1　1989～2013 年中国企业环境信息公开立法规范

对上述 23 部立法研究后,本书认为,在 1989～2014 年这个时期,中国企业环境信息公开制度的确立,是在借鉴了西方有关企业环境信息公开制度立法实践的经验的基础上形成,其发展则呈现出了自己的脉络和特点。其演变过程大致可以做如下划分：

第一阶段，1989～2007年，属于企业环境信息公开制度的雏形阶段，制度立法在摸索着进行。在这段时间里，中国还没有形成企业环境信息公开制度的初步框架。中国的制度实践从要求企业对环境污染事故向直接受影响者公开开始，过渡到要求具有严重的环境危害性的企业公开环境信息，最后上升到标识类信息管理的预警机制的形成，即环境信息公开沿着"个别环境事故应对→严重危险性企业过程监管→标识管理预警机制"的思路展开。

1. 对于突发环境事件的关注和应对（见表1）

本书认为，这个时期正是中国改革开放进入全面启动时期，发展经济还是探索式的前行，因此会有一些环境事故发生，主要强调企业对事故的信息公开。但是，由企业直接向公众提供环境事故信息的立法规定却相应地减少，多是规定企业向政府主管部门通报，几乎是间隔10年一次个别立法的回归，表现出对问题严重性的立法取向。然而，2005年之后，尤其是2008年前后中国连续发生环境污染事件，近年全国范围的雾霾大气污染加剧，增加了学术界和实务界对这种"立法取向"的质疑。因此在2010年，国家环保部要求上市公司向公众公开事故信息。《环境保护法》（2014年修订）第47条第3款第2项仍然保留了"在发生或者可能发生突发环境事件时，企业事业单位应当立即采取措施处理，及时通报可能受到危害的单位和居民，并向环境保护主管部门和有关部门报告"规定，这符合立法对人的生存权利保护、对公众环境知情权维护的宗旨。

表1　企业环境信息公开中的突发性事件应对立法

立法特点	规范类型	规范名称	应当公开环境信息的情形和主体
突发事件应对	法律	《环境保护法》（2014年修订）第47条第3款	在发生或者可能发生突发环境事件时，企业事业单位应当立即采取措施处理，及时通报可能受到危害的单位和居民，并向环境保护主管部门和有关部门报告
		《大气污染防治法》（2015年修订）第97条	发生造成大气污染的突发环境事件，人民政府及其有关部门和相关企业事业单位，应当依照《中华人民共和国突发事件应对法》《中华人民共和国环境保护法》的规定，做好应急处置工作

续表

立法特点	规范类型	规范名称	应当公开环境信息的情形和主体
突发事件应对	行政法规	《自然保护区条例》(2017 年修正)第 33 条	发生事故或者其他突然性事件,造成或者可能造成自然保护区污染或者破坏的单位和个人;及时通报可能受到危害的单位和居民
	准部委规章(说明:本书研究命名)	《上市公司环境信息披露指南(征求意见稿)》(环保部 2010 年)	发生突发环境事件的上市公司;在事件发生 1 日内发布临时环境报告,披露环境事件信息及已采取的应急处理措施等

2. 深入对过程的信息监管(见表 2)

基于环境问题的特点,采取仓促应对往往是一种暂时性的、很被动的环境管理方式,效果不好。因此,包括环境信息公开的制度设计在内,环境管理制度的设计应当遵循国际法上的风险预防原则,加强对可能产生重大污染的生产企业的生产过程的监管,要求具有危险性的企业对可能的环境风险进行信息公开,从而将信息公开纳入企业内部管理、企业预警机制之中。

表 2 企业环境信息公开中的过程监管规范

立法特点	规范类型	规范名称	应当公开环境信息的情形和主体
重大污染过程监管	法律	《清洁生产促进法》(2012 年修正)第 17 条	第 1 款:省、自治区、直辖市人民政府负责清洁生产综合协调的部门、环境保护部门,根据促进清洁生产工作的需要,在本地区主要媒体上公布未达到能源消耗控制指标、重点污染物排放控制指标的企业的名单,为公众监督企业实施清洁生产提供依据。 第 2 款:列入前款规定名单的企业,应当按照国务院清洁生产综合协调部门、环境保护部门的规定公布能源消耗或者重点污染物产生、排放情况,接受公众监督
		《环境保护法》(2014 年修订)第 47 条	第 1 款:各级人民政府及其有关部门和企业事业单位,应当依照《中华人民共和国突发事件应对法》的规定,做好突发环境事件的风险控制、应急准备、应急处置和事后恢复等工作。 第 3 款第 1 项:企业事业单位应当按照国家有关规定制定突发环境事件应急预案,报环境保护主管部门和有关部门备案

续表

立法特点	规范类型	规范名称	应当公开环境信息的情形和主体
重大污染过程监管	部委规章	《关于企业环境信息公开的公告》(环发〔2003〕156 号)	污染物超标准排放污染物或者超过污染物排放总量规定限额的污染严重的企业;在每年 3 月 31 日以前公布上一年的环境信息
		《清洁生产审核暂行办法》(国家发展和改革委员会、国家环境保护总局令第 16 号)第 8 条第 1 款,第 10 条第 1 款(已失效)	污染物排放超过国家和地方排放标准,或者污染物排放总量超过地方人民政府核定的排放总量控制指标的污染严重企业,或者使用有毒有害原料进行生产或者在生产中排放有毒有害物质的企业;在名单公布后 1 个月内,在所在地主要媒体上公布主要污染物排放情况
		《上市公司环境信息披露指南(征求意见稿)》(环保部 2010 年)	火电、钢铁、水泥、电解铝等 16 类重污染行业上市公司应当发布年度环境报告;被省级以上环保部门实施重大环保处罚的上市公司,应当在得知处罚决定后 1 天内发布临时环境报告
		《危险化学品环境管理登记办法(试行)》(2012 年)第 22 条	危险化学品生产使用企业应当于每年 1 月发布上一年度生产使用的危险化学品环境管理年度报告;重点环境管理危险化学品生产使用企业还应当公布重点环境管理危险化学品及其特征污染物的释放与转移信息和监测结果
	行业规范	上海证券交易所《上市公司环境信息披露指引》(监管〔2008〕18 号)	列入污染严重企业名单的上市公司,在环保部门公布名单后 2 日内披露主要污染物的情况、环保设施情况、环境污染事故应急预案以及公司为减少污染物排放所采取的措施及今后的工作安排;从事火力发电、钢铁、水泥、电解铝、矿产开发等对环境影响较大行业的公司,应当在证监会指定报刊和网站上同时披露披露 7 类环境信息,并应重点说明公司在环保投资和环境技术开发方面的工作情况

3. 从预防角度关注信息的提供(见表 3)

从环境保护的最终目的和环境立法的宗旨出发,环境立法更应当坚持预防为主、防治结合的原则,①企业环境信息公开制度的设计应更能体现出对人的关怀、对自然的关怀。因为,只有做好预防工作才能从根本上消除产生环境问题的根源和环境风险的潜在隐患,变被动应对防范为主动预防,将损失降到最小、风险降到最低,从而能整体提升制度的执行效率。环境标识和环境标志制度符合这一立法宗旨,而且该项制度也符合国际通行的实践并且在中国已取得一定的成效,因此具有生存的土壤。中国的立法体现在 2003 ~ 2009 年,位于 2004 年《宪法》修正前后,而这次宪法修正就强调"尊重和保障人权",标识制度体现了对人权保护的精神。

表 3 企业环境信息公开中的预防立法

立法特点	规范类型	规范名称	应当公开环境信息的情形和主体
标识预防机制	法律	《放射性污染防治法》(2003 年)第 16 条,第 23 条	放射性物质和射线装置应当设置明显的放射性标识和中文警示说明;生产、销售、使用、贮存、处置放射性物质和射线装置的场所,以及运输放射性物质和含放射源的射线装置的工具,应当设置明显的放射性标志;核动力厂等重要核设施外围地区应当划定规划限制区
		《固体废物污染环境防治法》(2016 年修正)第 52 条	对危险废物的容器和包装物以及收集、贮存、运输、处置危险废物的设施、场所,必须设置危险废物识别标志
		《节约能源法》(2007 年修订,2016 年修正)第 19 条第 1 款	生产者和进口商应当对列入国家能源效率标识管理产品目录的用能产品标注能源效率标识,在产品包装物上或者说明书中予以说明
	行政法规	《废弃电器电子产品回收处理管理条例》(国务院令第 551 号)第 10 条第 2 款,第 11 条第 1 款	电器电子产品上或者产品说明书中应当按照规定提供有关有毒有害物质含量、回收处理提示性说明等信息;电器电子产品销售者、维修机构、售后服务机构应当在其营业场所显著位置标注废弃电器电子产品回收处理提示性信息

① 从《环境保护法》(2014 年修订)可以看出,我国环境立法宗旨和原则的进步。例如,第 1 条规定:"为保护和改善环境,防治污染和其他公害,保障公众健康,推进生态文明建设,促进经济社会可持续发展,制定本法。"第 4 条规定:"保护环境是国家的基本国策。国家采取有利于节约和循环利用资源、保护和改善环境、促进人与自然和谐的经济、技术政策和措施,使经济社会发展与环境保护相协调。"第 5 条规定:"环境保护坚持保护优先、预防为主、综合治理、公众参与、损害担责的原则。"

第二阶段，从 2008 年到现在，这段时期属于中国企业环境信息公开制度的成型期，并向体系化发展。

1. 具有重要奠基意义的制度设计是 2007 年国家环保总局颁布了《办法（试行）》，基于《政府信息公开条例》（2007 年），该办法明确地规定了企业环境信息公开的主体、原则、范围、方式等内容，给企业环境信息公开制度体系的建设、企业进行环境信息公开的实践提供了基础和努力的方向。可以认为，2007 年这项部委规章开启了中国企业环境信息公开制度立法建设的元年，并成为企业环境信息公开制度走向系统化发展的基础。

表 4　企业环境信息公开的系统性立法启动与发展

立法特点	规范类型	规范名称	应当公开环境信息的情形和主体
公众参与专门信息公开规定	法律	《环境影响评价法》（2016 年修正）第 21 条	除国家规定需要保密的情形外，对环境可能造成重大影响、应当编制环境影响报告书的建设项目，建设单位应当在报批建设项目环境影响报告书前，举行论证会、听证会，或者采取其他形式，征求有关单位、专家和公众的意见。 建设单位报批的环境影响报告书应当附具对有关单位、专家和公众的意见采纳或者不采纳的说明
	行政法规	《环境保护法》（2014 年修订）	第五章“信息公开和公众参与”；第 47 条规定；第 63 条、第 65 条责任条款
		《关于落实科学发展观加强环境保护的决定》（国发〔2005〕39 号）	企业要公开环境信息。对涉及公众环境权益的发展规划和建设项目，通过听证会、论证会或社会公示等形式，听取公众意见
		《企业信息公示暂行条例》（国务院令第 654 号）	第 10 条第 1 款：企业应当自下列信息形成之日起 20 个工作日内通过企业信用信息公示系统向社会公示：……（五）受到行政处罚的信息；（六）其他依法应当公示的信息。 第 2 款：工商行政管理部门发现企业未依照前款规定履行公示义务的，应当责令其限期履行。 第 11 条：政府部门和企业分别对其公示信息的真实性、及时性负责

续表

立法特点	规范类型	规范名称	应当公开环境信息的情形和主体
公众参与专门信息公开规定	部委规章	《环境影响评价公众参与暂行办法》(2006年)第5条第1款	建设单位或者其委托的环境影响评价机构在编制环境影响报告书的过程中,应当采用便于公众知悉的方式,向公众公开有关环境影响评价的信息,征求公众意见
		《办法(试行)》(国家环境保护总局令第35号)	以8条的内容分别规定了企业应当公开的4项内容及责任归究,以及自愿公开的9项内容及激励措施
		《环境保护公共事业单位信息公开实施办法(试行)》(环发〔2010〕82号)	环保公用事业单位在提供公共服务过程中制作或者获取的信息。环境保护公共企业单位信息公开工作参照本办法执行
		《企业事业单位环境信息公开办法》(环保部令第31号)	主要是针对重点排污单位的环境信息公开规定。有对应的罚款责任条款。共18条
		《突发环境事件应急管理办法》(环保部令第34号)	第23条第1款规定:企业事业单位造成或者可能造成突发环境事件时,应当立即启动突发环境事件应急预案,采取切断或者控制污染源以及其他防止危害扩大的必要措施,及时通报可能受到危害的单位和居民,并向事发地县级以上环境保护主管部门报告,接受调查处理。 第34条规定:企业事业单位应当按照有关规定,采取便于公众知晓和查询的方式公开本单位环境风险防范工作开展情况、突发环境事件应急预案及演练情况、突发环境事件发生及处置情况,以及落实整改要求情况等环境信息。 第38条规定:企业事业单位有下列情形之一的,由县级以上环境保护主管部门责令改正,可以处一万元以上三万元以下罚款:……(六)未按规定公开突发环境事件相关信息的
		《建设项目环境影响后评价管理办法(试行)》(环保部令第37号)	第10条规定:建设单位或者生产经营单位完成环境影响后评价后,应当依法公开环境影响评价文件,接受社会监督

2. 强化对上市公司的环境信息公开立法是该时期立法的显著特点，见表5。从这几部立法产生的时间分析，有几个立法节点值得关注，这类立法同中国几次重大的宪法修订成果、重要经济事件以及同中国两部涉及公司运行的重要法律的实施与修改密切相关，同时也照应了当前中国上市公司在环境行为上的不佳表现的现实。[①] 应当承认，《办法（试行）》的实施起到了重要的推动作用，2014 年《企业事业单位环境信息公开办法》（环保部令第 31 号）的出台将更具体地推动企业在新形势下的环境信息公开。上市公司的健康发展有利于中国经济的可持续发展，有赖于上市公司自身治理能力的加强，但也应当有来自制度的推进和公众的监督，上市公司环境信息公开能够强化上述目标和功能。不可否认，在对待加强上市公司信息公开与提升上市公司合规行为之间是否存在正向相关性问题上，现实中会有不同的看法和研究结果，而且在实践中这种相关性也不明显。[②] 比如，库纳尔和科恩（Konar and Cohen）（2000 年），麦克斯韦尔等（Maxwell et al.）（2000 年），史蒂芬（Stephan）（2002 年），达斯古普塔等（Dasgupta et al.）（2006 年）就认为“信息公开计划引起的污染减少是变化的，而且仍然处于研究状态”。而马克 A. 科恩 和 V. 桑塔库马（Mark A. Cohen and V. Santhakumar）（2006 年）研究则认为“信息公开规划对后续公司行为具有影响”。[③] 但是，本书研究坚信，从长远和发展的角度看，在

---

① 中国社会主义市场经济的确立（1993 年），中国确立建设社会主义法治国家（1999 年），中国加入世贸组织（2001 年），《证券法》（1998 年通过，2005 年修订、2013 年修正），《公司法》（1993 年通过，1999 年修正、2005 年修订、2013 年修正）。在康菲酿成的渤海湾重大漏油污染案例中，康菲与中海油两个上市公司对该环境事件的信息公开表现很不尽人意，有违法律的规定。参见方堃、万美：《海洋污染事件中肇事企业的信息公开义务与责任——对蓬莱 19－3 油田漏油案的法规范分析》，载《法学评论》2012 年第 5 期。

② 比如，美国证券交易委员会就直言，强制性的环境信息公开只对股民做出决策有作用，而不改变上市公司的环境行为。即 It should be noted, however, that the SEC asserted that compelling corporate environmental disclosure was not to “change corporate conduct”, but merely to “facilitate investors’ access to relevant, economically significant information, thereby assisting the investors to make informed investment decisions”。See Timothy Riley, Cai Huiyan, “Unmasking Chinese Business Enterprises: Using Information Disclosure Laws to Enhance Public Participation in Corporate Environmental Decision Making”, *Harvard Environmental Law Review* 144, 2009, p. 199. 这些年，一些上市公司所发生的环境事件已引起了中国公众的关注，大型跨国公司的社会责任意识表现出不升反而有下降的趋势。对此，方堃先生进行了较详细的分析和论证。参见方堃：《在华跨国公司环境违法相关问题探讨》，载《上海交通大学学报》（社会科学版）2008 年第 5 期。

③ Mark A. Cohen and V. Santhakumar, “Information Disclosure as Environmental Regulation: A Theoretical Analysis”, *Environmental & Resource Economics* 37, 2007, p. 600.

企业环境信息公开的立法建构和运行中，加强对上市公司规范立法将有利于协同并强化相关的环境法律规范的实施效率，带动和促进整体意义上的企业环境信息公开；这样，通过政府的监管和引导、公众的监督以及市场的推动，环境信息公开制度的实施会最终推动上市公司环境行为的改善。

表5 第二阶段上市公司环境信息公开规范

立法特点	规范类型	规范名称	应当公开环境信息的情形和主体
上市公司环境信息公开监管	部委规章	《公开发行证券公司信息披露内容与格式准则第1号——招股说明书》（证监〔1997〕2号）	上市公司应当阐述投资项目的环保风险
		《公开发行证券公司信息披露内容与格式准则第9号——首次公开发行股票并上市申请文件》（证监发行字〔2006〕6号）	股票发行人应当说明其业务及募股资金拟投资项目的环保符合性
		《关于加强上市公司环境保护监督管理工作的指导意见》（环发〔2008〕24号）	发生可能对上市公司证券及衍生品种交易价格产生较大影响且与环境保护相关的（六类——本书研究注）重大事件，投资者尚未得知时，上市公司应当立即披露，说明事件的起因、目前的状态和可能产生的影响
		《上市公司环境信息披露指南（征求意见稿）》（环保部2010年）	符合火电、钢铁、水泥、电解铝等16类重污染行业，或发生突发环境事件，或因环境违法被省级以上环保部门实施重大环保处罚情形之一的上市公司，应当披露环境信息

续表

立法特点	规范类型	规范名称	应当公开环境信息的情形和主体
上市公司环境信息公开监管		《公司债券发行与交易管理办法》(证监会令第113号)	其制定目的包括保护“社会公共利益”,有关于公司信息披露的义务。这些都应当对公司实施环境信息公开提供保障
		《首次公开发行股票并上市管理办法》(证监会令第122号)	其制定目的包括保护“社会公共利益”,有关于公司信息披露的义务和责任。这些规定也为公司实施环境信息公开提供保障
	规范性文件	《环保部加强上市公司环保核查后督查工作的通知》(环保部2010年)	上市公司应及时、完整、准确地披露环境信息,发布年度环境报告书
		《关于进一步规范监督管理严格开展上市公司环保核查工作的通知》(环办〔2011〕14号)	专门规定了对在环保核查时弄虚作假、故意隐瞒企业重大违法事实行为的上市公司、上市环保核查技术咨询单位的处罚措施
	行业规范	《上市公司环境信息披露指引》(监管〔2008〕18号)	规定了符合发生可能对股票及衍生品种交易价格产生较大影响六类与环境相关的重大事件,或被环保部门列入污染严重企业名单,或从事火力发电、钢铁、水泥、电解铝、矿产开发等对环境影响较大行业情形之一的上市公司,应当披露环境信息

第二章 企业环境信息公开制度实施的问题与障碍

必须承认，从2007年至今，企业环境信息公开制度在中国的实践取得了一些好的成绩和进步。然而，相比较美、欧、日等西方法治成熟的国家，中国的企业环境信息公开立法应当定位为刚刚起步时期，制度的运行还只能说是在艰难的推进中。从企业环境信息公开形成的各项构成要素分析，中国现行的有关企业的环境信息公开的立法暴露出了诸多需要进一步解决的问题，这也因此成为实施企业环境信息公开制度的障碍和困境。

一、制度本身架构存在的结构性缺陷

1. 公开原则仍然囿于传统行政管理。应当说自2007年始、以《办法(试行)》制定为起点，中国才在法律规范层面规定有真正意义上的企业环境信息公开。《办法(试行)》遵循了以公开为原则、不公开为例外的环境信息公开原则，而在其实施之前则是秉持保密为原则、公开为例外，甚至到现在这种观念还根深蒂固并深深地影响和制约着中国包括企业在内的环境信息公开制度的实施。其原因在于中国的环境立法和执法中仍然坚守行政管理为主导，公众、其他组织参与的环境治理制度还没有建立。同时，环境管理中的地方保护主义、部门保护主义的影响也是一个相当重要的掣肘因素。现在国际通行的企业环境信息公开的原则是公开为原则、不公开为例外，中国新近的信息公开判决案例也为此提供了依据。2014 年 9 月 12 日在中国最高人民法院通报的"余穗珠诉海南省三亚市国土环境资源局案"中，三亚市城郊人民法院对于公开例外给出了司法裁定，确认如果"不存在法律法规规定不予公开的情形并确系申请人自身之生产、生活和科研特殊需要的，一般应予公开"。并认为"被告未能证明申请公开之信息存在法定不予公开的情形而答复不予公开，属于适用法律法规错误"。① 本案中，法院判决有三层含义：其一，一般情形应予公开，不公开的需要有法律规范依据；其二，法律法规规定的不公开情形，应当由被告负举证责任；其三，应当考虑信息公开申请人的生产、生活和科研等特殊需要。本书认为，这三层含义体现了如下司法意义：表明了法院判决对环境信息的"公开为原则、不公开为例外"的认同，最高人民法院将这一案例列入通报之中则显示出中国最高审判机关的态度，即肯定了在涉及环境信息公开的诉讼中适用"公开为原则、不公开为例外"的原则，并将指导中国各级法院对于类似案件的审理和判决。

2. 没有建立起统一的对公开主体的判定标准，立法限制了强制公开主体类型。主体的有效性直接限制了公开的环境信息的总量，从而也会对环境治理效果产生一定的负面约束；从另一个层面，也会给其他无强制公开义务、对环境有不利影响的企业提供"搭便车"的便利，强化了企业市场竞争的不公平程度。现行主体类型主要为如下几类：

第一类是在中国法律规范中，对于比较全面的公开企业环境信息的主体判断和划分标准是，污染物是否超标准排放或者是否超总量排放予以确定。② 也就是说，通常的排放污染物只要是不超标排放或者不超地区总量排放就不会构成公开的主体，即重点排污单位。

第二类是需要编制环境影响评价书的单位，向公众公开环境影响评价报

---

① 林笛：《最高法发布 2013 年度政府信息公开十大案例》，载法制网：http://www.legaldaily.com.cn/index_article/content/2014-09/14/content_5760970.htm? node=6148，最后访问日期：2014 年 9 月 14 日。

② 如《清洁生产促进法》（2012 年）第 17 条规定：省、自治区、直辖市人民政府负责清洁生产综合协调的部门、环境保护部门，根据促进清洁生产工作的需要，在本地区主要媒体上公布未达到能源消耗控制指标、重点污染物排放控制指标的企业的名单，为公众监督企业实施清洁生产提供依据。列入前款规定名单的企业，应当按照国务院清洁生产综合协调部门、环境保护部门的规定公布能源消耗或者重点污染物产生、排放情况，接受公众监督。

告书的完整版本和后续评估文本。①

第三类是在环境要素的污染防治法律中，造成或者可能造成环境污染或者环境破坏事件的企业或者事业单位，这又存在几种不同情形的立法规定：

情形一，企业直接向居民通报。例如，《大气污染防治法》（2015 年）第 97 条规定："发生造成大气污染的突发环境事件，人民政府及其有关部门和相关企业事业单位，应当依照《中华人民共和国突发事件应对法》、《中华人民共和国环境保护法》的规定，做好应急处置工作。"这里的应急处置，应当理解为，当发生大气污染事故时，企业应当按照《环境保护法》的规定进行信息公开。《环境保护法》（2014 年修订）第 47 条第 3 款第 2 项的路径为：企业事业单位→可能受到危害的单位和居民；企业事业单位→环境保护主管部门和有关部门。

情形二，企业向相关主管部门或政府报告，然后由政府公告。如《放射性污染防治法》第 25 条第 3 款规定，针对出现核事故应急状态，设定的报告路径为：核设施营运单位→核设施主管部门和环境保护行政主管部门、卫生行政部门、公安部门以及其他有关部门报告；而针对发生放射源丢失、被盗和放射性污染事故，设定的报告路径为：有关单位和个人→公安部门、卫生行政部门和环境保护行政主管部门→本级人民政府→公众。

情形三，向相关主管部门或者政府报告。例如，《固体废物污染环境防治法》（2016 年修订）第 64 条，针对发生或者有证据证明可能发生危险废物严重污染环境、威胁居民生命财产安全，设定的报告路径为：县级以上地方人民政府环境保护行政主管部门或者其他固体废物污染环境防治工作的监督管理部门→本级人民政府和上一级人民政府有关行政主管部门。《水污染防治法》（2017 年修正）第 78 条第 1 款规定，针对企业事业单位发生事故或者其他突发性事件，造成或者可能造成水污染事故，设定的报告路径为：事故企业或事业单位→事故地县级以上政府或者环保行政部门→本级政府。然而，近年发生的环境污染事故或重大环境损害事件表明，当地政府往往是掩盖或者拖延对污染事故信息的公开，最后导致了真假信息的混乱、舆论的升级，以致最终

---

① 《环境保护法》（2014 年）第 56 条第 2 款规定："负责审批建设项目环境影响评价文件的部门在收到建设项目环境影响报告书后，除涉及国家秘密和商业秘密的事项外，应当全文公开。"2015 年《建设项目环境影响后评价管理办法（试行）》（环境保护部令第 37 号）第 11 条规定："对未按规定要求开展环境影响后评价，或者不落实补救方案、改进措施的建设单位或者生产经营单位，审批该建设项目环境影响报告书的环境保护主管部门应当责令其限期改正，并向社会公开。"

酿成环境公共事件，其事件的性质已经不再仅仅是单纯的环境事件。在对待环境污染事故的信息公开上，在 2014 年《环境保护法》修订之前，中国立法几乎是限制了企业对环境信息的公开。从某种意义上看，这也是对公众环境信息知情权的不合理限制，以及对企业公开环境信息权利的不合理限制，并会产生如下消极反应：不利于对环境紧急情况的及时处理，不利于对企业环境行为的管理和监督，不利于调动企业公开环境信息、实施环境信息公开法律制度的积极性。2014 年修订的《环境保护法》作为环境基本法地位的确立，对于重大环境事件信息公开主体定性的规定，将有利于针对这个问题在环境法律体系上的整合与一体化。

在美国、欧盟、日本等国家和地区，通常对于环境信息公开进行公开的主体包括所有对环境造成或者可能造成不良影响、或者破坏的企业。这样对所有的企业来讲，能够减少因信息公开的不对称而产生的不公平竞争，对于企业环境信息公开制度推行的作用则是积极的，同时也传递着立法对公众环境知情权保护的理念。另外，简单明了的规定有利于公众更加全面地获取和甄别企业公开的环境信息，便于公众有效地参与对企业的环境监督，给企业形成保护环境的压力和动力。

3. 公开的范围狭窄，不便于企业操作，也不利于政府监管和公众监督。1998 年欧洲经济委员会环境政策委员会制定了《关于在环境事物中获取信息、公众参与决策和获取司法救济的公约》（Convention on Access to Information, Public Participation in Decision-Making and Access to Justice in Environmental Matters，简称《奥胡斯公约》），对环境信息给出了范围宽泛的定义。欧洲《污染物排放和转移登记制度议定书》（也称《基辅议定书》）（2003 年）和联合国欧盟经济委员会《〈基辅议定书〉执行指南》（2008 年）也规定了详细的环境信息范围。而美国 1986 年《紧急计划与社区知情权法案》（Emergency Planning and Community Right-to-know Act, EPCRA）授权联邦环保局制定有毒物质排放清单（toxic release inventory, TRI）则走得更远，无论是对公开的数量要求还是在公开的质量要求上都更加具有针对性，它要求企业必须向环保局提交排放清单上所列的每种有毒化学品排放情况的年度报告。至 20 世纪 90 年代，法律又要求在企业的年度报告的信息中包括有关污染源的减少和回收利用的结果，最后由环保局将企业的年度报告向全社会公开。相比较于欧美立法，中国立法要求企业公开的环境信息内容就非常之少、并且范围狭窄。本书认为，详细的环境信息公开范围将有利于企业对于其环境行为过程的关注，对环境标准、环境政策与环境法律规定的重视；同样，也能帮助公众理解企业公开的环境信息所传递的含义和目的，指导公众对自身环境利益的维护和对解决公共环境问题事务的参与，提高公众对企业环境行为监督的有效性；对于政府而言，详细的环境信息将为政府提高环境行政效率提供重要基础。

4. 随着环境问题与经济发展交织着的相互影响，环境与资源已作为价值形态的物品进入企业生产流程中、环境问题的外部不经济性成为企业必须面对的成本。然而，中国会计准则与制度存在缺陷，还没有真正将诸如环境费税、基金、优惠、企业环境责任等经济的或者非经济的信息纳入其中，这自然会影响到企业将环境会计核算与公开纳入企业内部治理之中。本书认为，在很长时间内，这是对企业正常健康发展的一种误导，也是招致企业造成越来越严峻的环境问题的重要根源之一。会计信息披露是企业内部治理的重要内容之一，应当反映企业行为所产生的环境正外部性和环境负外部性，以体现出企业对于环境的责任担当，也夯实了企业环境行为的合法性。但是，并不是说应当纳入就能即刻进入，应然和实然是两个不同的状态，这存在对环境价值的功能认识，涉及这些信息进入传统核算体系所带来的对会计体系的变革，如会计准则如何制定才能正确反映出经济利益、社会利益与环境利益的协调。这种理念的转变和现实规则的衔接需要经过一定的过程，会对企业环境信息公开制度的实施产生一定的制约作用。但无论如何，应当通过立法完善中国会计准则与制度，真正体现企业对环境价值的核算。

5. 缺乏企业实施环境信息公开的规则和平台、对企业实施制度的考核评价标准。这样会导致下列负面效应：

负面效应一，国际认可度的降低，增加了企业在国际市场上的竞争成本，削弱我国在国际环境事务和交流中的话语权。在中国现实中还存在这样的问题，即使由中国的第三方独立评审得出的报告，如 ISO26000 社会责任评审报告，很难获得欧美等发达国家的认同，还是需要由欧盟、北美等国机构认证后他们才能认同。这里存在中国所设定的标准如何得到国际社会认同的问题。如果得不到认同，那么中国企业就难以进入国际市场参与竞争而分享国际市场份额。中国浦东新区的经验可以参考：独立第三方得出评价报告后，还要由政府召集专家组成的评审小组、结合政府相关部门有关该企业的诚信记录进行审查，得出的评审结论经公示无异议后，才能发给评审证书。因为有这样严密的透明程序，在浦东的外资企业也愿意申请进行认证，因为他们认为这张证书对企业来讲是一个荣誉,所以通过浦东标准认证的企业也能在这些国家的某些行业逐步得到认同。现在国家在上海的试点取得了成功,而且国家已在全国扩大自由贸易区试点范围,浦东的成功经验值得推广,这也是通过正式立法解决这类问题并推动中国第三方认证得到国际认可的有利时机。

负面效应二,增加了企业在制度实施中的遵守成本。现在有许多国际性的、区域性的标准,如ISO14000环境管理体系标准、ISO9000质量体系标准、ISO26000企业社会责任标准、欧盟EMAS生态管理审计计划、EHS审计、独立环境报告、可持续发展报告、企业年报中的附注等。一方面,如此多的认证,对于一个资金雄厚的企业来讲可能算不上什么,但也可以说是应接不暇,对中国大多数企业来讲可不是一个小数字,它需要资金做支持,这是资金承担问题。笔者主导的调研发现,试点企业每年向政府相关部门提交一次报告,数量至少是30本,平均成本以人民币计约60元/本。但是,每年当企业将这些报告提交给政府相关部门后,由于机关内部职能机构的人手不够,并没有对企业所提交的年度环境报告进行归纳、分析、并提出改善意见,报告变成了一堆意义不大的资料。另一方面,标准或报告认证结果是否能相互替代?比如,企业年报附注、可持续发展报告就含有对环境信息的记录,但是它们却并不比独立的环境年报所记载的信息更具体和更全面。EHS、ISO26000同样包含对企业质量管理、环境守法情况的认证,它们更体现为一种宏观、总体上的认证结果,然而,考察和比较这些认证的内容的深度和广度可以发现,EHS中的质量管理认证不及于ISO9000认证、ISO26000中的环境守法认证不及于ISO14000认证或欧盟EMAS认证。中国加强对此类国际标准制定的参与、增强标准制定和修改的国际话语权,对于国家和企业国际化水平和竞争力的提高都很有必要,尤其是在中国人民币走向国际化、中国倡导的“一带一路”战略向前推进的今天,其意义更为重要。

负面效应三,给企业公开环境信息造成不便,信息数据无法比对和判断其真实性,无法实现信息的共享和交流。另外,中国立法对于企业环境信息公开方式的规定也比较简单。由于存在环境问题的复杂性,因此从便利公众获取企业环境信息的角度考虑,立法应当规定企业针对不同的情形、不同的信息使用对象进行信息公开,这对公众和企业都是一种减小交易成本的选择。

6. 救济途径缺乏,这使对企业执行环境信息公开缺乏监督力,容易使立法目的无法保证实现。从对中国现有的环境立法考察,中国对于企业的环境信息公开的司法监督机制缺乏,表现在对违法企业的行政责任、民事责任和刑事责任的追究缺乏明确的规定，公众无法通过公益诉讼等形式维护其环境知情权、行使环境监督权，在企业不履行或者违法履行环境信息公开法定义务时，政府也无强制性的保障措施维护法律的尊严。① 在美、欧、日等国家和地区，司法保障功能的充分发挥能够使得这些问题得到比较有效的解决。

7. 对国外制度吸收同化能力低所产生的不利影响。中国有很多法律制度是舶来品，如环境影响评价制度、排污权交易制度等，然而当这些制度被引进后却变了味，是谓“橘生淮南则为橘，橘生淮北则为枳”。究其原因，是该制度没有实现本土化。如何让企业环境信息公开制度实现本土化？应当考虑：(1)企业文化的培育，将制度实施转化为企业的内生动力、一种企业的需求。(2)对中国现有的相关法律制度进行梳理和分析，以此为基础与舶来制度结合内生化。环境信息公开制度在企业的实施需要结合中国环境状况、企业现状、法律文化现实进行。

二、政府对环境信息公开的缺失

政府疏忽法定的环境信息公开职责弱化了对企业的引导和监督作用。本书查询北大法宝显示，2011～2017 年，以“环境信息公开”为“标题”，采用“模糊”匹配方式查询，结果 213 份案例与裁判文书，均涉及政府无一涉及企业的环境信息公开。故本书认为，政府对环境信息公开明显不力。② 政府作为法律规范的执行者首先应当是守法者，其本身对法律的不作为或者不完全作为会直接降低法律制度实施的效果，甚至会成为法律实施的障碍，对企业而言会起到不好的样板作用，最终会损害到法律的权威和立法目标的实现。因此，企业环境信息公开制度的实施不能只是企业的行为，政府的严格执法守法也相当关键和具有积极意义。

---

① 不过，中国《环境保护法》(2014 年修订)第 63 条对企业“篡改、伪造监测数据”行为治安拘留责任的适用，第 65 条对环境服务机构在有关环境服务活动中“弄虚作假，对造成的环境污染和生态破坏负有责任”行为的“连带责任”的规定，将有利于强化企业环境信息公开的法律责任意识，也会促进企业环境信息公开的救济制度的发展和完善。

② 载北大法宝网：http://www.pkulaw.cn/Case/，最后访问日期：2018 年 5 月 4 日。

第三章 企业环境信息公开的制度理性

2007 年中国国家环保总局制定《办法(试行)》并于 2008 年正式实施,其后学术界对于企业环境信息公开的理论和实践予以了相应的关注。2014 年 4 月 24 日修订通过的《环境保护法》则以专章形式规定环境公众参与和环境信息公开,更加强化了对企业环境信息公开的理论关怀。

作为制度分析的理论基础,应当建立在这样的理性之上,各利益主体都处于由各种风险(包括环境风险在内)的构成的社会之中,无一主体能够幸免或者超脱。风险社会决定了各利益主体(包括企业在内)应当相互合作以应对共同面临的风险,从而体现出对社会责任的承担。在这种合作的过程中,无论各相关利益方如何就本身的利益追求进行博弈,但合作均衡仍然是共同的诉求和目标。在应对环境风险之时,环境信息公开是共同合作的基础和关键环节,虽然环境信息资本价值是包括企业在内利益主体进行信息公开考虑的重要因素,但是环境信息资本的社会价值应当是首选,只有这样才能将环境风险招致的可能性降至最低限度。基于企业公民的社会属性,将企业社会责任理论(以企业为原点)同风险社会理论(以公众为原点)有机结合,通过完善信息公开制度达成企业利益与社会公众利益、环境利益的统一。基于成本效益的一般经济分析框架，借助博弈论的成果和信息资本的价值取向，形成一套有机联系的、既符合国家立法目标又能满足市场主体利益需求、促进企业实施环境信息公开的制度保障体系。在这些理论关怀中，风险社会理论所强调的是制度建立的现实基础，企业对环境信息的传递和交流是社会进行环境风险治理的重要手段、基础和重要环节。博弈论、信息资本论则基于现代社会企业利益与社会利益之间存在的紧密相关性，强调在进行环境信息公开的决策过程中，企业固有的对其本身利益的考虑及其限度。企业社会责任理论宣示的则是企业环境信息公开对于社会共有的价值追求和理念导向，强调企业对企业环境信息公开制度实施的责任关怀。上述理论从不同维度阐释了企业实施环境信息公开的选择和行为的社会基础和价值取向，共同构成了该制度在企业运行的系统性关注，引领该制度的健康发展。

第一节　风险社会：企业环境信息公开的社会基础

一、风险社会理论的一般规则

"风险"自古有之，只不过随着人类社会的发展而转化和表现为不同的形态，风险在现代社会表现得尤其明显。而风险社会理论的提出则是人们对于现代问题反思的结果，它遵循以下一般规则。[①]

（一）反思现代性规则

风险社会理论的提出应当说是人们对于现代社会问题、社会发展规律的认识不断深化的产物，人们在实践、认识、思考的过程中进行着不断的反思。到了社会学家所言的"后现代社会"，人们更多的是在不断地反思人与人之间的关系和人与自然、环境、生态之间的关系，反思当代社会结构、社会制度、社会文化乃至社会的文明形态，反思技术至上、科学为先、唯经济发展模式，反思人类的经济增长模式、人们的生活方式，等等。比如，在中国当代，当我们意识到人们的消费行为加大了对环境、生态和资源压力的时候，我们想到了利用法

① 对这几个规则的整理和论述参考了如下著作：刘岩：《风险社会理论新探》，中国社会科学出版社2008年版，第58～94页；[美]珍妮·X.卡斯帕森、罗杰·E.卡斯帕森编著：《风险的社会视野（上）：公众、风险沟通及风险的社会放大》，童蕴芝译，中国劳动社会保障出版社2010年版，第3～92页；[美]珍妮·X.卡斯帕森、罗杰·E.卡斯帕森编著：《风险的社会视野（下）：风险分析、合作以及风险全球化》，李楠、何欢译，中国劳动社会保障出版社2010年版，第159～260页；何跃军：《风险社会立法机制研究》，中国社会科学出版社2013年版，第3～58页。

律手段提倡绿色消费观念和模式，调节和引导人们的消费行为以应对环境生态风险。① 这些反思的积淀与升华不断地促进着人们进行理性的选择和行动，从而能够有效地应对新的社会历史形态下的社会风险。

（二）以“社会巨变”作为理论的关照意象

风险社会的奠基人，德国社会学家乌尔里希·贝克和英国社会学家安东尼·吉登斯将风险置于现代社会变迁中予以宏观考量，对西方社会的现代性进行了广泛的质疑和深刻的批评，对西方工业现代化产生的危机进行了深刻的反省。依据他们的思想，人们在面对现代社会风险时，应当在更加宏观的层面考察现代性风险，而不只是局限于对某个局部危机的应对。例如，只是针对生态危机谈论对生态危机的防范、就金融危机求解对金融危机的救济之方，只能是“头痛医头，脚痛医脚”的缓兵之计，却不能从根本上、长远战略上解决问题。应当将危机放在整个社会风险的整体框架下进行综合考量。比如，对当下全球金融危机，不能只是看到金融监管出了问题而加强金融监管和金融信息披露，应当换一个角度或者从更加广阔的视域考察金融危机产生的根源，是不是我们的金融思维模式、金融投资战略和方向出了问题？本书以我国房地产开发为例予以说明。金融资金大量投资到房地产行业为带动其他产业的发展，可是房地产泡沫的结果是造成大量的空房无人买、很多人又无法买得起房子居住的现实悖论，被贷出的资金无法按时返还引起信贷危机。大量放贷形成的房地产泡沫侵占了大量的优质耕地资源，房地产开发引起其他产业的发展又消耗大量的能源资源，而且房地产开发过程中产生大量的建筑垃圾、噪声和粉尘，建筑节能、推广环保型住宅在绝大多数时候仍然只是停留在一纸空文之上，本应是房地产开发商的法定义务却成了他们的“社会责任”担当。对于房地产开发造成的污染的治理又需要大量的资金作为支持，而对于污染治理开支的回馈则是一个长期的过程甚至可能是无法返还；同时，还因为监管不到位的无节制的房地产开发，不科学、没有经过环境影响评价的城市改建规划的实施，产生了具有中国特色的“房屋拆迁”模式，产生并激化了公众与房地产

---

① 2013年10月25日第十二届全国人民代表大会常务委员会第五次会议对《消费者权益保护法》进行了修正。该法第5条第3款规定：“国家倡导文明、健康、节约资源和保护环境的消费方式，反对浪费。”在规定消费者协会的公益性职责时，第37条第1款第1项规定：“向消费者提供消费信息和咨询服务，提高消费者维护自身合法权益的能力，引导文明、健康、节约资源和保护环境的消费方式”。这些新的立法正是新形势下中国立法对环境风险的积极应对。也反映了我国立法的灵活性和与时俱进。

公司、公众与政府之间的新的矛盾和危机。为什么金融危机和环境危机及其引起的社会危机如此巧合或者是必然地交织到一起？究其原因，本书认为，是因为我们的金融投资和房地产开发缺乏对环境资源、土地资源的真实价值考量，缺乏宏观看待社会风险的意识，缺乏在现代风险社会下审慎选择行动的意识。而在这个复杂的风险网络链条中，最根本的原因是有关环境生态资源、环境污染、环境法律规范实施的信息在政府、企业、公众之间出现了不对称或者断层。

（三）公众参与是应对风险社会诸多危机的基本出发点

沿着上述以整体和宏观的思路看待和应对社会风险危机的思考，本书认为公众参与是其中的基本点。因为所有的人，无论是穷国的还是富国的，是穷人还是富人，都无一例外地处在这样的社会中，危机会对他们的人身、财产和生存环境造成直接的或间接的影响，因此，他们对危机防范和危机处置的参与既是其法定的权利也是义务。在这样的规则中，保障公众参与的重要前提就是能够及时地向人们披露与危机相关的信息。风险的社会放大框架理论的创立者之一罗杰·E.卡斯帕斯从两个不同主体角度阐述了及时提供信息对公众参与的意义：其一，对于潜在风险承受者，风险确认后得到及时的信息，可以增强公众对信息提供者的信任；其二，对于风险管理者，及时的信息提供，有利于对风险信息的充分理解和消化，从而能够有效地应对风险发生中的诸多疑问的解释。[①] 反思近年发生在我国的多起环境污染事件和其他环境事件，几乎是每一起事件发生后都会立即引起公众、媒体（尤其是网络）的重大关注、热议以至于当地社区和公众的强烈反应，甚至到了舆论无法收场的境况，而所涉企业和相关主管部门或地方政府则处于被动的应对状态。其中一个重要原因，就是缺乏公众参与，缺乏对引起事件发生的项目或规划和对事件发生后、事件发展过程的及时信息公开。

（四）风险社会的应对之道：优化现代社会制度、社会结构，加强风险文化建设

乌尔里希·贝克和安东尼·吉登斯认为，应当从对现代性的结构性反思

---

① 有关风险的社会放大框架理论对公众参与的意义，具体可参见［美］罗杰·E.卡斯帕森：《公众参与及其风险沟通相关的六个命题》，载［美］珍妮·X.卡斯帕森、罗杰·E.卡斯帕森编著：《风险的社会视野（上）：公众、风险沟通及风险的社会放大》，童蕴芝译，中国劳动社会保障出版社2010年版，第6～7页。

和认知性反思的角度优化当代社会结构和社会制度。而另一英国社会学家斯科特·拉什则以为，应对风险社会的风险问题还应当对非制度性和反制度性现象和认知予以反思，依靠高度的风险文化意识对风险社会进行治理。① 本书以为，后者实际上是对前者理论的补充和完善，这样就将对风险社会的思考和对风险社会危机的治理纳入一个完善的框架下进行综合权衡，既考虑了确定性状态下的制度和结构因素，也关照了不确定性状态下的非制度环境，符合实践与认识辩证关系发展的逻辑。对于企业环境信息公开的制度设计，将其划分为强制性环境信息公开和自愿性环境信息公开两种类型，也可以认为是对上述风险社会治理模式在环境危机治理实践中的表现形态之一，强制性环境信息公开推行的是一种制度性规范，而自愿性环境信息公开则更多地是运用制度之外的文化因素的影响。

二、风险社会的环境风险及其特征

自从地球上有了人类的那一刻起，环境问题就与人类社会的发展结下了不解之缘。随着社会的不断发展和进步，环境问题也不断地从简单走向复杂、从纯自然走向与人为的复合、从单一走向多元的时空交错、从国家突破地区限制走向全球化；尤其是到了当代，环境问题的不确定性程度更高，有些环境问题已不是一个国家所能够独立地应对和解决，而需要上升到国际社会参与的高度，需共同商讨并出具诊治良方；环境问题已不只是一个单纯的技术问题或者经济问题，而是已经转化为与政治、文化、文明捆绑在一起的社会风险，所以中国提出的生态文明建设具有它的合理性。

(一)环境风险对企业环境信息公开的诉求

地球生物赖以生存的环境是一个内涵丰富的概念，它本身积淀着丰厚的信息内容。当今人们对待环境应当持怎样的态度，是对立、控制或是毫无忌惮的掠夺，还是共生、协调和适度、友好地利用？这里传递着人们的环境理念信息，也发出了人们对未来环境行为如何选择的信息。

现实反馈的信息是，人类社会还是以经济发展为中心，社会发展不平衡，

---

① 本书认为，刘岩先生对3位风险社会理论研究意义的评价恰到好处。他评价道，正是由于风险社会理论“将人为因素、自然因素、生态因素、制度结构因素等纳入研究视野，突破了传统社会学的理论框架，同时将风险问题置于社会变迁的宏观考察中，开辟了从风险转型研究当代社会重大变迁的新视角”。参见刘岩：《风险社会理论新探》，中国社会科学出版社2008年版，第25页。

社会贫富悬殊加大,资源、生态与环境还处于过度和无节制的消耗状态。发达国家只想继续享受并不愿放弃其已拥有的奢侈豪华的生活条件,比如,美国政府认为《京都议定书》所规定的碳减排义务的履行会损害其既得利益,所以它们就选择了拒绝和退出该议定书,特朗普政府则选择了撕毁《巴黎协定》。他们的企业在"经济人"的幌子、"自由市场经济"的皇冠下,已经并且仍然挥霍着地球上正变得越来越少的自然资源,产生更多的污染。"在美国,生活水准持续不断地提高,是造成今日保护环境困难的原因之一。"①"这部庞大的美国'消费机器',无可避免地,被视为导致环境污染问题的主要制造者。"②发展中国家和不发达国家则以生存权、发展权为其正当理由发展经济,他们的企业发展却面临着更为严重的环境污染、生态破坏和资源"瓶颈"约束。可是,大自然依然按照其本身发展规律运行着,并不以人的意志为转移。大自然反馈的信息是,人类一路恶性竞争留下的是对环境资源伤痕累累的负债,是地球的满目疮痍。对此,自然界也给人类的经济增长发出了严厉的警告,自然的、人为的环境灾害频率增强,如地震、海啸、飓风、沙尘暴,导致的人身伤害、经济损失和生态损害加大,人类的发展面临着前所未有的环境问题挑战,即环境风险挑战。而对于这些环境问题,企业是"贡献者"也自然是受害者。100 多年前恩格斯对人类发出的警告似乎已一步步变为现实:"不要过分陶醉于我们对自然界的胜利,对于每一次这样的胜利,自然界都报复了我们。"③"每一次胜利,在第一步都确实取得了我们预期的结果,但是在第二步和第三步却有了完全不同的、出乎预料的结果,常常把第一个结果又取消了。"④这些信息反馈同样地在企业的发展过程中得到了充分的体现。

同样,在风险社会中,我国的环境风险呈现出增长态势。国家环境保护部的政府信息公开网站资料显示,2013 年我国第一、第三、第四季度重点环境污染事件处理情况有 43 起,而这些事件的肇事主体都是企业。仅以 2013 年的空气质量现状为例,2013 年 8 月 2 日环保部将上半年全国城市环境空气污染形势定性为严峻,74 个城市平均达标天数比例为 54.8%,超标天数比例为

---

① Richard A. Tybout, *Environmental Quality and Society*, Columbus, Ohio State University Press, 1975, p. 8. 转引自[美]亚齐·卡洛:《企业与社会》,蔡明兴译,台北,桂冠图书股份有限公司 1988 年版,第 186 页注释①。

② 同上书,第 187 页。

③ [德]恩格斯:《自然辩证法》,人民出版社 1971 年版,第 159 页。

④ [德]马克思、恩格斯:《马克思恩格斯全集》(第 3 卷),人民出版社 1960 年版,第 517 页。

45.2%，其中轻度污染占25.4%，中度污染占9.5%，重度污染占7.5%，严重污染占2.8%。京津冀地区空气质量平均达标天数比例为31.0%，低于74个城市平均值23.8个百分点，重度污染以上天数占26.2%，高于74个城市平均值15.9个百分点。2013年12月4日环境保护部通报，11月30日以来，我国中东部地区先后出现大范围灰霾污染过程，部分城市空气质量明显下降。2013年12月25日环保部通报，12月16日至24日的9天中，有45个城市发生了重度及以上污染，严重污染城市纷纷启动空气重污染天气预警，如北京市Ⅳ级蓝色预警、天津市Ⅲ级预警、石家庄市Ⅱ级、邢台市Ⅱ级、邯郸市Ⅲ级、衡水市Ⅱ级、郑州市Ⅲ级响应、西安市严重污染日应急响应。为有效应对我国日益严重的大气污染，国务院下发《大气污染防治行动计划》（国发〔2013〕37号）（俗称"大气十条"），环保部办公厅发布《关于加强重污染天气应急管理工作的指导意见》（环办〔2013〕106号），强调要依法公开环境信息，要求各地要通过发布空气质量状况、公布重污染天气应急预案、发布预警信息、公开应急措施，包括要求企事业单位采取的措施以及公众需要配合采取的措施等，保障公众知情权、监督权和参与权。尤其是预警信息发布后，政府及相关部门要通过电视、广播、网络、短信等可能的途径告知公众采取健康防护措施，提醒公众减少户外活动等，保障公众权益。从北往南几乎影响全国的雾霾犹如阴霾不散，中国连年大气污染质量堪忧，直接导致2015年新的更为严厉的《大气污染防治法》的出台。环境风险已经越来越强烈地掣肘、扰动、撕扯着经济发展和社会进步的神经，人们的经济、生存权利的维护和实现需要环境信息的公开。

当代社会，无论是国际还是国家，企业还是个人，都为现实环境问题付出了惨重的经济乃至生命代价，甚至"辉煌的"经济成果难以补偿环境恶化的成本，而个人或者家庭辛苦劳作的收入却难以支付和弥补因环境污染而丧失的健康损害。早在2000年，美国佩莱格里诺大学教授爱德华·威尔逊在美国《外交政策》杂志上发表的《环境时代》一文中就尖锐地指出：环境危机已经威胁人类。环境危机和环境风险的扩大已经成为风险社会的重要特征。2003年重庆开县井喷事故造成重大人身财产损失，2005年吉林石化公司工厂爆炸事故并造成松花江污染事件，陕西凤翔县东岭冶炼公司造成血铅超标事件，湖南郴州儿童血铅中毒事件，至2015年8月天津滨海新区危险品仓库重大爆炸事故，频频出现的污染事故和环境事件足可以作为中国环境危机的见证。反思这些环境事故或者环境事件在发生前、过程中和事后整个阶段，可以发现一个共同规律:无论是企业还是当地政府对于这些事件过程的信息公开很是差强人意。① 人们所面对的现实是,经济在快速增长,但与此同时,在应对不断来袭的环境问题之时政府和市场同时失灵,从而加重了环境问题。因此,原田尚彦坦言:"着眼于环境污染造成的人的健康和财产上的具体损害的防止对策,很难说是对症下药的有效的限制。真正的公害防止对策,必须指向防止深层次的广泛的潜在的损害。"②也就是说,传统法上对人的权利维护的出发点,已经不适应于对与环境相关的广泛权利的维护要求,因为在对人的健康和财产损害之外还会有对人之外的、对人的生存产生深刻影响的其他生命物质、生态系统的损害,需要在预防原则的指导下予以拓展,也许这正是法社会学发生作用的新的切入点。本书认为,企业对其环境信息的公开正是防止深层次的、广泛的、潜在的损害的重要制度对策,因为,对公害所致损害采取事后救济的对策总不能从根本上解决问题。当得知污染排放的信息后,作为政府可以运用这些信息做出预防性对策,而作为公众和社区则可以针对企业的排污信息做些预防性的防范准备,或者参与企业和政府进行污染防范。要求企业公开环境信息的初衷和最终目的应当是防患于未然。

(二)环境风险防范的当代法理选择

法律作为调整人类基本行为的工具之一,在当今人类面临着特殊环境生态问题的现实背景下,虽然对法律的价值目标是定位于人类为中心还是定位于生态整体主义的争执仍然在继续,但是,"在人类活动的质与量两个方面均大规模化,超过自然净化复原能力的污染物质和过剩能源经常地被排放到外部环境中的现状之下,仍然认为事业活动等环境利用行为属于基本的自由,以此为出发点形成的法理自身就不得不使人怀疑。自然界早就不是无限的存在了"。③ 传统法理学和其他部门法学科也应当在论述人与人关系的基础上,将关注视阈拓展到人与人关系之外的代际公平、生态平衡等领域,是谓"法学科

① 2003年12月23日,四川开县发生井喷事件,大量含高浓度硫化氢的天然气扩散。此前,居民没有从施工单位,当地政府获得该项目对环境及人体健康影响的任何信息。事故发生后,施工单位未及时报告当地政府,也未通知周边可能受到污染的居民,导致243人因硫化氢中毒死亡、2142人因硫化氢中毒住院治疗、65,000人被紧急疏散安置、直接经济损失已达6432.31万元的严重后果。参见朱谦:《环境知情权的缺失与补救——从开县井喷事故切入》,载《法学》2005年第6期。

② [日]原田尚彦:《环境法》,于敏译,马骧聪审校,法律出版社1999年版,第60页。

③ [德]马克思、恩格斯:《马克思恩格斯全集》(第3卷),人民出版社1960年版,第517页。

的环境社会责任”。公害控制特有的法理要求人们,坚持预防原则是优化和完善法律学科的前提,对生态环境的保护、对公害的控制应当超越对个人危害的防止,应当以谋求区域性的环境保全、国家环境安全乃至全球生态平衡和生态可持续性为出发点和目标,以此维持并提升国民的整体福利。由此,我们是否可以得出这样的启示?传统法理应当正视现代社会所面临的、前所未有的环境污染损害、生态破坏和资源强制约束的现实。为了大多数、乃至人类生存可持续发展的共同利益,应当对原来法定的、在环境资源没有价值的理念基础上的无限制地、自由地利用环境资源行为进行限制。应当对传统民法上相邻关系间的权利义务进行修正和拓展,通过信息的交流与传递变被动的相邻权利义务关系为主动的权利义务关系,在环境资源利用中,更应当考虑对公共环境利益和后代人环境权益的维护,从而构成一种以养护人类未来生存发展基础的环境资源为目标的、新的公序良俗和诚信的法理。

对此,环境法学界的先进们进行了积极的探索和坚定的、不懈的努力。比如,郑少华先生认为,法理念依“个人本位、社会本位、生态本位”的演变,意味着“在生态危机冲击下,人类走向更高理性,放弃对自然界的掠夺性攻击,转而走向合作”;而人类社会的法制则应当是上述三种“本位之法”“高度整合之法制以适应日益变化的社会变迁”。[①] 吕忠梅先生则通过对“正统”法理学的法哲学基础的“市民社会理论刻意营造的陌生人世界”及其“本身不具有正义性”,以及由其衍生的“经济理性”价值追求的片面性的深刻反思和批判,认为并呼吁传统法学理论及其所产生的法律制度应当予以更新,以应对日益严峻的环境生态危机。[②] 蔡守秋先生则以四本浩瀚专著,直面传统法理学和法律制度面临的环境生态问题的挑战的危机,深刻阐述了“主、客二分”到“主、客一体”研究范式转变,在对“主体人”法律人模式剖析的基础上建构“生态人”法律人模式,论证了我国法律体系生态化的正当性,提出了生态文明建设所应当具有的法律和制度。[③] 不过我们也看到,在部门立法和司法的层面,这些年都有比较明显的表现以应对和回应环境生态问题,比如,《侵权责任法》(2009

---

① 郑少华:《生态主义法哲学》,法律出版社2002年版,第52~53页。

② 吕忠梅:《环境法新视野》(修订版),中国政法大学出版社2007年版,第59~70页。

③ 蔡守秋:《调整论:对主流法理学的反思与补充》,高等教育出版社2003年版;蔡守秋:《人与自然关系中的伦理与法》(上下卷),湖南大学出版社2009年版;蔡守秋:《基于生态文明的法理学》,中国法制出版社2014年版;蔡守秋:《生态文明建设的法律和制度》,中国法制出版社2016年版。

年)第八章第65~68条有关无过错责任、举证责任倒置的规定,《民法总则》(2017年)第9条有关"民事主体从事民事活动,应当有利于节约资源、保护生态环境"的规定,多次修订后的现行《刑法》第六章第六节第338~346条有关破坏环境资源保护罪的规定,关于绿色金融、绿色税制的立法,以及近两年环境公益诉讼的实践,都会有力地推动应对环境生态危机的法律整合、推动传统法学理论的与时俱进。

环境的概念"涵盖了多种多样的价值观,在实际决策过程中,对于遵循什么样的标准以及选取何种价值观,至今还没有建立起一套完备的规章制度来。这一点,在法学研究中已成为当务之急"。[①] 法学的责任担当就在于,将环境的价值、对于人类所赖以生存的环境的尊重理念置于法学理论、法律所追求的公平正义、权利与义务平衡的宗旨之中。"我们对自然界的整个统治,是在于我们比其他一切动物强,能够认识和正确运用自然规律。"[②]将自然规律体现在法理创新之中,也正是法理对当今人类社会面临的环境风险的担当。在传统法理的完善过程中,环境信息公开制度应当如何设计、采取何种实施措施以丰富法理的结构和内容,这也是本书研究的出发点和目标。环境信息公开应当从法律制度的建构和实施机制的创新的角度丰富法理的内涵;在法理的完善、法律制度的解构中,也只有充分体现出透明度和信息公开的要求,才能向着公平和正义的法律进步。

三、风险社会中企业的应对策略

企业的发展历程表明,产业演化能够从多个方面塑造企业并影响企业的战略选择和定位。这是企业发展过程中所面临的风险之一,企业要避免或驾驭这种风险就应当研究企业、市场、社会的发展历程。其中,资源"瓶颈"、环境问题以及由此带来的相关负效应的约束越来越硬性化,这是企业应当予以重点关注的重要社会风险源。同时,企业还应当关注当代中国以"发展"作为主旋律的主导意识形态,关注党的十八大以来中国共产党改革的精神和对于宪法、法治价值的推崇,关注我们党和国家对生态环境问题的强烈关怀。也就是说,面对当今风险社会的现实,企业应当在价值再创、战略选择和定位、行动

---

① [日]佐佐木毅、[韩]金泰昌主编:《地球环境与公共性》,韩立新、李欣荣译,人民出版社2009年版,第214页。

② 《马克思恩格斯全集》(第3卷),人民出版社1960年版,第518页。

决策时具有对环境风险、环境危机的敏锐感，培养有效应对和驾驭环境风险的能力。

风险社会理论的提出，突出的是“后现代主义”时代的现代性危机，这种人为的危机使得风险的不确定性大大增加，任何人、任何组织都无一例外地身陷这种由各种风险主宰着的社会当中。作为现代社会的环境风险关键缔造者的企业，应当如何对这种结构性的风险进行反思从而减轻现有风险以及未来风险发生的频率，其中最重要的就是要能够认识到环境风险的放大特性和对企业发展的影响作用。罗杰·E. 卡斯帕森郑重地告诫人们：“我们置身于这样一个时代：保障公众知情权的法律规定、急速增长的责任索赔和对公民参与的期望值都对风险沟通施加了新的社会义务。”①他强调企业有保障公众知情权的义务，同时也提醒企业应当实施风险沟通模式，以处理好与公众和周边社区的关系，从而能够有效地化解和应对风险危机。对于不确定的环境风险的化解，企业只有保持与社区和公众的联系和沟通、向公众主动公开和传递企业的环境信息，让公众能充分了解到企业的环境战略、环境行动，争取到社区和公众对误解的消除、信任、理解、认同乃至支持，并且能够友善而方便地提供公众参与企业环保行动计划，才能从根本上预防环境风险或者至少能将风险降低至最低程度。一般认为企业是环境风险的制造者，但企业应当明白，对于环境风险的防范、对环境危机的处置有赖于企业、政府、公众和其他社会组织的共同参与，所以对于企业而言，无论是法定的还是自愿性的环境信息公开都是应当的，因为这样会有利于企业的可持续发展。同时，企业还应当清楚，企业对社区和公众进行环境信息公开，也是企业本身的义务和责任，是对公众环境知情权、监督权的尊重和维护，是企业社会责任的一种体现；对于企业本身而言，不仅有利于形成企业长期获利的社区和社会环境，而且有利于提高自身的环境风险意识、环境法律意识，优化自己的环境行为，做一个对环境友好的企业公民。

风险社会的特点决定了人们对待利益的多元价值取向，在各方利益和个体的多元利益抉择中寻求新的平衡。同时，风险社会的特征也决定了人们在抉择之时，必须考虑到其他利益群体的利益诉求，因为对于现代社会风险的防范已经不是个体单枪匹马所能担当，它需要集体的力量和智慧，需要各利益相

① ［美］珍妮·X. 卡斯帕森、罗杰·E. 卡斯帕森编著：《风险的社会视野（上）：公众、风险沟通及风险的社会放大》，童蕴芝译，中国劳动社会保障出版社2010年版，第3页。

关方之间的协调与合作。企业环境信息公开制度的设计与实施,正是为了企业与其他利益相关方能够形成这种协调与合作。

在风险社会的框架内,企业在进行环境信息公开时的利益权衡和选择,在与其他利益相关方进行博弈时,才有可能实现框架范围内的合作均衡状态而不至于企业的博弈处于一种没有约束的自由状况。风险是恒定的、绝对的,但是利益博弈则是相对的,博弈应当以社会整体利益的取得为取向和目标。

第二节 均衡:企业环境信息公开中的利益博弈取向

在有限理性和机会主义的假设前提下,人与人之间合作的交易成本会很高,博弈很难达成均衡;信息披露制度的出现主要是减少和防范人与人之间的信息不对称,以降低交易成本。

一、企业的社会契约网络

(一)企业的"契约网络"特性决定了它在博弈中对利益相关者权利的考量

制度经济学将企业定义为"利益相关者缔结的契约网络,而'会计的一个重要功能就是,为企业各种契约的订立与执行提供相应的数据,以界定契约关系,以便认定和解除受托经济责任(林钟高、赵宏,2001 年)'"。[①] 由于这种契约涉及众多的利益相关者,因此可以将这种契约网络认为是社会契约网络,其中与环境相关的权利与义务当然构成了这种网络的重要内容之一,企业的环境信息也应当成为认定和解除企业受托责任的重要依据。依此,有三个方面值得思考:其一,既然企业是契约网络,则表明企业与各利益相关方是互为联系的一个整体,迁一发而动全身,企业应当照应到各利益方的利益,不能偏废。因此,企业对环境信息的发布对象应当是所有的利益相关方,这是企业的生存之基。其二,企业因得利益相关者而生,因弃利益相关者而废,此乃"水能载舟亦能覆舟",这是企业的生存之理。在决定企业环境信息公开这一环节,为维持企业与利益相关方的可持续关系,企业就应当充分公开必要的环境信息、从而有利于利益相关方进行决策或者决策优化。其三,契约网络,从法律语义上讲,应为企业与各利益相关方形成的权利义务网络,应当表现为权利相通、

① 仇俊林、范晓阳:《企业会计信息失真问题研究》,人民出版社 2006 年版,第 255 页。

义务相应、权利义务相对,这构成企业生存的合法性基础。保持与利益相关方的信息共享是维持网络安全的信用保障,这种保持和维持需要运用国家和社会的制度和机制来实现,或者说实行控制。

"契约网络"与技术世界的网络密切相关。快速发展的现代通信和网络技术使得环境信息的广泛、便捷、迅速地传播成为可能并逐渐成为现实,从而也相应地让人们能以相对较低的成本获取环境信息,横亘于政府、企业与社会公众之间的信息不对称鸿沟因此也正在逐渐地缩小。同时,这也督促了政府和企业及时地公开环境信息,减少信息误传以把握事物发展的主动权。互联网的发展,一方面使信息传播大量出现,是谓"信息爆炸"或"大数据",但另一方面又让使用者对信息的选择莫衷一是。面对这一信息市场现状,企业的选择就是强化企业对消费者、对社区公众的服务意识,从使用者对环境信息的需求出发、为信息使用者提供最大方便,提高信息的可用性。企业可以将传统的纸质报告、报表模式与网络传输、音像处理技术相结合,从而使得复杂纷繁的信息能够通过图表、演示和说明变得简单、生动、易懂。虽然对企业来讲需要做很多准备工作(如进行处理软件的开发、专门的人力资源配备等),但是,这样的结果应当是对企业有利可图,因为这些服务和效率会得到信息需求者的认同、在他们中间形成一种企业诚信印象,自然是未来企业抢占资本市场先机的"潜力股"。

(二)信息沟通构成了企业内部控制各环节博弈的纽带

在控制的三要素(施控主体、受控主体、传递路径)中,实现控制目标的关键是其中起到桥梁作用的传递路径。而传递和反馈的内容均是一种信息,这是一种动态的平衡过程,是施控主体和受控主体之间利用信息、动态的利益博弈过程。信息的提供和共享是控制发生、可持续和具有效率的关键。

1992年美国国会"反对虚假财务报告委员会"下属的"发起组织委员会(COSO)"发布报告,将内部控制成分划分为控制环境、风险评估、控制活动、信息的沟通和监控。内部控制的目的是完善公司治理结构,其中,确保所公开的财务会计信息符合信息的准确性、可靠性、合规性要求是企业内部控制的重要目标。美、英等国法律和证券监管机构要求,上市公司应当建立由独立董事组成的审计委员会,以强化企业内部控制。要保障公司环境信息真实完整,首先就是要将与环境相关的信息真正纳入公司财务报告,将公司环境财务信息纳入会计准则的调整范围,这样就可以充分利用独立审计委员会的审计监督作用,督促企业的环境信息公开。要使内部控制能够产生效果,立法应当完善环境信息公开的处罚机制(负向激励机制)对内部控制差的企业予以制裁,也应有正向激励机制奖励那些内部控制好的企业。

研究德国股份公司独特的治理模式,或许能对我国企业进行环境治理、实施环境信息公开提供有益的参考。在德国的公司治理中,内部以监事会为中心,职工对企业监控的参与程度很高;外部则以银行作为企业治理结构的核心,企业与各利益相关者之间结成长期契约关系。① 如果说社区公众能够进入利益相关者与股份公司之间长期的契约链条中并保持平等互利的合作模式,那么公众和社区对企业的环境诉求就有可能实现。环境信息传递畅通,企业良好环境行为增多,自然也就会使企业与社区公众之间的环境纠纷减少,给企业发展创造和谐的发展环境。尤其是在我国目前企业与社区之间,因为环境问题引起的矛盾频发乃至尖锐对立的情况下,企业更需要经常调整与社区之间的关系,就企业的环境问题、环保规划和环保对策与社区进行交流和沟通,寻求完善与合作对策。银行作为对企业投资的主体,标志着它亦能成为企业环境治理监督的核心,推动环境信息的公开。我国在中央一级层面已经有银行与环保部门之间良好合作的开端和基础,应当坚持并将这种合作机制向地方推进,在银行—环保部门之间形成横向联动治理、共享环境信息的网络模式。同时,在国家已经明确发展绿色金融的环境之下,金融机构完全有依据和能力与企业搭建信息共享平台、有效地公开企业环境信息。

中国企业环境信息公开的现状表明现实中有强烈的环境信息需求,但是环境信息的供求则在企业与企业相关利益方之间表现出严重的不平衡状况,企业环境信息公开出现了结构性的缺陷,从而加大了环境信息公开制度实施中的交易成本,尤其是增加了利益相关方的信息获取成本,这样权利博弈的结果会明显对利益相关方不利。而"经济人"假设、公司治理理论、环境权理论等的有效运用则为改善这种状况提供了支持,企业环境信息公开的机制建构路径也因此拓出。

二、企业对环境信息公开的利益抉择

(一)市场主体利益博弈程度决定于信息不对称程度

企业对利益的追求和决策,在很大程度上决定于企业这一利益群体同普通公众之间的信息占有的相对优劣。而实际上,在企业与公众之间,对于企业

---

① 仇俊林、范晓阳:《企业会计信息失真问题研究》,人民出版社2006年版,第209页。

的信息(包括环境信息在内)的占有,企业总是处于信息的优势地位,企业与普通公众存在信息不对称。这种事实状态决定了企业与公众在利益博弈中的不平衡,因为公众信息的缺乏而导致他们没有充分的依据就与其本身密切相关的利益问题与企业进行谈判,信息的不对称决定了他们之间对话的不平等。公众话语权的缺失,会导致他们关键性的环境利益无法得到保障,比如当发生环境污染事件时,他们受到的经济损失无法获知、不能完全得到补偿。因此,环境信息公开制度的设计需要以博弈论的均衡理论为指导,要达到博弈论所设定均衡状态,就应当通过建立信息公开制度以平衡信息不对称状态。

新古典经济学的代表保罗·A.萨缪尔森在论及市场功能时说:“市场是买者和卖者相互作用并共同决定的商品、劳务和资产价格以及交易数量的机制。”[①]本书认为,这里的买者和卖者就是指的企业与消费者、企业与公众,表明在市场体系中,使市场功能得以体现的企业和消费者在市场中双方均具有不可替代的作用,其中的信息是双方发生相互作用的基础元素。而在企业、消费者、市场与价格相互关系中,萨缪尔森指出,在市场中,价格协调着生产者和消费者的决策,价格在市场机制中起着平衡的作用。[②] 这其中,生产者只有充分得知消费者的需求信息才能做出生产决策和规划,而消费者也只有充分地了解和得到生产者的产品类型和特点及其相关生产过程的信息,才能正确地行使自己对产品和服务的选择权和购买权。在这样一种信息充分拥有的情况下,市场主体买卖双方的利益博弈才有可能充分,市场价格的平衡作用才能充分地发挥出来,唯有此才能达成一种有效的博弈均衡。可是,现实市场中的各利益主体间的信息并不对称,加之缺乏主体间的充分监督机制,以至于博弈结果常处于非均衡状态。因此,经济学家将类似于生产者所致的环境污染和破坏等外部不经济性归因于市场失灵,需要适当的政府干预机制。本书研究赞同这种常识并认为,需要在生产中考虑环境资源价值并且实施适度而有效的企业环境信息公开,以破解上述价格机制的扭曲和所谓的市场失灵现象。试想,如果在价格机制中能充分地考虑到环境容量、资源价值和生态禀赋,那么,市场所反映出的价格则会更趋于真实,竞争才更加公平。问题的关键是,如何

---

① [美]保罗·A.萨缪尔森、威廉·D.诺德豪斯:《微观经济学》,萧琛译,人民邮电出版社2004年版,第25页。

② 同上。

真实地将环境资源的价值引入市场价格形成机制之中。政府不应当直接干预市场价格,但是可以通过政策引导、立法调整,赋予环境资源的价值体现,通过实施充分的企业环境信息公开,引导市场各个利益相关方对价格的选择以及更深入一层对投资的决策。涉及环境问题的市场主体之间的博弈,绝不能是一种完全自由状态下的博弈,有效的环境信息公开才能有效地化解环境资源问题所致的市场失灵困境。这样,亚当·斯密所设定的理想市场状态"看不见的手"才有可能发挥作用,他认为的每个人都力图利用好他的资本,使其产出能实现的最大价值①的结果才能显现。

(二)信息不对称的化解及博弈均衡的取得

第一,信息不对称的化解的一般规则。

我国存在内部人控制的企业治理结构、大股东控制企业的格局,使中小股东和股民无法进行直接交流,导致严重的信息不对称,从而使内部控制失去效率。可采取如下对策:(1)减小信息不对称,可以从如下两个方面进行。改变股权结构,打破大股东一统企业的格局;加强对股民和中小股东权利的保护立法。(2)通过立法增强企业透明度,强制规定企业与公众交流信息,维持企业信息在大、中小股东之间的公平分配,以改变股民乃至中小股东无法与大股东直接进行沟通的僵局。

所有权与经营权分离的现代企业性质提高了企业的市场活力,但是也锯成了所有者与经营者之间、企业与企业的利益相关方之间的信息不对称,削弱了企业竞争和发展的动力。因此,应当从法律机制和市场机制两个层面上寻求解决方案,以缩小这种信息不对称差距、增强企业可持续发展的能力。法律规范的设计在理念和技术层面上,其导向应是奖惩分明,使得守信用的企业比不守信用的企业能够获取更多的收益,不守信用的企业付出更沉重的代价;而市场机制则应当有利于引导企业朝向守法守信的方向运行,能够使守法企业得到更多的市场份额和获得良好的资源配置。同时,法律机制和市场机制都应当营造有利于经理人进入退出自由、健康成长的环境。企业信用就是企业信息的一种表现形式,企业的环境信用体现了企业对环境的态度、企业环境行为的信息,是企业的环境守法记录并会对企业的市场形象造成影响。

---

① [英]亚当·斯密:《国富论》,宇琦译,湖南文艺出版社2012年版,第211~212页;[美]保罗·A.萨缪尔森、威廉·D.诺德豪斯:《宏观经济学》,萧琛译,人民邮电出版社2004年版,第41页。

信息不对称、信息失灵是常有的现象，或者说是环境信息公开制度不可回避的现实问题。该如何应对？爱德华·威尔逊在其作品中所描述的科普现象或许能给我们有益的启示。他在作品中谈到了一个这样的趣事：当美国南部的火蚁——外引红火蚁，与林地蚂蚁——尖齿大头蚁发生战争时，“防守的大头蚁一触即发的反应，大多数时候能够补偿其信息不灵的缺陷”。[①] 防守的大头蚁所具有的一触即发的应急反应能力，正是来源于这种蚂蚁具有的完善的紧急事件应对机制，虽然在某种程度上这种生存能力有其自然本性，但在其漫长的生存发展过程中，它们对于生存过程中信息的积累、信息交流与共享却在其中发挥着关键性的作用。因为大头蚁拥有的能够弥补信息不灵的应急反应机制，所以在其与红火蚁发生的生存博弈中，能够维持两种蚂蚁的生态平衡的均衡状态。对于环境事件，包括环境污染和破坏事件，如果我们能够建立起一套健全的应急反应体系和预警机制，也能够弥补在处理紧急环境事件和一般环境事件时的信息缺失或者信息不对称，从而将损失降到最小、成本降至最低。环境信息公开法律制度的完善，也有赖于其他相关环境制度的相应完善，有赖于相关制度之间的相互协同和促进。应急反应体系和机制的建构需要以信息为基础，要求在其前对已经拥有的相关信息进行分类、分析，并动态积累、分类和分析现实中的实时信息，结合国内外环境问题治理的现状和趋势，利用现代科技理论和手段进行应急预测和演练。只有这样将应急机制动态化、常态化，并且对机制进行更新和不断创新，才能达到爱德华·威尔逊笔下的大头蚁所表现出的惊人的应急决断力和应急效果。由这个自然界蚂蚁生存的案例我们是否可以得到引申和进一步思考，当外来的制度移植到本土后，产生了与本土制度之间的不协调乃至发生对抗或更进一步出现冲突时，应当还是有通过本土信息积累的制度和应急机制予以化解和平衡，通过利益博弈达到外来制度与本土相关制度之间的制度生态均衡状态。所引入的企业环境信息公开制度，如何在中国本土产生最优效果和最大效率，还需要本土相关的应急制度、常态制度的优化。

第二，秉持风险交流理念。

在研究企业环境信息公开制度时，引入风险交流的思维模式值得借鉴。风险交流的特点可以归结为：(1)采用风险这一思维，能从更加广泛的角度、

① [美]爱德华·威尔逊：《人类与蚂蚁：谁将生存下去》，载华薇娜主编：《站在巨人的肩上——中外科普名篇品读》，凤凰出版传媒集团2006年版，第57页。

在宏观水平上预测特定政策的实施将导致的环境不利影响乃至环境损害的规模。(2)风险交流含有双方或者多方主体之间的协商和形成的合意。而协商与达成合意则正是博弈论的基本要求和目的所在,协商与形成合意实际上就是博弈的均衡状态。它不停留在企业对环境信息的简单提供环节,更加重视在充分理解信息的基础上,公众对行政、企业、或者产品、服务所做出的反馈和行动。(3)应当将市民的风险判断纳入政府的行政过程的程序之中,政府对于风险的判断应当反映一般市民对于风险"质"的要素的考虑。在风险交流中,政府应当将国民、地区居民置于环境风险管理的伙伴位置,并形成基于共享信息基础上的对话。(4)风险交流可以产生多赢状态。这样一种多赢状态可以认为是一种博弈均衡。对于政府来讲,行政机关只须制定一定风险水平的指导,就可以实现地区环境风险管理进步、给行政执法减负。对于企业,可使其自由市场活动不受强制性政府干预,消费者个人理性选择会对市场产生积极影响,并最终形成事实上的、具有强制功能的企业市场进入和退出机制。对公众而言,能让地区居民充分理解环境风险,迫使企业与社区、地方政府之间缔结公害防止协定、地区环境保全协定等,培育支持公众监督的土壤。①

本书赞同风险交流说,主张对环境信息公开制度的设计应本着动态的观点。在当今这个网络发达、民主参与和表达意识增强的社会,为捍卫自己的合法权利和利益,保持沉默的概率已变得越来越小。还是以垃圾焚烧场规划建设引起的环境事件为例,社会公众对于垃圾焚烧发电的关注不应当只是停留在公众的那一方让其发酵,而应当引起政府及其职能部门和相关企业的充分重视,尊重公众对于此类项目的知情权和参与权。因为,垃圾焚烧场的规划、建设和运行,不只是政府的规划行为,也不只是企业的项目建设和运行问题,更是涉及公众尤其是拟建项目周围社区居民的生命财产安全。这实际上已经触及宪法对公民基本权利保护的底限,可是对最高宪法权威的尊重、对公民基本宪法权利的尊重,并没有引起这些规划、项目所涉及的政府和企业的充分重视。在宪法的层面,公民的生存权利显然优位于政府和企业的发展权,这是基本准则;但是,要发展就需要在生存权与发展权之间建立可以协调利益的公平机制,该机制就是尊重宪法和法律,以尊重公民生存权为前提,充分保障公民

---

① 上述风险交流特点的归纳是对黑川哲志先生关于"风险交流"论述的梳理。参见[日]黑川哲志:《环境行政的法理与方法》,肖军译,中国法制出版社2008年版,第71~86页。

的环境知情权、监督权和参与权。忽略和忽视对宪法、法律和现实的尊重，其结果只能是引起公众对企业行为、政府规划和规制的强烈不满和抵制，即使其后通过信息释放、解释或者沟通等方式能消除不满情绪、化解一时的矛盾，但是矛盾根源仍然存在。

中华文明5000多年的历史表明，民众是纯朴的，不到逼不得已的境地决不会轻易"闹事"。作为政府和企业在一项规划或者一个项目的计划之时、实施之前，就应当站在社会公众的立场，设身处地地考虑到公众的法定权利和利益，考虑到他们对于规划和项目的意见和建议，并在规划和项目中体现出对于公众权益和公众建议的考虑，充分吸收他们的参与和智慧。"公共政策的最大民意风险，本身就来源于信息披露的不充分，而信息公开一定不能局限于结果的告知，应当是全程决策的彻底透明。一切可能存在的、因沟通不畅导致的不理解，要在透明的程序与充分的说理中得以冰释。"[①]这也正是我国网络舆情研究中的重要课题。网络舆情预警的首要目的就是，通过正当的信息交流渠道和方式，通过信息在政府、公众、企业之间充分享有、反馈与交流，通过规划利益、公众利益、项目利益之间的充分博弈，形成良性互动，正确引导公众诉求，将矛盾和纠纷消除在萌芽状态，以实现各方利益的平衡和最大限度地达成目标一致的均衡状态。

环境信息公开的终极目标应当是，有利于充分发挥政府规划或企业项目正外部性功能，最大限度地防范环境风险、减小环境风险发生所导致的损失。这一过程的理想状态应当是，企业通过收集相关信息，然后对信息进行分类处理再对外公开；社会公众获取企业所公开的信息，通过自身知识以及政府或者企业提供的服务，以现行法律规范为参考，对信息进行消化、理解并给予判断，最后通过市场媒介以某种行为方式对信息提供者给出反馈和影响；企业根据公众反馈，对自已的行为予以调整和优化，并在新的形势下推动信息的不断更新；如此形成企业信息公开的螺旋式更新上升的过程，通过这一过程实现项目的优化和企业主体的环境行为改良。尤其应当强调公众对于现实中因环境风险而导致的诸多严重损害事实的感悟、他们的感性判断。对于公众而言，他们往往既是风险防范的直接受益者，也是风险损害的直接承受者。因此，应非常重视风险交流中的公众参与、民主决策过程，以信息共享为基础，维护程序公

① 南方都市报南都社论：《番禺垃圾焚烧厂选址应做风险评估典范》，载腾讯网：http://news.qq.com/a/20110525/000538.htm，最后访问日期：2013年2月28日。

正;这样做,同时也是降低行政执行成本、降低企业与公众之间的信息交易成本和项目谈判成本、提高公众政策参与度和法律执行力的要求。

第三,理性对待环境信息。

首先,重视对偶然环境信息的取舍。"自然科学中会出现偶然机缘效应。在人类的一切活动中,这种偶然机缘效应亦会出现。偶然机缘效应,物理学家们称之为'噪声'(noise)"。[①] 应用到环境信息公开研究中,就是人们该如何对待"随意性"或者"偶然性"环境信息,或者说如何处理"环境信息噪声"与"系统性环境信息"。人们应当从纯粹数理统计对数据处理的通常模式中走出来,在纯数学中往往将奇高或者奇低的数据涤除掉,以形成统计规律性。但是对于社会问题的研究就不能完全按照自然科学定理来执行。缘由何在?因为社会问题,尤其是环境问题,发展到现在已经不再是一个简单的技术科学问题,它亦涉及经济、法学、政治、哲学等诸多社会科学问题。著名历史学家汤因比曾做了如下说明:"在研究人类事务时,根据何者有现实意义和何者将来可能显示出意义来进行选择的问题非常重要。"[②]本书理解为,对于偶然性环境信息并非是一律应当从系统信息中涤除掉,而应当依据其对现实或将来所具有的重要性来进行抉择,也就是说,我们应当考虑到将其从系统信息中分离出来的风险效应。虽然说对信息的选择是由信息持有主体的主观行为,但是这其中也应当遵循信息作用的客观规律。给我们的另一个启示是,根据辩证法的规律,在偶然信息后面很可能隐含着一些决定偶然现象的客观因素,所以,在对环境信息的收集、处理与选择时应当加强对偶然信息的关注,它会对环境应急处理产生积极的作用,也会对制度创建和设计提供参考。

其次,谨慎对待公开的环境信息。对于历史的书写,汤因比曾尖锐地指出"采用胜利者单方面术语的危险",[③]并坦言"历史学家常怀警惕力求避免之事,其中有一件就是不要让胜利者独霸向后代叙事的权利"。[④] 这是历史学家对信息取舍的准则,因为历史所记载的就是信息;这也是历史学家在对历史研究后的敏锐感悟,并具有辩证法的意义。

---

① [英]阿诺德·汤因比、G. R. 厄本:《汤因比论汤因比——汤因比—厄本对话录》,胡益民、单坤琴译,商务印书馆2012年版,第4页。

② 同上书,第5页。

③ 同上书,第11页。

④ 同上书,第10页。

信息公开制度正可以最大限度地避免独占信息。因此，对于所公开的环境信息同样地也应当警惕社会强势方（如政府、企业）独揽信息大权现象的发生，以保障公开信息的真实性并力求避免信息的不对称性。虽然我们应当树立对政府和企业信任的态度，但这也提醒人们，当我们要求政府或者企业公开环境信息的时候，对其所持有和公开的信息应当有批判的精神，秉持对信息不能一味盲目地相信的信念，还应当增强我们自身的对信息的辨别意识和能力，谨慎地选择和使用信息。对此，汤因比做了很好的注脚。[①] 克服信息公开中这种不利因素的一个很重要的平衡砝码就是在信息公开制度中注入社会、公众和司法监督机制。还有一点应当客观地对待，所公开的环境信息中也隐含着相对性的特点，即使人们真诚地公开这些信息。因为人们通常是在其所处的时空点上观察事物和事实状态，正如意大利哲学家克罗齐认为"一切历史都是当代史"，汤因比也承认他自己的"历史观带上了生活经历的色彩"。同样地，公众对环境信息的理解也会有局限性，因为"观众也就是演员。他会转入他在观察和记录的事件中去"。[②] 然而，欺骗性的信息理应当是排斥在相对性原则之外的另一种情形，相对性是客观逻辑使然，欺骗却是人为有意，于法于理都不适用。

最后，培养对环境信息风险的识别和选择能力。人们强调获取信息的重要性和信息公开的重要作用，这合理合法不容否认。但是，对于信息的使用者来讲，我们又必须正视市场上公开的环境信息存在正面的信息和负面的信息，这两类信息就如同硬币一样具有正反两种风险和作用。最关键的还是需要公众和组织形成一种辩证看待和使用信息的能力；同时，结果也决定于信息使用者对待信息的态度和对于信息风险的防范意识和行动机制。因为"情报本身

---

① 汤因比论述道："你如果在政府机关做过事，参与了文件制作，你（对此）就会大大怀疑了——并非人们有意要隐瞒事实来迷惑历史学家，而是因为一切文件都是为了实际目的而在紧迫情况下匆匆写成的，所以在'官场'中看来是普通常识的东西就被视作当然之事而不提及了。你不会为了要给历史学家提出资料而在会议记录或备忘录上浪费笔墨，去叙述当时与该事有关的众所周知的事情。"参见［英］阿诺德·汤因比、G. R. 厄本：《汤因比论汤因比——汤因比—厄本对话录》，胡益民、单坤琴译，商务印书馆 2012 年版，第 30 页。

② ［英］阿诺德·汤因比、G. R. 厄本：《汤因比论汤因比——汤因比—厄本对话录》，胡益民、单坤琴译，商务印书馆 2012 年版，第 17 ~ 19 页。

并不带有任何色彩和主张，关键取决于发现它的人所采取的态度、措施以及方法”。[①]矛盾运动的规律也告诉我们，在条件符合时，矛盾的主要方面和次要方面往往是可以互相转化的，并不就是说企业公开自己的负面环境信息就一定会对企业带来损失，这决定于企业领导者在面对不利的环境信息时的智慧、胆略、决断力和行动力。

第四，实现信息的共享。

环境信息的流通与共享是提高环境信息公开效率的重要保障措施，环境监测信息能为政府进行环境预评估、环境现状评价和环境趋势评估提供依据。促进企业环境信息的流通和信息的共享具有很重要的意义：对于政府环境行政主体，可靠而完整的信息能保障他们确定环境监管重点，争取企业的配合和公众的支持；对于社会公众，充分的信息流通和及时的信息发布能有效地保障他们的环境权益、提高他们参与环境监督的效率，减小政府环境执法成本；而对于环境信息发布者的企业本身，与政府和社会公众的信息流通与共享，则能缩小或消除因政府监管而与企业之间的隔阂与对立，争取社会公众对企业环境行动的理解、减少与公众之间的环境纠纷。

博弈的价值在于合作均衡的取得，这有赖于对信息资本价值的把握和权衡。在当代社会，信息处于一种“熵增”的状态，然而，对信息的处理和信息公开的选择不应当是无序的，有效的信息公开机制有利于克服和减缓“熵增”的无序状态，最有效地体现环境信息资本的价值。而环境信息资本的价值更应当是它的社会价值，这应当是企业进行环境信息公开取舍的出发点和归宿。

① 雷雨在其著作中还写道：“正面情报很可能是机会价值情报，但同时也可能是风险情报。因为你抓不住机会，就可能带来风险；就算是在抓住机会的同时，依然会带来相应的风险。”也就是说，风险蕴含在信息之中，这是不以人们的意志为转移的客观事实。他同时认为：“负面情报虽然表面上看是负面的，不会带来机会价值；但是如果正视这类情报，往往能够避免风险。尤其是行业类负面情报，对于整个行业都是负面和风险，但是如果能早识别和评估，就可能提早预见危机风险，避免或减少因此造成的损失。中性情报，不同的视角将获得不同的价值，重视并能够合理的利用，就能够获得机会价值；相反，熟视无睹则可能丧失机会价值。”也就是说，对信息产生的机会价值大小的后果，更多的是决定于人们的主观愿望和行动。参见雷雨：《情报战争——移动互联时代企业成功密码》，北京大学出版社2012年版，第55页。

第三节　信息资本:企业环境信息公开的效益价值

一、信息资本产生的基础

(一)信息论和生态学的贡献

信息论的创始人申农(C. E. Shannon)分别于1948年和1949年,在《贝尔系统技术》杂志上发表关于信源和信道特性的两篇权威性论文《通讯的数学理论》和《在噪声中的通讯》。这两篇论文奠定了现代信息理论的基础,为信息经济提供了信息科学和信息技术上的支持。1962年美国经济学家F.马克卢普发表研究信息经济的奠基之作《美国的知识生产和分配》,他考察了信息经济——他称为"知识产业"——在经济发展中的作用和意义。1977年美国商务部出版局出版了一部更有影响力的关于美国信息经济的巨著——《信息经济》(九卷本)。这部巨著的主要作者是美国社会学家M. U.波拉特,他充分地肯定并极大地发展了马克卢普的研究成果,对美国的信息经济发展的历史和现状进行了详尽、系统的分析研究。信息经济学因此也成为新经济学的重要研究对象。这些具有重大价值的研究成果为信息资本提供了有力的科学和技术支持,并且使得信息资本成为信息经济的重要内容。

在生态学中,要维持生态系统的平衡,就必须使得系统内的物质循环、能量流动和信息交换处于一个良性状态。新经济学理论认为,物质、能量和信息是新经济时代的三大要素,人类的社会经济发展则是这三大要素不断结合的产物,这符合自然变化的规律。因此,本书认为,新经济理论是人们对自然生态规律认识的理性回归,符合人类与自然关系的常态。信息资本便自然成为新经济时代的资本家族中的新成员,同时,这也为本书对环境信息资的研究提供新的视角和基础。

(二)"外部性"概念的支撑

企业行为存在外部性效应,在经济学上就是指外部经济性和外部不经济性,如企业经济行为对于环境的污染和对资源的破坏就是外部不经济性,从应对策略上讲就是将外部不经济性内部化。同样的逻辑,信息资本也会产生外部性问题。在设计环境信息公开制度时,哪些信息应当强制性公开,哪些信息应当交由企业自主决定是否公开,是否所有的环境信息就一律公开为最好?这是对一个制度的成本考量问题,它的外部性就是对于信息公开程序和内容的成本效益的测算。制度经济学的代表人物科斯的交易成本理论可以为企业环境信息公开制度的成本研究提供有益的指导。[①] 在设计企业环境信息公开制度时,应当考虑到该制度运行中的交易成本问题,应当考虑到该制度所导致的不同效率资源配置和总的效果。虽然作为一项制度尤其是法律制度的设计应当考虑经济效益和成本,但是更应当追求法的意义上的公平与正义,社会效益不能忽略。

环境信息与利益相关人的经济利益密切相关,因此,作为环境信息的生成和公开就会产生"经济后果"。环境信息生成和公开所导致的经济后果,更多地表现为一种间接性后果或者表现为一种长期的对企业经营效果的潜在影响,它的公开将影响社会公众和其他相关利益方对该企业环境行为的评价,以及因此产生的对于环境风险的预测,最终影响到对产品的选择定位和资本投资的决策,影响到企业的市场占有份额和可持续发展的基础。对于环境信息生成以及环境信息公开规则的制定,其实施的可能性和实施效果,取决于这项制度下资源配置的效率与该制度本身的成本。在中国现代市场经济建设过程中,考察一项制度或者规则的效率,更多地应考虑到它对于资源配置的贡献,而作为环境信息公开这类特殊的制度规范还应当考察其对于社会效益的贡献度。如果环境信息公开规则加大了市场负担并使得市场主体遵守制度的成本高于所产生的效益,也就是说其制度实施的交易成本提高,这将不利于制度或者规则的实行。

二、信息资本的本质内涵

(一)信息资本的界定

20 世纪 60 年代,在有关论述信息经济学问题的论文中,美国学者乔治·施蒂格勒(G. Stigler)提出了信息资本理论。在他的理论中他强调了两点:其一,信息是一种资本,就是说信息不只是一个科学和技术上的概念,同时它还是一个重要的经济学上的概念;其二,当信息进入经济领域,就具有资本的属性,具有使用价值和价值的功能,因此也是一个政治经济学范畴上的概念。1977 年在《信息经济·定义与测度》中,波拉特则对信息资本给出了一般性的定义与列举。他认为:第一,信息资本是一种物化资本,即用于人类储存信息

---

① 科斯将风险、信息、垄断和政府管制等因素纳入他的交易费用思想之中。他认为,在交易费用为正的情况下,不同的权利界定和制度安排会带来不同效率的资源配置。参见王积超:《企业社会学》,中国人民大学出版社 2012 年版,第 129 页。

的设备和场所都应当归为这类资本；第二，信息资本是一种人化资本，是对上述设备和场所的投资，当然我们应当理解这种“投资”是一种宽泛意义上的投资，如它不仅包括资金，还应当包括人力因素等。① 从两位信息经济学的奠基人对信息资本的定义可以看出，信息资本的产生是因为对信息的使用能够产生价值，即信息具有政治经济学上使用价值的含义。信息的价值产生于人们对于信息的获取、转换和处理需要支付成本；同时，也由于信息的公开、传递、交换可以减少不确定性、降低风险，因此信息具有价值、也创造收益。

（二）信息资本具有的属性

信息资本因信息本身所具有的与物质、能量、人力不同的内涵而显示出不同的属性。具体表现为：

其一，增值性。信息时代的显著特征就是信息的高度增长，与之相对应的是人们信息需求的增加。“信息的资本化意味着知识、智能、技能、信誉、信心等信息形式都可以用于增值、盈利和积累财富，从而具有了资本的属性。”②但是，信息却由于使用者不同、对信息的利用方式不同而产生不同的价值，即信息不是天然的价值体。因此，要使信息资本能够为企业带来价值、让企业获得利益，就需要对信息资源进行有效配置和科学管理。信息资本成本（信息在取得、研发、保全、沟通过程中产生的成本）与企业的信息资本经营战略密切相关，加强对信息资本的计量和衡算，可以提高企业对风险和收益评估的有效性。信息资本具有配置资源的功效，它与经济效益相联系。信息的价值功能的体现有赖于企业对信息资本的有效管理。

其二，专有性。信息一旦为企业所获取和创造，也就赋予企业对信息资本的所有权特性即专有性，从而具有很强的排他性质。也就是说，信息资本不能随意共享，其转移是有偿的，于是就导致了信息资本高风险性的出现，人们必须设法维持信息资本的安全。信息资本专有的实质是信息垄断，其结果是形成了 IT 寡头与金融寡头的融合体即信息寡头。③ 但是我们知道，信息共享、信息使用的非排他性是信息的本质属性之一，生态学规律也告诉人们，只有信息得以交换才能维持物质循环和能量流动，平衡才能形成。信息寡头的产生

① 有关乔治·施蒂格勒和波拉特对于信息资本的具体表述，可参见司林：《信息资本的成本控制研究》，河南大学 2009 年硕士学位论文，第 10 页。

② 肖峰：《信息资本与当代社会形态》，载《哲学动态》2004 年第 5 期。

③ 关于信息垄断和信息寡头，可参见鄢显俊：《信息资本与信息垄断——一种新视野里的资本主义》，载《世界经济与政治》2001 年第 6 期。

会导致如下不利后果：一是形成了信息共享与信息垄断的矛盾，加深了信息爆炸与信息稀缺的矛盾；二是信息的时效性功能降低；三是加剧了信息的不完全性和信息不对称的现实，反过来加大了信息资本的不确定性。

三、环境信息资本之于环境信息公开

（一）环境信息资本的特定性

现代经济的发展、计算机和网络技术的加强，强化了信息在污染控制和环境管理中的作用和功能。环境信息以其公共性正逐渐转化为一种有效的资源，成为政府、企业、公众和社会其他利益群体在环境保护领域的合作纽带和行为判断依据。环境信息的价值功能在于，社会主体在使用环境信息后能给使用者带来利益。吕富强先生在谈及信息的价值时说，当一项信息能够帮助决策者预测未来股票价值的走向，或者能使决策者证实或更正过去决策时股票价值的预期，则该项信息就具有一定的价值性。① 斯坦福大学日本中心研究所今井贤说得更直接，他说："信息是创造财富的源泉。我想有必要将此作为企业的哲学。"②也就是说，信息资本应成为企业的哲学，它所具有的使用价值确定无疑，对企业可持续发展的正向功能也是确定的。企业应当清醒地认识到并且足够重视信息使用对企业所带来的利益，应当重视企业信息公开产生的市场和社会价值源泉，而不是因为囿于企业信息是所谓的"商业秘密"白白失去信息资本的潜在市场。

那么，在环境风险已经成为风险社会的一个重要特征的当代，人们对于环境问题的关注程度和意识正与日俱增，因为环境危机已经转化成他们的生存危机，所以人们在股票市场进行投资决策时会越来越关注企业所公开的环境信息，对企业的环境表现和环境行为信用也能用心思考；他们会将股票投资的眼光放的更远，也会认识到，那些不顾公众生存环境危机的企业也终将不会顾及到投资人的长远利益，尤其是在经历了悠长的全球性金融危机和股票市场疲软之后，他们将参考所掌握的环境信息因素理性地进行决策，从而决定将自己的资金投资到哪个企业的股票上。2002 年 10 月由国际金融公司和荷兰银行发起、其他银行参与并共同制定的融资中环境与社会风险控制的"赤道原则"，至 2016 年 9 月 4～5 日中国杭州 G20 峰会提出的关于落实"可持续发展、

① 吕富强：《信息披露的法律透视》，人民法院出版社 2000 年版，第 61 页。

② 仲富兰：《直截了当地赚钱——漫谈信息资本》，载《上海信息化》2006 年第 3 期。

绿色金融、提高能效、反腐败等领域制定的行动计划",其内核之一就是应当体现出环境信息在控制金融投资风险中的价值。① 这也就是环境信息资本在资本市场表现价值的核心所在。

对于环境信息资本含义的探讨,本书以为应当在现有对于环境信息和信息资本研究的基础上进行思考。② 环境信息相比较于其他信息的特点在于:它产生于自然以及自然与人类的关系之中,具有信息来源的多元性,如它可以来自对自然的观察和实验、来自人类社会各个领域的群体(如政府、企业、社团、科研机构等);环境信息还具有跨越的特点,贯穿于时间和空间维度,如信息构成的多元化、信息结构的层次与立体交织等。可见,环境信息是综合和复杂多样的。依据前述对于信息资本的讨论,本书认为,环境信息资本是与环境信息活动有关的资本,它包括环境信息系统(环境信息设施、技术如应用程序)、关系网、环境信息本身(如数据库)等基本要素,这些要素的优劣决定了环境信息资本的价值高低。因此,环境信息资本也就相应地具有了信息资本的专有性和价值增值性的特征,但是环境信息的特定性也决定了环境信息资本的特殊性。

(二)信息资本下环境信息公开的价值体现

日本学者今井贤有这样一句寓意深刻的话:"信息比资本更重要。"③这句话道出了信息与资本关系的本质,资本只是信息的外在表现形式之一,它更多的是反映出信息的经济价值,而信息则有超越于其经济价值之外的其他价值。的确,相比较于一般信息而言,环境信息的特殊价值还不只是在于一般信息资本中的经济资本性,它的价值更在于其社会功能、社会利益、人类生存价值以及对于整个地球生态系统平衡的维护。鉴于此,相对于环境信息所带来的私益上的价值,人们更应当着重关注环境信息所带来的公益上的价值,即关注它

---

① 如美国银行界在20世纪80年代首次提出应关注"贷款人的环境责任"这一问题,到了90年代,银行界进行的一项调查表明,银行在贷款决策过程中会进行环境信息风险评估,以确定其借款人的环境业绩是否合理,一些银行拒绝了污染行业部门的贷款申请,并中断了对他们的融资。参见房巧玲:《西方国家环境信息披露的起因》,载《世界环境》2006年第3期。又如,2016年8月16日,中国人民银行、财政部、发改委、银监会、证监会、保监会联合发布《关于构建绿色金融体系的指导意见》(银发〔2016〕228号),该意见的实施将会更进一步强化环境信息资本的功能。

② 本书作者以"环境信息资本"为"篇名"在CNKI网上查询,没有查询到直接包含"环境信息资本"的任何结果。载中国知网:http://nvsm.cnki.net/kns/brief/default_result.aspx,最后访问日期:2018年5月4日。

③ 仲富兰:《直截了当地赚钱——漫谈信息资本》,载《上海信息化》2006年第3期。

在社会意义和生态意义上的资本属性。依此为出发点,环境信息公开法律制度的建构就具有环境信息资本上的经济学、社会学和生态学基础;相应地,对于企业环境信息公开制度的研究,也应当从上述基础切入,企业环境信息所体现出的经济价值越高就越应当强化对企业环境信息公开的规制和引导,这是从应然的层面来思考这个问题。然而现实是,环境信息的使用同一般意义上信息的使用还存在很大的差距,环境信息要真正产生其应然意义上的价值还有赖于环境信息资本中的系统要素和关系网的跟进。这是一个长期的过程,由于它还同国家的民主和法治进程密切相关,因此加强环境信息公开制度建设能有利于推进这一进程。

企业对于环境信息资本价值的权衡和取向,在经济价值和社会价值中进行选择和平衡。这种平衡功能的实现不能脱离企业的社会合法性来源,这是企业经济价值实现的现实根本。本书以为,企业环境信息公开的目的能否真正实现,在很大程度上决定于企业对社会责任的担当。

第四节　社会责任:企业环境信息公开的公平量度

一、企业社会责任的人性假设

1.“有道德的经济人”是企业社会责任的“人性”基础。现代经济学的鼻祖亚当·斯密通过其著作《道德情操论》,从“同情心”出发论证了“道德人”的假设;其后,又以其巨著《论国民财富的性质和原因》(俗称《国富论》)[①],从“利己心”切入,阐述了“经济人”假设。但是,在历经的后世里,实践中人们更多地选择了“经济人”的利己特性假设,而经济学理论也以此助推这一经济实践过程而乐此不彼,似乎忘却了这位西方经济学哲人在“经济人”假设之前所设定的“道德人”假设的前提。这位哲人所秉持的应当是道德基础上的利己行为,道德是经济行为的前提和基线,在哲学的层面是主张人本为善的理念,这与东方人所持的“人之初,性本善”不谋而合。可是,后世西方人则是主张人性本恶,在经济发展中视《国富论》为经济“圣经”。因此,在当今社会面临

① 本书作者以为,将亚当·斯密先生的这部著作的中文名称简化为《国富论》,其实是一种不科学也不严谨的翻译方法。因为这样,往往容易让人们认为这是一本关于国家如何致富的论著,有很强的误导性,会导致概念的混淆。理由如下:其一,“国民财富”并不等于“国家财富”,虽然通常在理论上认为国家代表国民的利益;其二,“国民财富”不同于“国富”,其含义相距甚远。

包括生态环境危机在内的多种风险并存的复杂形势下，将今人常以“经济人”假设来解读现今的政治、经济、环境、社会困境因素和原因还原为“有道德的经济人”假设指导人们的各项决策和行为，或许是破解现代社会困境、经营现代风险社会的一副良方。“有道德的经济人”，是指面对当今人类所面临的经济困境、社会风险和环境问题，敢于担当的企业或经营者。这样的经济人，能够面对日益严峻的区域和全球环境风险，他们能够勇敢地站出来，向世人公开其对环境的不利影响而不只是公开其所做的环境慈善捐款、所获得的环境标志和荣誉，并以此为基础同整个社会一道解决人类社会所共同面临的环境危机而不是逃避甚至拒绝。

经济人假设是企业经济理性的来源，当企业演变为有道德的经济人，表明经济理性应当以道德作为约束和判断依据，从而决定了企业经济理性的有限性。

2. 当今社会的企业之所以能够发展，是因为有来自国家政策和市场资金的支持，而这种资金又是以投资者对企业和项目的信任为基础，也可说这是企业能够生存的合理性依据，有理论称这种状况是组织合法性。在绿色投资、绿色金融成为当今社会的现实话题的今天，如果企业不珍惜这种信任，不承担应有的环境责任，不对外界公开或者不真实、不全面、不及时公开企业环境信息，则会削弱乃至丧失这种生存的合法性基础。企业向社会公众公开环境信息，从战略的角度考虑，实际上是在向市场宣称和争取企业环境友好经营理念的话语权。

所有权与经营权相分离的公司法人治理结构，促进了社会资金对企业的投入，也是投资者对企业信任的理论来源。健全的内部治理结构能够比较好地对公司各相关利益方的权利与义务进行平衡，通过一套较完善的监督体系，保障企业会计质量、提高企业会计报告信息的真实性。可是，目前我国国有企业的公司法人治理结构中出现的所有者不明晰，委托人与经理人合二为一的现状不利于这种投资，同时也有碍于企业遵守环境信息公开制度。

考察这次主要由美国“安然事件”引发的金融危机，暴露出了在美国公司治理中股票期权激励机制和独立董事监督机制的缺陷。但是，对企业实施监督与激励机制共存的理念却是值得肯定的，只是需要对这些制度再做深刻反思，继续采取对策予以完善。应当说，独立董事制度会有利于企业环境决策的推行和企业环境信息的公开，然而在当下中国却存在法律上的尴尬。原国家经贸委与中国证监会于 1999 年联合发布的《关于进一步促进境外上市公司规范运作和深化改革的意见》以及中国证监会发布的《上市公司章程指引》,都只是将境外上市公司设立独立董事作为选择性条款,不具有强制性。而其后颁布的《关于在上市公司建立独立董事制度的指导意见》(2001 年)对于独立董事也只有框架性的规定,不具有可实施性。现行《公司法》(2013 年修正)并没有规定独立董事制度。鉴于此,通过充分研究并发挥现有的监事会功能以推行企业环境信息公开,可能是一个比较现实的选择。

企业从"经济人"状态发展并演变为"有道德的经济人"阶段,这是一个持久而渐进的演变过程,并且有时候或者一个发展时期还会出现反复甚至倒退,这是作为拟制的"人"的企业的认识变化过程。这个认识过程决定着不同企业对于内部治理,包括对企业环境信息公开的实施呈现出不同的阶段形态。因此,只是凭借企业本身的这种认识或者说主观努力来实现社会所设定的企业治理目标,可以想象其效果会很低,因此需要有外部约束相配合。

二、企业的社会属性

企业应当说是社会历史发展到一定阶段的产物,其内涵随着历史的进步而丰富和发展,其"人格"也应当是趋于不断地完善。对于企业的定义和定性,因为经济学家和社会学家的出发点和侧重点不同,所以也就产生了不同的含义。经济学家如斯密认为,企业是将土地等生产要素联系起来的组织,目的在于创造财富;科斯认为企业这种组织能够节约交易成本,所以才能产生和发展。社会学家则认为,企业是一种主要承担着经济功能的、相对独立的社会组织,是一种社会细胞,企业不能离开社会而独立生存,它因社会需要而产生也将随着社会需要的改变而不断发展。可以看出,在对企业进行定性时,经济学家强调企业的经济供给功能,但并不否认企业的社会性。企业的经济供给功能实际上也是在为社会发展提供经济基础,即通常人们所认同的企业的经济责任。而社会学家强调社会对于企业的基础作用,也承认企业的经济功能。企业失去了社会需求也就失去了它的生存的合法性,作为社会的"细胞",企业还应当承担除经济责任之外的其他有利于社会发展的责任或义务,这也就是人们经常提到的企业社会责任。

1923 年英国学者奥利弗·谢尔顿(Oliver Sheldon)在其著作《管理的哲学》中首次提出企业社会责任(corporate social responsibility, CSR)概念。其后,企业社会责任的内涵和外延随着企业与社会关系的变化而变化,对于企业社会责任的实践和理论研究也不断丰富。到 1971 年,美国经济发展委员会在

《商业公司的社会责任》中定义的"三个同心圆"理论、1979 年由美国佐治亚大学的管理学教授阿奇·卡罗尔(Archie B. Carroll)提出的"金字塔"理论(CSR pyramid),以及英国 Sustain Ability 总裁约翰·埃尔金顿(John Elkington)1997 年在《拿叉子的野人:21 世纪企业的三重底线》一书中提出的"三重底线"(Triple Bottom Line)概念形成了具有代表性的理论。[①] 其中,"三重底线"理论所要求的经济底线、环境底线和社会底线与环境法所追求的经济效益、社会效益与环境效益相统一的原则构成了一种默契。[②] 进入 21 世纪,联合国《全球契约》(Global Compact)列出了企业承担环境社会责任时应当遵循的三条原则,包括:原则一,应当以预防性的方法应付环境挑战,而不是对污染产生后的末端治理或者环境损害发生后的事后补救。原则二,应当采取主动行动促进在环境方面更负责任的做法,应当说这是前一项原则的自然延伸,前者更多地强调一种理念,而后者则强调的是具体的预防行动,是企业对环境保护的具体担当。原则三,鼓励开发和推广环境友好型技术。环境友好型技术是建设环境友好型社会的科技支撑,同时也与我国"环境友好型、资源节约型"两型社会建设不谋而合。自社会责任概念的诞生至今,许多国家、国际组织已经进行了积极的实践并且积累了越来越多的经验,中国政府、企业、公众也构成了这一实践中的主体。

在学术界支持企业社会责任的观点中,大卫·威勒(David Wheeler)和玛丽亚·西兰琶(Maria Sillanpaa)根据不同标准对利益相关者进行了分类。将"当地社区"作为主要的利益相关者,而将"自然环境、非人类物种、人类后代"作为主要的非社会利益相关者。[③] 他们两人对利益相关者分类的研究对于企业环境信息公开的研究具有如下的启示作用:当地社区位于主要利益相关者的位置,可是企业则往往有意无意地忽视了这一点。2010 年本书作者在其主持实施的对我国《办法(试行)》试点的调研项目中发现,相当数量的被调研企业缺乏对附近居民的基本信任感。主要体现在如下三个方面:其一,认为目前居民缺乏相关的环境知识,可能对某些数据产生误解,怕引起不必要的恐慌和

---

① 王积超:《企业社会学》,中国人民大学出版社 2012 年版,第 80~81 页。

② 根据《GRI 可持续发展报告指南(G3 版)》,"三重底线"中的环境责任底线是指:企业对有生命和没有生命的自然系统(包括生态系统、土地、空气、水)的影响,主要包括企业的能源消耗、废弃物排放与处理、生物多样性保护等应当维持在最起码的限度内。载豆丁网:http://www.docin.com/p-213312344.html,最后访问日期:2016 年 9 月 3 日。

③ 王积超:《企业社会学》,中国人民大学出版社 2012 年版,第 84 页。

麻烦;认为居民的环境保护意识还不够清晰,若是以密集方式向居民宣传环境保护信息,则会使居民对于企业的生产经营活动更加关注,有可能会影响企业的正常经营。其二,认为虽然环境信息的公开可能会提升企业形象,但真正会去了解的居民并不多,因此扩大环境信息公开的渠道,花更多的人力、物力,也就显得比较浪费和没有必要。其三,认为环保局会将企业的环境信息情况进行汇总,依托环保局这个平台可以省去自身的麻烦。其四,认为居民对企业普遍存在不信任感,因此企业主动和居民交流环境信息比较困难。可是,当我们走进社区,对社区居民进行调研后发现,社区和居民参与企业环境信息公开严重不足,然而社区和居民则表现出了极强的参与热情和对周围环境信息的需求。社区和居民认为:了解其生活周围企业的环境信息是他们应当享有的权利,企业和政府有义务告知社区周围的环境现状和环境改善的信息;实施企业环境信息公开很有必要,需要扩大企业《环境公报》的范围并能够真正推动企业环保。

在不赞成企业承担社会责任的观点中,他们强调追求股东利润最大化是企业的基本责任,比如,美国经济学家弗里德曼认为“公司社会责任就是为股东们赚钱”。[①] 但是他们应当承认企业也必须为社会提供产品和服务,这是企业获取利润的前提条件。本书认为,企业“为社会提供产品和服务”实际上就是在履行对社会的义务和责任,不能够将企业获取利润的行为同企业对于社会的责任割裂开来;如果这种提供行为到位、如果提供的质量高,那么企业获取的利润就高,反之利润就低或者没有利润;“提供的行为到位”和“提供的质量高”就包括企业对社会提供有关产品和服务的高质量、全面的信息,包括产品和服务、其形成过程对于环境是否友好的信息。

三、企业的社会公民角色

基于企业“社会公民”的属性,也基于环境信息资本以及对环境信息需求所具有的社会属性,对于企业提供环境信息,应当从企业作为“社会人”、更进一步上升为企业作为“社会公民”的高度进行诠释。因为,在当今社会,肇始于人们的经济行为所造成的严重环境问题已经不再仅仅是一个环境领域的问

---

① Milton Friedman, “The Social Responsibility of Business is to Increase its Profits”, in T. Beauchamp and N. Bowie, eds. , *Ethical Throry and Business*, Englewood Cliffs, NJ(1988). 转引自刘俊海:《公司的社会责任》,法律出版社 1999 年版,第 4 页。

题,而是涉及全社会方方面面、各种利益层面以及人类与自然关系、人类生存的问题,需要全体社会成员的共同应对和积极行动。

成本—效益分析是经济学的基本分析工具,经济学所言的理性人所做的成本—效益分析是一种能够让人看得见的行为后果评价,一般情况下是可以通过货币来进行衡量的行为后果。可是在现代社会,人的角色的复杂性已经让人们不得不去思考经济后果之外、现实世界之外的人和事,如外层空间、后代人的利益问题,这是一个现代人不能绕开、无法回避的可持续发展的"结"。因此,对经济学的成本—效益原理还应当加进经济学之外的、对现代社会其他现象和问题的思考,加进哲学和伦理思维的成分予以修正和优化。企业环境信息公开制度的设计,不能只是囿于成本—效益分析的框架之中,其实质内容还应当从现代"社会人"的角度进行诠释和架构。

近几十年的全球化已使当前世界对于企业的批评产生共识,其中公众对企业的批评就包括企业经济行为对自然环境造成的危害。公众的批评,对于智者会将其视为挑战和机遇;忽视它则会转化为一种风险。"社会人"或者企业"社会公民"概念的形成表明,尤其是到了现代人类社会,人与人之间、组织与组织之间、人与组织之间已经不是点状或线状关系,而是一种新型的网络群体结构,通过信息的共享与交流,人们的权利义务关系就在这里体现和交织。企业的社会公民角色体现在环境主题上就是,通过环境信息的传递和交流,企业对环境社会责任的担当。

四、企业对环境信息公开责任的承担

(一)规范与形式

2005 年我国修正《公司法》,首次以法律的形式明确规定公司从事经营活动必须承担社会责任,并在 2013 年修正中维持。其后,在 2006 年修订的《合伙企业法》也规定合伙企业及其合伙人必须承担社会责任,进一步强化了企业承担社会责任的法定性和权威性。再后来,2013 年修正《消费者权益保护法》,倡导全社会践行一种文明、健康、节约资源和保护环境的消费方式,并将引导这一消费方式确定为消费者协会的公益性职责,强调保护消费者的合法权益是全社会的共同责任。直至 2017 年颁布《民法总则》,进一步强调了民事主体行为的环境保护责任和义务,可谓是对传统民法原则的改进,是民法的进步。立法的多次反复宣示和确认充分表明,国家在全民中倡导和推行社会责任所具有的信念和行动的决心。① 因此,可以认为,这是我国立法对经济与环境关系认识上的进步,是对企业承担社会责任的制度保障。

企业从事诸如植树造林、宣传环境法律或政策等行为是企业社会责任的一种体现,但它只是向社会传递企业履行社会责任的信息,不应当视为在企业环境信息公开主题中的企业履行社会责任的情形。反之,如果企业与其所在社区、公众就企业的环境问题和环境治理主动地进行沟通,则应当认为是企业在环境信息公开中的社会责任体现。同样,企业自愿公开其环境信息的行为也应当是企业履行社会责任的表现形式。对于企业环境信息公开,基于环境问题的重要性,其社会责任主要反映在企业发布的《可持续发展报告》、年度《环境报告》或者《社会责任报告》之中,还有的体现在企业的会计年度报告里面。对这些报告中环境信息的收集、处理,对报告的编制实践,加上全球报告倡议组织(Global Rrporting Initiative,GRI)《可持续发展报告指南》、ISO14000环境标准、ISO26000社会责任报告标准的影响,进一步强化了企业环境信息公开的社会责任。

(二)个案研究

对企业环境信息公开社会实践研究,或者说对企业自愿环境信息公开的效果评价,其中一个非常重要的指标就是,考察企业的环境信息公开中公众和社区的参与程度、企业对待公众参与的态度和选择、公众和社区对于企业的环境信息公开行为的评价。因为,无论是从法律规范层面还是从学术意义上讲,“公开”所针对的对象应当是社会、社区、公众。如果说社会责任的承担缺少了基础意义上的“公众”,那么这种社会“责任”就不到位,是有缺陷而需要完善的。本部分将以本书作者主持或参与项目的调研结果来说明上述主题,所选取的案例包括:2010年主持对某区《环境公报》试点(2008~2010年)的企业调研(以下简称个案一);2013年作为主要参与者参与的对某市企业社会责任实践的调研(以下简称个案二)。对个案的分析依次从如下三个方面展开。

---

① 《公司法》(2005年修订,2013年修正)第5条规定:“公司从事经营活动,必须遵守法律、行政法规,遵守社会公德、商业道德,诚实守信,接受政府和社会公众的监督,承担社会责任。”《合伙企业法》(2006年修订)第7条规定:“合伙企业及其合伙人必须遵守法律、行政法规,遵守社会公德、商业道德,承担社会责任。”《消费者权益保护法》(2013年修正)第6条第1款规定:“保护消费者的合法权益是全社会的共同责任。”《民法总则》(2017年)第9条规定:“民事主体从事民事活动,应当有利于节约资源、保护生态环境。”

1. 企业环境信息公开的去向、渠道、方式

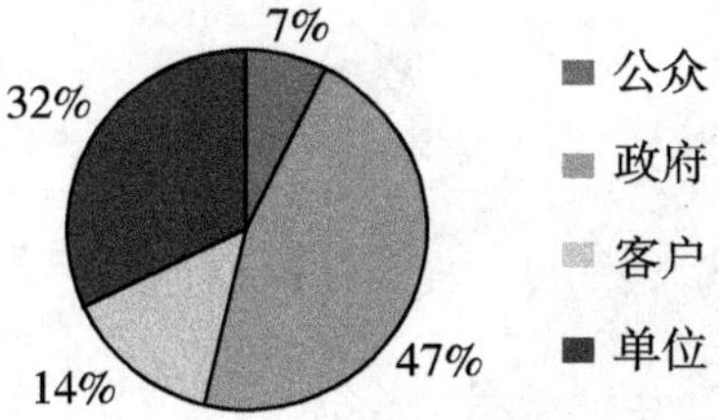

图 2　企业调研"环境信息公开的去向?"

资料来源:个案一,企业问卷、环境报告分析、访谈纪要。

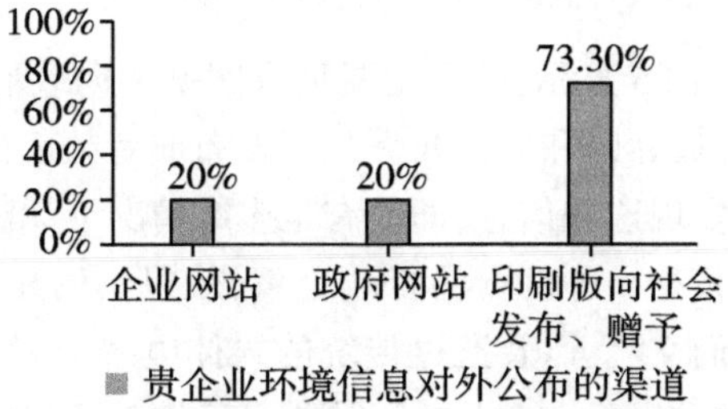

图 3　企业调研"环境信息对外公布的渠道?"

资料来源:个案一,企业问卷、环境报告分析、访谈纪要。

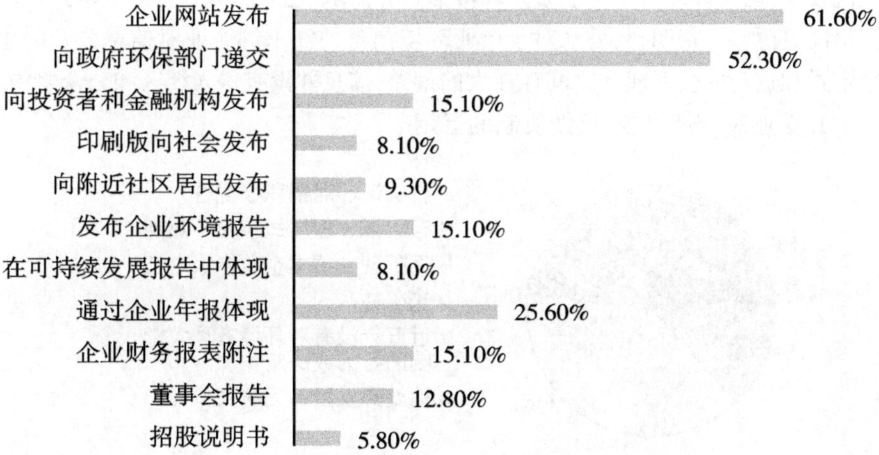

图 4　企业问卷"企业环境信息的对外公布渠道?"

资料来源:个案二。

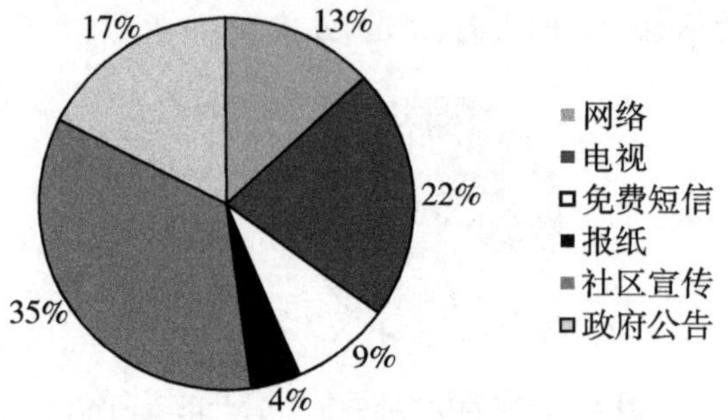

图5　社区调研“您觉得比较合适的信息公开方式?”

资料来源:个案一,社区问卷、环境报告分析、访谈纪要。

图2、图3、图4、图5显示:企业主要采取网络和向政府、向企业内部职工发布环境信息,对附近社区和居民几乎是不发布或者频率很低。但实际上,公众很难从企业网站发现这些信息,即使有也多数情况下无法下载;上交给环保部门的报告往往也只是一种例行的行政公事,效果不明显。而公众更多地期望企业能直接同他们交流,以及通过传统的媒体电视或者从政府公开中得到信息,网络渠道则排在后面。企业并不认为自己缺乏环保意识,而是认为由于利害关系人环保意识均不足,市场缺乏对环境信息的需求,从而阻碍了企业公开环境信息。对于周边居民来说,大多数企业都位于工业园区内,与周边居民的交流较少,居民即使对于企业公开环境信息有需求,也无法从企业手中得到环境公报满足愿望。很明显,公众对于企业环境信息的需求同企业对信息公开的思维定式和选定的公开模式之间存在大的偏差,信息并没有进入社区和公众之中。

2. 企业对听证机制、反馈机制的运用

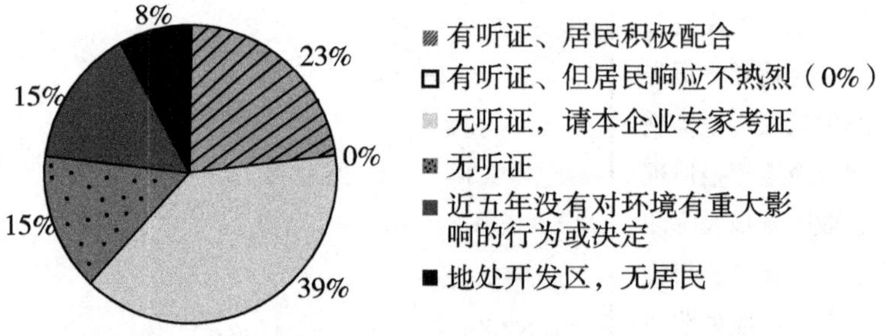

图6　企业调研“近5年,企业在做出对环境有重大影响的行为或决定时(如扩建、改进、规划),有没有请附近社区、居民参与听证?”

资料来源:个案一,本课题企业问卷、环境报告分析、访谈纪要。

图 7　企业问卷"企业做出对环境有重大影响的决策时有无请附近居民听证?"

资料来源:个案二。

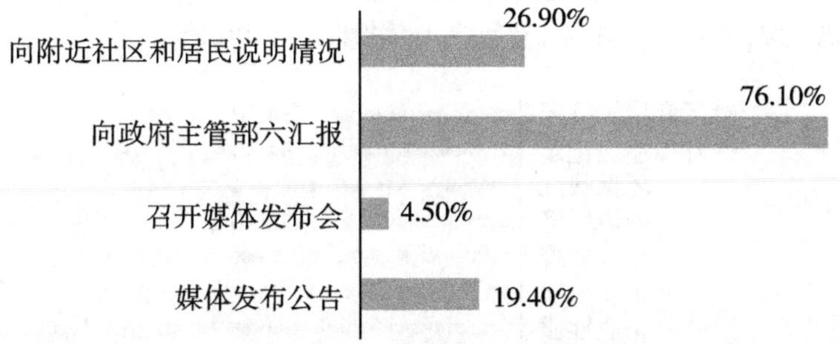

图 8　企业问卷"对被公开的企业环境信息的反馈机制?"

资料来源:个案二。

从图 6、图 7、图 8 研究结果显示,当企业做出对环境有重大影响的决定时(扩建、改进和规划),只有少数企业会或者说是大部分企业几乎不会邀请附近社区和居民参与听证。本来听证是企业听取公众对企业可持续发展建议、建立与附近社区和居民良好关系的行之有效的方式,然而企业并没有很好地利用,却将自己孤立在社区之外,对社区和公众采取回避的态度和行为模式。如果从法理的角度分析,这是企业对社区、公众环境知情权以及环境利益的漠视。但是,现实和其他研究显示,当企业一旦发生重大环境事件时,其首要面对的将是社区公众这个重要群体的切身利益,其事态发展对于企业是否有利,很大程度上取决于这个群体的反应和行动。企业如果能在平时利用好听证这种民主模式与附近社区广泛地交流环境信息,并及时采取便于社区公众接受的方式对公众意见进行反馈,起码能消除社区居民对于企业的反感情绪,取得他们对企业的生存和发展"合法性"的认同,也有利于社区公众理性地看待企业的选择,从而也优化了企业的环境行为和生存发展的环境,较之只是对环保部门负责具有更大的优越性。

3. 企业环境信息公开的内容

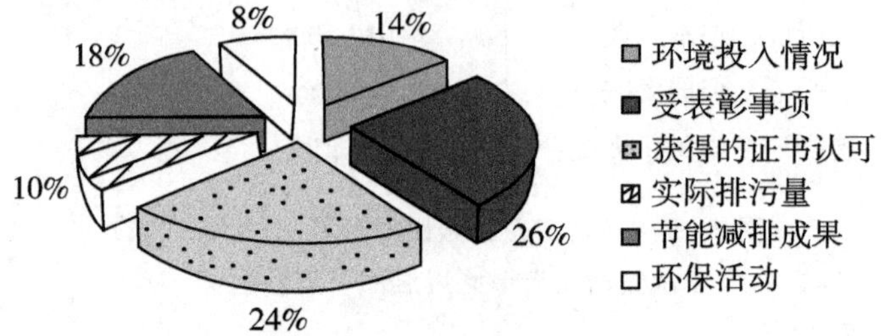

图 9 企业调研"企业环境信息公开内容?"

资料来源:个案一,本课题企业问卷、环境报告分析、访谈纪要。

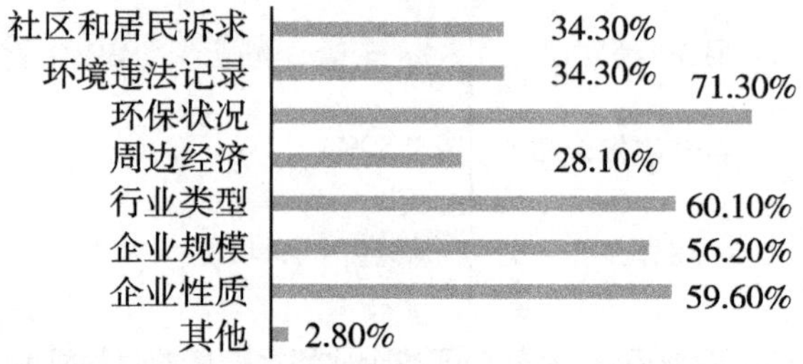

图 10 企业问卷"确定合理的企业环境信息公开的内容应考虑的因素?"

资料来源:个案二。

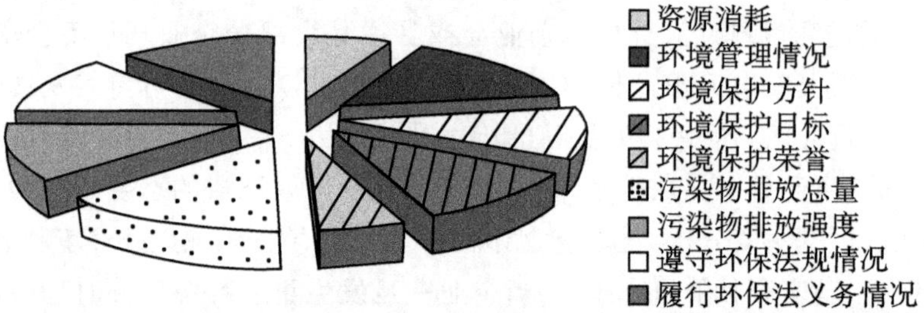

图 11 社区调研"您所关注或希望了解的企业环境信息?"

资料来源:个案一,本课题社区问卷、环境报告分析、访谈纪要。

图 9、图 10、图 11 研究显示,受访企业的环境信息公开一般重在披露制度举措,限于企业在环境方面的投入、节能减排的成果和受到的表彰,一般重点提及法规符合、能源和资源消耗以及培训,而对企业实际上排放的污染物种类、性质和数量等关键信息的公开比较含糊,轻视量化指标;涉及竞争性事务

的披露，点到为止。从环境公报中，人们能够较为清楚地得知公司在环境方面所做的事项，但是不够详细，多正面公开而回避不好信息的公开，这与社区公众对企业应当公开的环境信息的要求相去甚远。虽然多数企业认同环保状况仍是信息公开首要的内容，企业的类型和性质的影响因素不可忽视。但是只有少数企业认为，可以公布环境违法记录、以及社区和居民的环境诉求。基于此，要改变这一现状，需要在企业、社区公众和政府之间形成对公开内容的共识，在此基础上明确规定和界定企业环境信息公开的范围，并设定公开底线。在这一点上，当地相关政府部门应当能够充分地发挥主导和服务功能，为企业与社区之间搭建信息传递和交流的有效平台，引导和推动他们的参与。

4. 社区和公众的期待

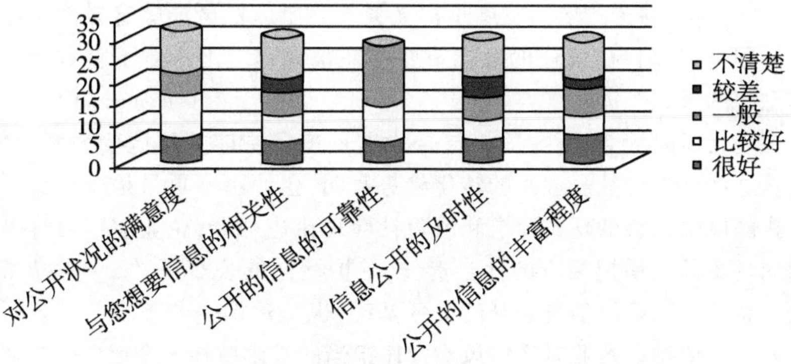

图 12　社区调研"您对企业环境信息公开的综合评价？"

资料来源：个案一，本课题社区问卷、环境报告分析、访谈纪要。

表 6　社区问卷"您希望了解企业关于环境保护方面的信息吗？"

希望	不希望
31（100%）	0

资料来源：个案一。

针对企业在环境信息公开中社会责任履行这一主题，选取企业与社区公众这一关系切入，两个调研项目的结果如图 12、表 6 所示，社区公众对于企业的环境信息公开并不满意。在企业试行环境信息公开时，有一个共同的规律就是，企业更多的是对政府环保部门负责，这可能与政府有直接的管理职能相适应；企业对于它所生存的自然环境、环境中的人以及人所组成的群体，其关心和关注程度很低，环境信息公开的目的在企业的认识和行动中体现偏低。

企业对于周边社区和居民利益的考量不是他们的重心，也表明周边社区和居民在他们心中的重要性、他们的法定权利几乎被忽视，这也影响到企业对环境信息公开的选择。然而，这正是问题的症结所在，因为在本质上，企业最应当对所在地居民、社区、地方负责，因为这是他们的义务。从相反的角度考虑，这也是环境信息公开在企业推行的切入点，也应当成为政府推行该项制度的核心，企业的认识到位了那么行动才能见效。虽然企业的现行行为对于社区和公众来讲不尽如人意，但社区公众却寄予了企业很高的期望。这是企业向前发展的机遇，应当成为企业今后立足现实、可持续发展的潜在动力源，如果企业能够用它的持续的真诚和友好换取公众的信任，那么社区也会将企业当作它的一员，愿意同企业坦诚交流信息和精诚合作。本来，企业就应当将自身当作社区的一员，并为社区的发展承担义务。之所以社区能够这样而企业又能够得到回报，是因为“信任的社会重要性在很大程度上来自于它对合作习惯和信息流的贡献”。①

在现代风险社会，环境危机与企业这一市场主体的环境行为密切相关。企业从经济理性向社会理性的转化趋势表明，企业已不再只是专事盈利的机构。我国风险社会的现实要求和风险社会理论也强调，企业应当为解决当代中国的环境危机承担相应的社会责任，维护社会的公平正义。环境知情权②理论是企业进行环境信息公开的义务基础，也是建构企业环境信息公开制度的重要理论依据。企业对环境风险责任担当的基础就在于企业对公众环境知情权的尊重，在于企业与利益相关方进行环境信息的沟通和信息共享，其表现方式之一就是公开企业的环境信息，尤其是应当遵守法定的环境信息公开规定，这应当是基线。通过信息共享和信息交流，“企业信息提供—公众对信息的反馈—企业优化项目设计—企业进一步与公众的信息交流—最优项目的确定”才能处于良性循环状态。

---

① [美]罗杰·E.卡斯帕森、多米尼克·高尔丁、塞斯·图勒：《有害物质填埋场选址与风险沟通中的社会不信任因素》，载[美]珍妮·X.卡斯帕森、罗杰·E.卡斯帕森编著：《风险的社会视野(上)：公众、风险沟通及风险的社会放大》，童蕴芝译，中国劳动社会保障出版社2010年版，第17页。

② 中国2014年4月24日修订的《环境保护法》专设第五章“信息公开和公众参与”，《环境保护法》第53条第1款开门见山宣称“公民、法人和其他组织依法享有获取环境信息、参与和监督环境保护的权利”。其后以5条的篇幅对信息公开和公众参与进行了规定。以法律的形式明确规定公众的环境知情权，这是我国环境民主原则的重要体现和保障，必将促进中国环境信息公开制度实践的发展。

然而，环境信息具有资本的属性和价值，在很多时候、甚至在很大程度上会影响企业对环境信息公开的选择行为。环境信息资本具有的特征决定了在信息交流中各利益主体决策的差异性。只有通过反复的博弈形成各方利益均衡，才能建立起一种长期的互信、协同与合作以应对环境风险。所以，在进行企业环境信息公开制度建构时，应当考虑到企业在决定信息公开时的博弈决策和对信息资本价值的考量，应当考虑到制度设计后的实施效果和效率，从而使制度的实施最优化。

法律规范作为公认的平衡利益的公平机制，应当对环境信息公开的主体—企业的利益综合权衡，让效率与公平在制度构建中达成平衡，使得立法更具有合理性、便于操作，并且变得易于实施和具有效果。推进和完善企业环境信息公开制度建设，需要考察企业生产经营、公众参与和信息公开的过程性，充分考虑到企业与各利益相关方在信息公开中的利益博弈，以求达成一种比较现实的博弈均衡状态，企业强制性环境信息公开和自愿性环境信息公开的类型划分是立法的自然选择。

第五节　公众环境知情权：企业环境信息公开的法理取向

公众环境知情权是指“社会成员依法享有获取、知悉与环境问题和环境政策有关的环境信息的权利”，①即公众对与环境相关事情的发生和状况、发展过程、原因和结果拥有的知晓和了解的权利。公众环境知情权是环境权这一“权利束”②的重要分支，其理论基础源于环境权。“公众参与环境公共利益的维护，其前提是公众能够获取充分的环境信息，环境知情权是保证公众获取充分的环境信息的基础。”③不同的主体之间对环境信息的拥有存在事实上的不对称现象，政府和企业通常是信息占有的优势方，公众对环境信息的知情权多处于一种被动状态，需要借助政府和企业的主动公开行为得到保障，环境权理论构成了企业在环境信息公开博弈中的义务基础。

在日本，首次提出“环境权”概念的仁藤一、池尾隆良两位律师认为，享受

---

① 王文革：《环境知情权的法律保护》，载《环境污染与防治》2008 年第 3 期。

② 吕忠梅、刘超：《环境权的法律论证——从阿列克西法律论证理论对环境权基本属性的考察》，载《法学评论》2008 年第 2 期。

③ 朱谦：《环境知情权的缺失与补救——从开县井喷事故切入》，载《法学》2005 年第 6 期。

良好环境、排除环境污染的基本权利来源于日本《宪法》第25条(生存权)的规定,并主张清洁的空气、清洁的水、没有噪声而安静的环境是每一位居住在该地区的国民的共有财产,企业根本就没有权利单方面污染这种环境。[①] 如果企业计划向环境中排放污染物,那么就应当首先将污染排放的信息告知该地区的居民,征求该地区居住的居民的同意,这是对国民所享有的宪法基本环境权利的尊重,是对该地区居民环境知情权的维护,这是企业的宪法义务。

日本著名的环境法学者原田尚彦对环境权的观点更进一步,他认为:(1)清洁的环境不仅是公共利益,而且具有法律价值,拥有清洁而健康的环境是国民的基本权利。(2)环境权是宪法上生存权的一翼,决定了人们在事业和其他活动中应当考虑环境价值。(3)环境权决定了居民在公害防止、环境参与中的主体地位。[②] 依据原田尚彦的观点,如果企业想利用某一地区的环境或者说需要排放污染物,就应当取得该地区居民的同意和认可。换言之,企业如若计划使用当地的环境公共资源进行每一项事业,就必须让当地居民了解有关该事业的相关环境信息。这种对企业环境信息行使知情的权利来源于他们固有的生存权——宪法赋予居民享受良好的环境和排除环境污染的权利,这就是企业应当履行环境信息公开义务的法理上的权利依据。

宫本忠先生对环境权则持相反的观点,他的论证依据如下:(1)生存权作为事实上的法律权利没有明确,也无判例依据。(2)承认环境权将导致与财产权的冲突,并会制约企业的事业活动。[③] 从20世纪70年代至今已经有近半个世纪的时事变迁,生存权作为一项法律上的权利已经为国际社会所认同;而根据相关国际环境法律规范和各国现行立法实践,当环境权利与企业活动产生冲突时,对权利的维护取向则是选择维护公民的环境权利与公共环境利益。所以说,当初宫本忠先生所担心的法律问题,随着环境问题的尖锐化目前基本上得到解决。企业在进行某项与环境相关的事业时,起码应当让当地社区居民知晓该事业的相关环境信息,这一是对居民生活环境权利的维护、对他们的环境知情权的尊重,二是对企业的事业所在地的公共环境利益的维护,以承担起企业对居民良好生存环境的维护责任。

---

① 汪劲:《日本环境法概论》,武汉大学出版社1994年版,第28页注释②。

② 上述特点的归纳参考,参见[日]原田尚彦:《环境法》,于敏译,马骧聪审校,法律出版社1999年版,第66~68页。

③ 汪劲:《日本环境法概论》,武汉大学出版社1994年版,第30页注释①。

尽管在中国环境法学界,对于是否存在"环境权""环境权"的存在基础,还是应当使用"环境知情权"或者"环境信息权"有不同的提法甚至存在争议,①但是本书认为,有三点不容置疑:其一,人们应当具有在良好环境中生存的权利;其二,人们具有对环境信息的知情权、对环境保护的参与权和监督权;其三,以上述权利为基础,政府、企业应当有义务和责任公开其拥有的环境信息。实际上,这三点在中国现行环境立法中有了明确的证据。②

① 围绕着"环境权",就在中国环境法学界就存在诸多的观点和争鸣,例如,蔡守秋:《环境权初探》,载《中国社会科学》1982年第3期;吕忠梅:《再论公民环境权》,载《法学研究》2000年第6期;朱谦:《论环境权的法律属性》,载《中国法学》2001年第3期;周训芳:《论环境权的本质——一种"人类中心主义"的环境权观》,载《林业经济问题》2003年第6期;徐祥民:《环境权论——人权发展历史分期的视角》,载《中国社会科学》2004年第4期;徐祥民:《对"公民环境权论"的几点疑问》,载《中国法学》2004年第2期;王小钢:《近25年来的中国公民环境权理论述评》,载《中国地质大学学报》2007年第4期;吕忠梅:《环境权的法律论证——从阿列克西法律论证理论对环境权基本属性的考察》,载《法学评论》2008年第2期;徐祥民:《环境信息权及其现实意义》,载《中国海洋大学学报》2008年第1期;巩固:《环境权热的冷思考》,载《华东政法大学学报》2009年第4期;王曦、唐瑭:《对"环境权研究热"的"冷"思考》,载《上海交通大学学报》2013年第2期。

② 2015年1月1日实施的《环境保护法》(2014年)第五章"信息公开和公众参与"通过阐明信息公开与公众参与之间的关系,明确规定了公众环境知情权、监督权和参与权,规定了政府和企业的信息公开义务。中国政法大学胡静副教授对于环境权是否可诉的问题进行了探讨和研究,参见胡静:《环境权的规范效力:可诉性和具体化》,载《中国法学》2017年第5期。

第四章　企业强制性环境信息公开制度

飞速发展的网络世界，中国环境问题的严峻对经济结构、产业结构和能源结构的转型、调整与创新提出了更高的要求，深化生态文明建设和法治建设的双重动力，给中国政府、在中国境内的企业以及境外的企业展现了新的机遇和挑战。秉承可持续发展理念和战略，顺应整个社会发展趋势是企业把握机会、赢得市场先机，企业实施环境信息公开制度是企业的理智选择。

第一节　企业强制环境信息公开的理论基础

一、信息不对称理论

当今社会，由于环境污染、资源浪费和生态破坏，自然资源、环境容量和生态服务成为人类经济社会发展的稀缺资本。而实践中，市场的不完全性、不确定性又加重了这一严峻现实。现代经济学家斯蒂格利茨认为，导致市场失灵的原因在于市场参与者拥有的信息不完备，结果可能会导致不完全竞争。这种状况会使市场主体之间的竞争变得不公平，信息不对称甚至扭曲市场，使市场更加缺乏有效性，导致市场中的

"逆向选择"和"道德风险"。企业为获得对国家许可的自然资源和环境容量的使用权、经营权和管理权,或出于营利的目的,可能会选择向委托人公开好的环境信息而隐瞒企业对环境有害的环境信息;在行使国家许可的权利时,企业则可能会借助其对于环境信息的优势,有意不对外公开其环境违法信息,如在环保执法时运行污染治理设备,当执法人员离开后则怠于运行污染治理设施,或者直接在监测数据上作假。这种在污染治理设施运行中玩弄的"猫抓老鼠"式的不道德的游戏直接导致了对环境的损害,有损国家法律的权威,我国当今所面临的环境生态问题可以说环境信息不对称是其重要原因之一。

针对信息不对称的危害,经济学家斯宾塞给出了信号传递模型,通过优化的传递机制保证信号的有效性、设计适当的激励机制约束鼓励企业运行符合道德规则。因此,要减少因为信息不对称所产生的危害,政府应当发挥强有力的作用,立法可以相应地规定企业强制公开相关的运行信息。基于环境的公共物品属性、环境问题所涉利益和主体的广泛性,企业的环境信息亦自然应当具有公共物品的属性。为降低因环境信息不对称而造成的对企业的利益相关方环境利益的损害,通过立法规定对企业的环境信息公开行为实行强制性管制就有其合理性。

二、社会合法性理论

从企业的产生和发展过程考察,企业是应社会发展需要而生,并且亦应当随社会发展顺应社会需求规律而创新性地发展,这样的企业才能具有生命力、竞争力,由此也铸成了维持企业生存的动力或者"正当性"。也可以认为,企业自产生之时就与社会签订了一份生存契约,企业所有的权利义务都应当在遵循这份契约的过程中实现和履行。在这份契约中,一方当事人是国家或政府、社会公众,另一方是企业。前者将国家或社会的资源环境财富委托给企业予以使用、经营管理,以使这些社会财富能够最大限度地发挥功效、为社会整体造福,后者接受这一委托而享有对这些资源环境的合理使用权获取利益,但应当是最大限度、最高效率的运行企业,从而创造出最大的经济效益和最好的社会效益。企业的经营管理应当符合帕累托最优原则,这个原则对企业而言则是企业有权追求物质享受、追求利益最大化但不得侵犯别人同样的追求物质享受的权利,如人们在良好的环境中生活的权利。为此,企业的行为模式、运行过程以及相关结果就应当能够接受政府、社会等委托人的监督,企业的行为就应当具有透明性。将企业履行环境责任的信息公开,可以在一定程度上解决政府和社会同企业之间的环境信息不对称问题。

企业的生产经营活动所产生的环境污染、资源浪费乃至生态破坏是企业经济行为所导致的负外部性,从而使其外部社会成本客观存在。外部成本的增加会使企业的投资者、政府、社会公众乃至企业内部员工对于企业经营状况的质疑增强,尤其是当企业因出现严重环境违法招致行政处罚或者发生环境污染事故时,企业受到的公共压力增大直接导致其"正当性"受损。而当"正当性"威胁到企业生存状况时,企业会当然选择生存优先原则。企业会通过发布公开环境事件信息以缓解和减轻社会压力,以当时最大的诚意换取社会对环境事件的比较全面的了解、争取社会对企业的更多理解乃至支持。然而,当企业发生类似于环境污染事故之时才意识到、才开始进行环境信息公开以求维持企业的生存,这已然是事情严重到了晚期,因为环境事件进展的不确定性会直接影响到企业生存的不确定性。

企业的社会合法性是企业生存发展的基础,然而,企业的不稳定、甚至发生生存危机或关闭反过来也会对社会经济的稳定和持续发展招致不利影响。因此,通过立法规定企业的强制环境信息公开同样是对企业社会合法性的维护,也相应地维护了社会经济和环境的整体和长远利益。

法律之所以要规定企业强制公开环境信息的义务,在于企业的生产经营行为存在现实的、潜在的对于公共环境利益或者他人合法环境利益的危险和威胁,在于环境损害的不可逆性和不确定性并存,信息公开是为了防范和降低这种危险和威胁的程度和发生率。

第二节　强制公开的主体

一、现行法上的公开主体

在中国现行法律规范中,企业环境信息公开分为强制性公开和自愿性公开两类,这基本上是与国际上的分类相一致。与之相适应的是,公开的主体也就分为强制公开主体和自愿公开主体。强制公开主体,主要是指依据法律规范的规定,应当进行环境信息公开的企业。如果违背法律规范的规定、对规范所要求公开的信息不予公开、或者公开的信息不真实、不全面、不充分、不及时,那么就应当承担环境信息公开违法的不利后果。考察中国现行法律规范发现,强制公开的主体主要是满足下列条件的一些企业:

其一,在通常情况下,污染严重的企业。对这类企业的界定以污染物排放标准或者污染物总量控制指标进行划分，这类公开主体一般带有共性特征。例如，《办法（试行）》第 11 条第 1 款第 13 项和第 20 条规定应当向社会公开环境信息的主体为：污染物排放超过国家或者地方排放标准，或者污染物排放总量超过地方人民政府核定的排放总量控制指标的污染严重的企业；超过单位产品能源消耗限额标准构成高耗能的企业；使用有毒、有害原料进行生产或者在生产中排放有毒、有害物质的企业。[①] 在中国，企业的环境问题乃至环境事件也通常是发生在这几类企业身上，因此它们也是强制环境信息公开的最经常的主体。

其二，在特定情况下，针对特定环境要素进行保护和污染防治时的企业。这类企业是特定主体，不具有普遍适用性。例如，危险化学品生产使用企业，[②]危险废物的容器和包装物以及收集、贮存、运输、处置危险废物的设施、场所，[③]城镇污水处理设施维护运营单位。[④]

其三，发生环境污染、环境损害事故，酿成或者可能酿成重大环境事件的企业。例如，发生或者可能发生环境事件的企事业单位。[⑤] 2014 年修订后的《环境保护法》保持了在发生或者可能发生突发环境事件时，企事业单位应当及时通报可能受到危害的单位和居民的规定。这部修订后的环境基本法律为中国企业环境信息公开立法奠定了统一的基础，将有利于提升企业对环境信息公开制度的遵守和执行效率。

---

① 参见《清洁生产促进法》（2012 年修订）第 17 条规定："省、自治区、直辖市人民政府负责清洁生产综合协调的部门、环境保护部门，根据促进清洁生产工作的需要，在本地区主要媒体上公布未达到能源消耗控制指标、重点污染物排放控制指标的企业的名单，为公众监督企业实施清洁生产提供依据。列入前款规定名单的企业，应当按照国务院清洁生产综合协调部门、环境保护部门的规定公布能源消耗或者重点污染物产生、排放情况，接受公众监督。"其第 27 条第 2 款规定："有下列情形之一的企业，应当实施强制性清洁生产审核：（一）污染物排放超过国家或者地方规定的排放标准，或者虽未超过国家或者地方规定的排放标准，但超过重点污染物排放总量控制指标的；（二）超过单位产品能源消耗限额标准构成高耗能的；（三）使用有毒、有害原料进行生产或者在生产中排放有毒、有害物质的。"第 4 款规定："实施强制性清洁生产审核的企业，应当将审核结果向所在地县级以上地方人民政府负责清洁生产综合协调的部门、环境保护部门报告，并在本地区主要媒体上公布，接受公众监督，但涉及商业秘密的除外。"

② 参见《危险化学品环境管理登记办法（试行）》（2012 年）第 22 条。

③ 参见《固体废弃物污染环境防治法》（2013 年修正）第 52 条。

④ 参见 2013 年《城镇排水与污水处理条例》（国务院令第 641 号）第 28 条第 2 款。

⑤ 参见《环境保护法》（2014 年修订）第 47 条第 3 款第 2 项。《城镇排水与污水处理条例》（国务院令第 641 号）第 25 条。

其四，上市公司作为特别的环境信息公开主体。例如，上海证券交易所就强制要求符合其《上海证券交易所上市公司环境信息披露指引》（2008 年）条件的上市公司公开环境信息。[①] 对上市公司尤其是重污染行业企业的环境信息公开的约束，将成为中国环境信息公开的重要特点，可以预见，这也是中国企业环境信息公开实践深化的有效路径，上海证券交易所、深圳证券交易所的实践经验值得研究、积累与推行。中国沪港通、深港通的启动与运行，将有利于三地股市监管中信息公开的实践交流，通过我国香港特别行政区经验进一步优化信息公开环境，为上市公司环境信息公开提供新的发展空间和机遇，比如，可以为理论界和实务界探讨跨国公司在不同国家实施信息公开“双重标准”的研究和实践提供基础、寻求破解之法。

二、应然法上的公开主体

法律之所以要规定企业公开环境信息的义务，在于企业的生产经营行为存在现实的或者潜在的对于公共环境利益或者他人合法环境利益的危险和威胁，信息公开是为了防范和降低这种危险和威胁的程度和发生率。因此，立法对于企业强制环境信息公开主体的规定就应当立足于现实状况和未来的需要，在参考和借鉴国外立法经验的基础上进行设计，以体现立法的前瞻性和灵活性。从应然法的角度，中国立法应当优先强制如下主体对环境信息予以公开，这种公开是指由企业直接向社会公众，尤其是向所在社区、附近居民公告，而不是由政府部门收集企业信息、通过处理之后向公众公开。

1. 发生或者可能发生环境污染事故的企事业单位。当发生或者可能发生环境污染事故，最直接的后果就是会对人身和其他生命造成伤害、对财产造成损害，间接的后果就是可能使一个生态系统遭遇灭顶灾害。人们不会忘记印度博帕尔碳化物泄漏、苏联切尔诺贝利核电站大爆炸，以及日本地震海啸引发的核电站持续泄漏引发的灾难和恐慌。在这些人为因素占主导的环境灾难中，重要的缺失之一就是没有预警和对环境事故过程信息进行公开或者公开的程度远远不够，如果企业能够及时全面公开信息就可以将事故造成的损害降低至最小限度。对前述环境事件的诸多报道显示，造成事故的企业隐瞒环

---

① 《上海证券交易所上市公司环境信息披露指引》（2008 年）规定了发生与环境保护相关的重大事件且可能对其股票及衍生品种交易价格产生较大影响的上市公司应当披露相关环境信息的 6 种情形。

境事故信息已经招致公众和国际社会的强烈谴责。本来环境问题就具有复杂性，如果环境事故发生后的信息公开需要经过繁杂的、层层行政审核程序，恐怕类似上述的重大事故今后还可能上演，甚至损害会更加严重；同时，对环境事故信息的隐瞒只能招致社会公众的无端猜疑，乃至发展成为重大社会公共事件或者酿成重大政治事件。

2. 从事对有毒有害物质生产和经营的企业。① 现实环境污染事故、环境事件的发生，都与企业轻视有毒有害物质的有毒有害性、轻视对这类物质的严格管理密切相关。比如，2014 年 5 月 7 日发生在南京的重大核辐射事故，就是操作方的过错丢失高危放射源所致。②

3. 从事对环境有不良影响的上市公司。上市公司与非上市公司的重要区别在于，上市公司拥有通过股票融资的形式、从公共资金市场获取源源不断的资金以推动公司发展。当今世界所面对的是越来越广泛的多元投资主体，也就是说，上市公司的生产或者经营行为和结果与这些多元投资主体的权利和利益密切相关。当上市公司与其投资者共同面临严峻的环境现实及其后果的时候，上市公司的环境行为就会越来越受人瞩目和关注。上市公司的环境行为表现、它对外界发出的环境行为信息，会直接影响到投资者的利益，也会影响到其他相关利益主体的决策和战略布置。比如，会影响到国家或地区对经济与环境关系的及时调整、环境管理者对环境治理的重心调整、消费者对购买行为的选择、公众环境知情权和监督权的行使以及对环境保护的参与等。虽然当前金融危机源于对股票市场的监管失范，然而这种企业获取资金的方式会持续下去，还会有更多的企业加入到这一筹资过程中。但是，很显然各国加强了对于这次金融危机的深刻反思，出台了更为严厉的金融市场监管法律规范；同时，不断呈现出点、线、面、体形态和时空交错出现的严峻的环境问题现实已经让人们在监管对策中充分地融入了环境、生态和自然元素，迫使上市公司规范自己的环境行为、公开环境信息、对社会和公众展示企业的正面环境形

---

① 2004 年《清洁生产审核暂行办法》（国家环保总局令第 16 号）第 8 条第 2 款规定："有毒有害原料或者物质主要指《危险货物品名表》（GB12268）、《危险化学品名录》、《国家危险废物名录》和《剧毒化学品目录》中的剧毒、强腐蚀性、强刺激性、放射性（不包括核电设施和军工核设施）、致癌、致畸等物质。"

② 有关该事件的详情，参见《南京公布放射源丢失过程：两名工人捡起后扔掉》，载苏州新闻网：http://news. subaonet. com/2014/0513/1331743. shtml#blz-insite，最后访问日期：2014 年 5 月 21 日。

象。美国的《2002 年萨班斯—奥克斯利法案》(Sarbanes-Oxley Act of 2002,简称 SOX 法案)强化了上市公司的环境信息公开义务,2008 年上海证券交易所发布《上市公司环境信息披露指引》,对在上海证券交易所上市交易的公司的强制环境信息公开进行了比较详细的规定,为中国推行企业强制环境信息公开奠定了实践和立法基础。

近年来,上市公司在中国的发展异常迅速,[①]这种高速发展的态势,对中国社会经济带来前所未有的发展机遇。但是,包括上市公司在内的企业的大发展同样给中国本已存在的严峻的环境问题增加了新的风险,给环境保护、资源能源的供给增添了新的压力。[②] 这些机遇和挑战要求对上市公司的环境行为进行更有效的规制。自 2008 年实施《办法(试行)》之后,一系列规范性法律文件的修改与发布,强化了对包括上市公司在内的企业的环境行为监管力度,同时也为推行和监督上市公司实施强制环境信息公开制度提供了充分的法律规范依据(见表 7)。

表 7 对上市公司强制环境信息公开产生影响的相关法律规范(2008 年 1 月至 2015 年 5 月)

修订或发布时间	文件名称	文件类型	发布部门	与上市公司环境信息公开相关性(★)
2008 年发布	《关于加强上市公司环境保护监督管理工作的指导意见》	部门规章	环保部 环发 24 号	★★
2008 年发布	《上市公司环境信息披露指引》	地方监管文件	上证所监管 18 号	★★★

① 比如,仅 2013 年,在中国,境内上市公司数(A、B 股)为 2489 家,境内上市外资股(B 股)有 10 家,境外上市公司数(H 股)达到 182 家,股票成交金额达 468,729.00 亿元。数据来源:中国国家统计局数据网:http://data. stats. gov. cn/workspace/index? a = q&type = simple&dimension = zb&dbcode = hgnd&m = hgnd&code = A0101,最后访问日期:2015 年 5 月 11 日。

② 比如,在 2013 年,年末总人口为 136,072 万人,国内生产总值为 588,018.8 亿元。环境污染治理投资总额为 9516.50 亿元,工业污染完成治理投资有 8,676,647 万元;能源生产总量为 340,000.00 万吨标准煤,能源消费总量为 375,000.00 万吨标准煤,人均能源消费量达 2678.0 千克标准煤,而人均能源生产量为 2456.8 千克标准煤;用水总量均为 6183.45 亿立方米,人均为 455.54 立方米每人,而供水总量则为 6183.45 亿立方米,水资源总量为 27,957.86 亿立方米。数据来源:中国国家统计局数据网:http://data. stats. gov. cn/workspace/index? a = q&type = simple&dimension = zb&dbcode = hgnd&m = hgnd&code = A0101,最后访问日期:2015 年 5 月 11 日。

续表

修订或发布时间	文件名称	文件类型	发布部门	与上市公司环境信息公开相关性(★)
2010 年发布	《上市公司环境信息披露指南(征求意见稿)》	部门规章(准)	环保部	★★★
2010 年发布	《加强上市公司环保核查后督查工作的通知》	部门规章	环保部	★★
2011 年发布	《放射性废物安全管理条例》	行政法规	国务院令 612 号	★★
2011 年发布	《企业环境报告书编制导则》	部级标准	环保部 HJ617 – 2011	★★★
2011 年发布	《关于进一步规范监督管理严格开展上市公司环保核查工作的通知》	部门文件	环保部 环办 14 号	★★
2012 年修订	《清洁生产促进法》	法律	全国人大常委会	★★★
2016 年修订	《固体废物污染环境防治法》	法律	全国人大常委会	★★
2013 年修正	《草原法》	法律	全国人大常委会	★★
2013 年修订	《证券法》	法律	全国人大常委会	★★★
2013 年修订	《公司法》	法律	全国人大常委会	★★
2013 年发布	《关于全面深化改革若干重大问题的决定》	行政法规类文件	中共中央	★
2013 年发布	《危险化学品环境管理登记办法(试行)》	部门规章	环保部令第 22 号	★★★
2014 年修订	《环境保护法》	法律	全国人大常委会	★★★
2014 年修正	《安全生产法》	法律	全国人大常委会	★
2014 年发布	《关于全面推进依法治国若干重大问题的决定》	行政法规类文件	中共中央	★★★
2014 年发布	《企业事业单位环境信息公开办法》	部门规章	环境保护部令第 31 号	★★★
2015 年修订	《食品安全法》	法律	全国人大常委会	★★
2015 年发布	《关于加快推进生态文明建设的意见》	行政法规类文件	中共中央政治局	★★★

续表

修订或发布时间	文件名称	文件类型	发布部门	与上市公司环境信息公开相关性(★)
2015 年发布	《水污染防治行动计划》	行政法规类文件	国务院国发 17 号	★★★
2015 年发布	《突发环境事件应急管理办法》	部门规章	环保部	★★★
2015 年发布	《国家重点监控企业污染源监督性监测及信息公开办法(试行)》	部门规章	环保部 环发 81 号	★★★
2015 年发布	《国家重点监控企业自行监测及信息公开办法(试行)》	部门规章	环保部 环发 81 号	★★★

与此同时,本书的研究也注意到,中国社会各界、公众对于上市公司的环境信息公开给予了高度的关注。图 13 数据可略见一斑。

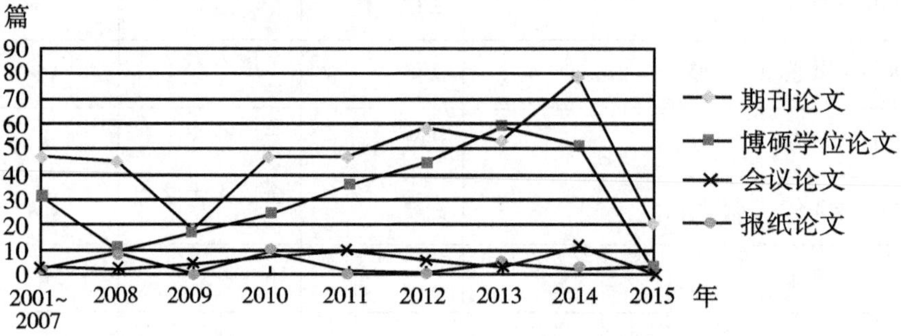

图 13　2007 年前后,中国学界、媒体对于上市公司环境信息公开的关注度[①]

图 13 表明,以 2008 年为分界线,2008 ~ 2014 年,中国学界和媒体对上市公司环境信息公开的关注度明显加强,从一个侧面表明人们对于上市公司的环境行为表现状况更加关心,人们对于上市公司的环境信息需求加强。上市公司的环境行为表现已经构成并且对中国社会整体产生不可忽视的影响,上市公司全面对环境信息的公开于法有据,也符合中国社会深化改革、建设生态文明和法治国家的战略需求。

① 图中数据:以"环境信息"+"上市公司"为"主题"词查询统计后的结果。数据来源:中国知网 CNKI 数据库:http://epub.cnki.net/kns/brief/result.aspx? dbPrefix = CJFQ,最后访问日期:2015 年 5 月 12 日。

第三节　强制公开的范围与边界

一、现行法上强制公开的内容

强制公开的内容就是由法律规范规定的、企业应当公开的环境信息。中国现行法律规范主要考虑在不同情形下，根据不同的公开主体、不同的企业性质，从如下两个方面对企业强制公开的内容作出规定。

其一，2004 年基于《清洁生产促进法》（2002 年），国家发展和改革委员会、国家环境保护总局制定并审议通过的《清洁生产审核暂行办法》规定，被列入实施强制性清洁生产审核名单的企业，①公布的主要内容应当包括：企业名称、法人代表、企业所在地址、排放污染物名称、排放方式、排放浓度和总量、超标、超总量情况。

2005 年国家环境保护总局发布《重点企业清洁生产审核程序的规定》进一步要求，污染物超标排放或者污染物排放总量超过规定限额的污染严重企业应当公开主要污染物的排放情况、接受公众监督，公布的内容涉及企业的结构和性质、原材料耗费、产品特征、主要污染物状况等。可以发现，国家环保总局前述 2005 年的规定较 2004 年的办法对强制公开的内容更详细严格。

2008 年开始实施的《办法（试行）》明确地规定了企业环境信息公开的原则、主体、范围、方式等内容，为企业环境信息公开制度体系和能力建设提供了基础和努力的方向，同时为对企业环境行为的政府监管和公众监督提供了法定的程序保障。

具有进步意义的是中国 2014 年 4 月 24 日通过修订的《环境保护法》，第 55 条明确规定："重点排污单位应当如实向社会公开其主要污染物的名称、排放方式、排放浓度和总量、超标排放情况，以及防治污染设施的建设和运行情况，接受社会监督。"

其二，以标志或者标识的形式出现，强制要求企业公开的环境信息。比如，中国《节约能源法》（2016 年修改）规定的产品能源效率标识，②《固体废物污染环境防治法》（2016 年修订）规定的危险废物识别标志，③《放射性污染防

① 参见 2004 年《清洁生产审核暂行办法》（国家环保总局令第 16 号）第 8 条第 1 款。

② 参见《节约能源法》（2016 年修改）第 19 条。

③ 参见《固体废物污染环境防治法》（2016 年修订）第 52 条。

治法》(2003 年)规定的放射性标识、中文警示说明、放射性标志,[①]《安全生产法》(2014 年修正)规定的安全警示标志,[②]《危险化学品安全管理条例》(国务院令第 591 号)规定的化学品安全技术说明书、化学品安全标签、安全警示标志、专用安全信号,[③]《清洁生产促进法》(2012 年修订)规定的在产品主体构件上注明的材料成分的标准牌号[④]等。这类环境信息通常与人们的人身、财产安全密切相关,强制公开这类信息更主要的目的是保护人们的生命健康权利,[⑤]起到一种预防的作用。

另外,考察中国现行立法发现,当发生环境污染事故和环境事件的情况,都要求公开事故或者事件的发生、进展过程中的环境信息。虽然在这种紧急情况下,国家法律主要规定由政府行使公开环境事件信息的权力,但是这些法律并没有明确规定所公开信息的内容。不过,2011 年 4 月国家环保部公布的《突发环境事件信息报告办法》(环保部令第 17 号)对政府部门在突发环境事件中信息的初报、续报和处理结果报告的内容进行了比较详细的规定,补充了这一立法缺陷。《突发环境事件应急管理办法》(环境保护部令第 34 号)进一步确认和强化了这一规定。[⑥] 环保部发布的《突发环境事件调查处理办法》(环保部令第 32 号)进一步明确了突发环境事件调查报告的内容、提交与公

---

① 参见《放射性污染防治法》(2003 年)第 16 条。

② 参见《安全生产法》(2014 年修正)第 32 条。

③ 2011 年《危险化学品安全管理条例》(国务院令第 591 号)第 37 条、第 47 条、第 51 条、第 61 条、第 63 条对此进行了规定。

④ 参见《清洁生产促进法》(2012 年修订)第 21 条。

⑤ 关于环境与健康关系的重要性,由国家主席习近平在 2016 年 8 月 19 ~ 20 日全国卫生与健康大会上的论述可见一斑。习近平指出,"良好的生态环境是人类生存与健康的基础。要按照绿色发展理念,实行最严格的生态环境保护制度,建立健全环境与健康监测、调查、风险评估制度,重点抓好空气、土壤、水污染的防治,加快推进国土绿化,切实解决影响人民群众健康的突出环境问题"。原国家卫计委:《习近平:把人民健康放在优先发展战略地位》,载国家卫生健康委员会网:http://www.nhfpc.gov.cn/zhuzhan/wsjswtpxw/201608/180c314e7e7644a69876009039289ad5.shtml,最后访问日期:2016 年 8 月 28 日。

⑥ 参见《突发环境事件信息报告办法》(环保部令第 17 号)第 13 条,《突发环境事件应急管理办法》(环境保护部令第 34 号)第 24 条。

开的规定。[①] 这些规章能够对今后在环境紧急情况下企业的强制环境信息公开内容的立法起到引导和借鉴作用。

二、强制公开的边界

企业强制环境信息公开是企业必须履行的法定的信息公开义务。而且，从目前的环境治理状况分析，这种强制性立法是越来越细化、范围也在扩大，对于企业的发展战略提出了更高的要求。企业要在经济发展与公共环境利益维护、公众的民主诉求之间寻求新的平衡，国家立法也应当综合考量企业有效生存与公众环境权益之间的博弈，即立法对于企业强制环境信息公开主体、内容的设计应当具有一定的边界，从而成为企业健康发展与公众环境利益之间的平衡器。企业更多地是追求效率优先，而法律更多地是保障公平的实现，但是立法同样地应当对效率与公平给予权衡和平衡，比如，2000 年 8 月美国证监会推出公平披露（Fair disclosure）规则就要求，上市公司在公开财务信息时对证券分析师和中小投资者同等对待，虽然说是针对证券信息披露问题，但是它传递了法律对公平披露的理念追求。

本书无法明确界定企业强制环境信息公开的边界，但本书认为，立法在对边界的权衡和设定中应当把握以下几个原则性的问题，以体现出立法的合理性。

第一，秉持“公开为原则，不公开为例外”的信息公开原则。同时，对信息的公开应当及时、真实、准确、全面，并有利于公众获取。这是确定企业强制信息公开边界的最基本的要求，只有这样才能体现出一个法律制度的形式合理性、保证程序公正。这一原则是人们对信息公开实践不断地进行理性思考的结果，原则背后体现的是法律对人们的法定利益的诉求权利的维护。其实，早在 1766 年瑞典的《出版自由法》就基本上确立了这一原则。[②] 所以，这一原则实际上是人们在经过理性思考后形成的法律范畴，而满足这一概念的逻辑运算符号就是信息公开的及时、真实、准确、全面、便民。也只有在这样一个原则

---

① 《突发环境事件调查处理办法》（环保部令第 32 号）第 15 条规定了调查报告的内容。第 16 条第 2 款规定：“调查组应当按照前款规定的期限完成调查工作，并向同级人民政府和上一级环境保护主管部门提交调查报告。” 第 17 条规定：“环境保护主管部门应当依法向社会公开突发环境事件的调查结论、环境影响和损失的评估结果等信息。” 第 20 条规定：“环境保护主管部门应当将突发环境事件发生单位的环境违法信息记入社会诚信档案，并及时向社会公布。”

② 石国亮：《国外政府信息公开探索与借鉴》，中国言实出版社 2011 年版，第 20 页。

框架下才能使企业强制环境信息公开制度具有普遍适用的价值，从而避免因为对个别的人为"秘密"的保护形成的、对多数人利益违背的规则。只有这样，才能真正使环境信息公开制度符合对人的关怀，符合法律制度应当具有的"形式合理化体系的三个基本特点"，①还法律制度的本源。比如，按照《美国模范公司法》和《特拉华州公司法》的规定，上市公司会计报表和董事会报告必须经过独立审计以提高公司财务信息的真实性和准确性；美国国会2002年7月通过的《SOX法案》的目的之一就是要严惩和防治会计舞弊、财务欺诈行为。中国的诸多立法也很强调这些原则性的要求。虽然看起来原则，但却是必须的、带根本性的要求，关涉强制环境信息公开的方向、效率和公平。

第二，企业环境信息公开奉行的是强制公开与自愿公开相结合的原则，中国《办法(试行)》对此予以了明文规定。又如，德国的上市公司信息披露制度就具有明显的强制与自愿相结合的特征，不仅如此，德国立法还对非上市公司建立了强制与自愿相结合的信息披露制度。本书认为，法律作出这样的规定出于如下考虑，企业生存的合法性基础虽然源于社会，但是企业毕竟是为社会提供经济服务、以营利为主要目标的组织体，它是市场经济中的最活跃的市场主体。因此，在符合法律规定的前提下，企业经营行为的自由性、自愿性应当最大限度地得到法律的保障和社会的尊重，这样才能保证在市场规则下企业的自主意识、创新意识和积极性可能充分地发挥出来，企业才有可能在理性经济人和企业社会公民的双重身份下扮演相对合理的平衡角色。法律规定企业环境信息公开的强制与自愿相结合原则，是对这一现实需求的正视和理性回应。鉴于此，德国《公司法》《商法》以及公司治理准则等在规定各类企业要依法披露企业信息的前提下，却对不同法律形式和不同规模的公司的信息披露内容与方式分别作出了差异性的规定。从立法原理上讲，这样的立法体现了原则性与灵活性的结合，是对立法效率与立法公平的立法目标的追求。前述中国企业环境信息公开的特点及其特殊性决定了中国立法做出这样的选择的合理性。

所以，在对企业强制环境信息公开边界理论探讨和实践中，强制公开与自

① 郑成良先生对此作出了精准的概括，他说："形式合理化意味着以下三个特点的结合：第一，形式化的符号体系；第二，逻辑一致的演算(广义的运算，包括一切形式的推理)规则；第三，运算结果(结论)的精确性和可重复性。"参见郑成良：《论法律形式合理性的十个问题》，载《法制与社会发展》2005年第6期。

愿公开是相对的。强制公开是法定的最基本要求，企业必须遵守，否则就应当承担不履行法定义务的责任。以此为标准和分界线，法律没有明确规定的就应当是属于企业自愿把握的范畴，法律不能强制执行，否则就会侵害到企业的合法利益。

第三，国外信息公开内容扩展立法的参考价值。美国的有毒物质排放和转移清单制度以及联合国《基辅议定书》的实践经验，都能给完善中国立法提供有益的借鉴和参考。美国国会通过的《紧急计划和社区知情权法案》要求，美国企业必须每年填报《有毒物质排放清单》，向公众公开其向环境排放有毒污染物的情况；联邦环保局每年会对新增加的有毒物质进行更新。《有毒物质排放清单》的执行大大地降低了美国有毒物质的排放和转移，改善了环境质量。《基辅议定书》及其执行指南①规定，在“污染物排放和转移登记”制度下，强制公开环境信息的主体包括满足排放量限制标准或行业要求的企业。强制公开的范围较广，包括大气，水体，土壤及其他转移，如涵盖了《议定书》纳入的至少86种不同类别的主要污染物，其中包括持久性生物累积性有毒污染物、越境空气污染物、可致癌化学物质，如二噁英等，还涵盖了污染物释放和转移的重要源头，如热电厂、废水处理厂等。公开的形式标准化、公开的方式比较灵活、公众获取企业环境信息十分便利，如可使用独立参数（设施、地点等）对企业环境信息进行查询。②

第四，企业强制环境信息公开边界确定的经济因素考量。应当说，立法要求企业强制公开更广范围的环境信息会有利于公众获取环境信息，有利于加强公众监督、增强公众参与环境保护的有效性。但是，这只是问题的一方面，是从公众的角度考虑制度运行的效率。亚当·斯密认为，“在人类社会这个大棋盘中，每一个个体都有他自己运动的规律，这与立法机关给他们强加设定的规则完全不一样”。③ 也就是说，从制度涉及的效率层面来讲，还应当站在

---

① 《基辅议定书》：属于《奥胡斯公约》的附加议定书，其全称为《污染物释放及转移登记基辅议定书》。2003年5月21日，由欧洲共同体和36个国家在乌克兰共和国首都基辅（Kyiv）共同签署，于2009年获得所有签署国批准，同年10月8日正式生效，是世界上首部关于企业环境信息公开的国际公约。《〈基辅议定书〉执行指南》2008年由联合国欧盟经济委员会发布。

② 李爱年：《中欧企业环境信息强制公开制度比较研究》，载《法学杂志》2009年第12期；胡静、傅学良：《环境信息公开立法的理论与实践》，中国法制出版社2011年版，第32～33页。

③ ［日］青木昌彦：《沿着均衡点演进的制度变迁》，载［美］科斯、诺斯、威廉姆森等著，［法］克劳德·梅纳尔编：《制度、契约与组织——从新制度经济学角度的透视》，刘刚等译，经济科学出版社2003年版，第20页。

企业的角度来思考这个问题,以企业作为一个独立的个体来看待这项制度。制度的生成往往是多方利益反复博弈的结果,而且从经济学的角度来看,制度同样存在负外部性问题。所以,制度边界的确定还应当考虑到制度运行的交易成本因素,从特有的政治和社会结构出发共享规制成果,尽量降低因制度负外部性而产生的负效应,虽然不会存在"帕累托最优",但也需要尽量使得制度运行的交易成本趋于最低。

然而,从另一个方面考察发现,法定的被强制公开环境信息的企业在多数情况下往往是强势利益集团,与其他类型的企业相比较,它们的行动对环境政策和法律的选择具有重大影响,结果可能会导致对于制度的不平衡取向、引起公共政策的"政府失灵"。这是在制度的边界确定时应当力求尽量避免的情况。在立法对制度边界确定的过程中,应当充分考虑到不同的环境信息公开企业的地位差异,考虑到制度运行中所涉及的不同利益主体的充分参与,以程序上的参与公平促成实体意义上的公平。

三、强制公开的监督

管理学派的主要代表人物赫伯特·西蒙(Herbert Alexander Simon)从现实决策出发提出了有限理性的概念。他认为:"人类理性是在制度环境中塑造出来的,也就是在该制度环境中运作,并获得更高层级的标的和整合的。"[①]他还指出"理性的限度来源于人类头脑没有考虑一项决策的价值、知识和相关行为的各个方面的能力"。[②] 本书解读为:对于企业这种组织而言,有限理性不是企业的一种静态标志,而应当是随着新的社会、经济与环境条件的变化而不断丰富其内涵:(1)政府关于环境的法律、标准、规则或者政策是有限度的,企业的发展战略、规划的实施以及对环境的认知是有限的,它们都需要随着时间、情势的发展而不断丰富和发展。(2)有限性决定了企业需要对其拥有的环境信息向社会予以公开从而延伸这种限度、丰富其适应性理性和企业的发展内涵。(3)社会也需要考虑企业的利益诉求以宽慰这种理性,宽慰的程度取决于企业向外部利益相关方提供信息的质量。通过不断的环境信息公开、信息交流,使得理性从有限趋于无限,达成企业与利益相关方之间的相互理解和支持,实现企业发展与社区环境保护的互利共赢。

---

① [美]赫伯特·A. 西蒙:《管理行为》,詹正茂译,机械工业出版社2013年版,第105页。

② 同上书,第110页。

企业的有限理性表明，企业的发展战略和规划的制定与实施不能脱离企业外部条件而独立存在。企业应当根据外部条件的要求对内作出调整以适应外界变化，形成一种应对外部条件变化的内部约束和调整机制，这也就是人们通常所称的公司治理。但是，企业内部功能的有效发挥有赖于外部的持续监督和督促，责任的追究和救济的实施就是两个重要手段和机制，企业强制环境信息公开同样有赖于外部的持续监督和督促。

第四节　中国的立法选择

中国现行与企业环境信息公开制度相关的立法和政策，已经开始向一个比较系统的制度架构趋势发展。该体系呈现出如下特点：

特点一，围绕《环境保护法》(2014 年修订)确认的公众环境知情权、参与权和监督权这一权利链为中心，在其后的环境立法的制定或者修改时，将针对具体的环境要素或者资源要素特点，对环境信息公开中的企业权利和义务作出特别规定。

特点二，以《政府信息公开条例》(2007 年)、《企业信息公示暂行条例》(2014 年)、《大气污染防治行动计划》(2013 年)、《水污染防治行动计划》(2015 年)、《土壤污染防治行动计划》(2016 年)为指导，现行环境法律中与企业环境信息公开相关的法律条款、以及《企业事业单位环境信息公开办法》(2014 年)、《办法(试行)》(2007 年)、《企业环境信用评价办法(试行)》(2013 年)、《突发环境事件应急管理办法》(2015 年)、《危险化学品环境管理登记办法(试行)》(2013 年)等作为制度实施的具体依据。

特点三，通过建立和完善环境信息的相关标准体系，如对环境信息数据及其系统、交换、安全、网络、共享等技术问题作出规定，推进制度实施的规范化建设。这些规范包括《企业环境报告书编制导则》(2011 年)、《国家重点监控企业污染源监督性监测及信息公开办法(试行)》(2015 年)、《国家重点监控企业自行监测及信息公开办法(试行)》(2015 年)，以及 2015 年实施的 12 项环境保护信息标准。

特点四，以现行生效的规范为基础，将上市公司环境信息公开作为重要的制度实施目标。这些规范包括《上市公司信息披露管理办法》(2006 年)、上海证券交易所《上市公司环境信息披露指引》(2008 年)、《关于加强上市公司环境保护监督管理工作的指导意见》(2008 年)、《加强上市公司环保核查后督查工作的通知》(2010年)和《关于进一步规范监督管理严格开展上市公司环保核查工作的通知》(2011年)。随着中国证券市场监管的加强,上市公司的环境信息公开将更趋完善,从而推动上市公司不仅成为中国新经济发展的引擎,而且成为国家环境法治建设的重要参与和推进力量。

特点五,中共中央相关重要战略性政策的出台,如《关于全面深化改革若干重大问题的决定》(2013年)、《关于全面推进依法治国若干重大问题的决定》(2014年)、《关于加快推进生态文明建设的意见》(2015年)、《关于深化党和国家机构改革的决定》(2018年)进一步强化了企业环境信息公开的重要性。

为实现上述目标,中国企业环境信息公开立法应当从如下几个方面进行完善。

一、优先事项和公开内容的扩大化

从客观的角度看,中国立法对实施强制环境信息公开的企业的主体范围和公开的内容的范围还很狭窄。虽然这些规定在一定程度上符合中国的实际,但是,分析比较西方发达国家在这个方面的立法经验和实践效果,从中国长远的环境民主和环境法治发展的角度考虑,需要对现行规定进行细化、并依据环境治理的需要适时扩展公开的主体和内容范围。在美国、欧盟、日本等国家和地区,通常对环境信息进行公开的主体包括所有对环境造成或者可能造成不良影响或者破坏的企业。这样规定的优点在于:一方面,对所有的企业来讲,能够减少因信息公开的不对称而产生的不公平竞争,同时也传递立法对公众环境知情权保护的理念;另一方面,简单明了的规定有利于公众更加全面地获取和甄别企业公开的环境信息,便于公众有效地参与对企业的环境监督,给企业形成保护环境的压力和动力。

(一)立法的优先事项

立法应当选择环境信息公开主体的多元化和公开内容的扩大化为导向。同时,以现行法定的企业应当公开的环境信息为基础,本书认为,立法的优先将对改善企业环境行为、提高政府监管效率产生积极的影响。应当在以下两种情况下考虑优先立法。

第一种情况,污染企业是公开环境污染事故和环境事件的当然主体。法律之所以要规定企业公开环境信息的义务,是因为企业的生产经营行为存在现实的或者潜在的对于环境公共利益或者他人合法利益的危险和威胁,信息公开是为了防范和降低这种危险和威胁的程度和发生率。

因此,立法对于企业强制环境信息公开主体的规定就应当立足于现实状况和未来的需要,在参考和借鉴国外立法经验的基础上进行设计,以体现立法的前瞻性和灵活性。从应然法的角度,中国立法应当强制这类主体对环境信息予以公开,这种公开是指由企业直接向社会公众,尤其是向所在社区、附近居民公告。当发生或者可能发生环境污染事故,最直接的后果就是该事故会对人身和其他生命造成伤害、对财产造成损害,间接的后果就是可能使一个生态系统遭遇灭顶灾害。印度博帕尔碳化物泄漏、苏联切尔诺贝利核电站大爆炸以及日本地震海啸的引起的后果应当引以为鉴。

为保护人们最基本的生命健康权利,今后相关的防治环境污染法律的修订时应当与最新修订的《环境保护法》(2014 年修订)规定①相衔接、相一致,立法应当明确地规定所有发生环境污染事故和环境事件的企业向其所在社区、附近居民公告,让社区和公众能够主动地参与自救和他救,减小政府对事件处理的成本和压力。社区和公众知道的信息多了、参与和体验的机会多了,除了能够减轻政府和企业的应急压力外,也会增加他们对于事件产生、处理发展过程的理解,更能让他们形成主人翁意识并在应急中学会生存和减少损失的本领。可以预见,这样也会维持社会的稳定,降低社会矛盾的激化和社会事件的发生率。与此同时,企业当然应当向所在地主管部门和政府报告,以便于政府能综合、充分组织和实施紧急状态应急机制,并且一直保持信息渠道的畅通和及时。立法作出这样的规定,既符合中国宪法保障人权的宗旨和环境立法的宗旨,②也符合环境立法中的风险预防原则。

第二种情况,逐渐扩大危险化学品和有毒物质释放和转移的公开范围。③

---

① 《环境保护法》(2014 年修订)第 47 条第 3 款规定:"……在发生或者可能发生突发环境事件时,企业事业单位应当立即采取措施处理,及时通报可能受到危害的单位和居民,并向环境保护主管部门和有关部门报告。"

② 《宪法》(2018 年修正)第 33 条第 3 款规定"国家尊重和保障人权",该条第 4 款规定"任何公民享有宪法和法律规定的权利,同时必须履行宪法和法律规定的义务"。《环境保护法》(2014 年修订)第 1 条规定:"为保护和改善环境,防治污染和其他公害,保障公众健康,推进生态文明建设,促进经济社会可持续发展,制定本法。"

③ 《清洁生产审核暂行办法》(国家环保总局令第 16 号)第 8 条第 2 款规定:"有毒有害原料或者物质主要指《危险货物品名表》(GB12268)、《危险化学品名录》、《国家危险废物名录》和《剧毒化学品目录》中的剧毒、强腐蚀性、强刺激性、放射性(不包括核电设施和军工核设施)、致癌、致畸等物质。"

基于这类物质的危险性特征，对于有毒有害物质的监管重要的就是遵循风险预防原则，通过预防实施风险防范，这其中对有毒有害物质生产经营中的环境信息公开就显得尤其重要。

以美国为先导并在一些西方发达国家和地区积极并卓有成效地推行了企业和产品的环境信息强制披露制度。早在1986年美国就开始实施有毒化学品排放信息库与33/50计划，旨在加强公众对排放到环境中的有毒物质信息的了解，以保障公众环境知情权为手段促使企业消减污染物质的排放。至20世纪90年代，美国联邦环保局依据《紧急计划与社区知情权法案》（1986年），制定和实施有毒物质排放清单，强制要求企业必须在提交给环保局的年度报告中写明排放清单上所列的每种有毒化学品排放情况，所提供的信息要包括有关污染源的减少和回收利用的结果，并由环保局将年度报告向社会公开。由于EPCRA在美国的成功实施，很多支持者现在断言"强制性的公开分配信息"能够对完善"产业环境绩效"发生实质性影响。[①] TRI的实施效果也得到了有毒化学物质排放下降的数据支持和美国环保部的充分肯定。[②] 严峻的环境问题及这些问题对经济社会持续发展的牵制现实自然会对公众关于环境和经济的未来预期产生负面效应，因此，强制要求从事有毒有害生产经营企业公开这类物质排放和转移信息，这不仅可以减轻这样的负面效应，而且也是大势所趋。

与西方发达国家和地区相比，虽然我国监管和控制的危险化学品、重点环

---

① 原文为"Due to EPCRA's success, many proponents now argue that 'mandatory public distribution of information' can have a substantial effect on improving industrial environmental performance"。Timothy Riley, Cai Huiyan, "Unmasking Chinese Business Enterprises: Using Information Disclosure Laws To Enhance Public Participation in Corporate Environmental Decision Making", *Harvard Environmental Law Review* 33, 2009, p. 198.

② 原文为"By 1999, reportable TRI emissions had dropped by 46% despite the rapidly growing economy, a trend that led EPA to call TRI 'one of the most effective environmental programs ever legislated by Congress and administered by EPA'"。Thomas C. Beierle, "Environmental Information Disclosure: Three Cases of Policy and Politics", *Resources for the Future*, March 2003 · Discussion Paper 03-16, p. 1. http://www.rff.org/files/sharepoint/WorkImages/Download/RFF-DP-03-16.pdf，最后访问日期：2018年5月5日。

境管理危险化学品的种类和数量还存在较大的距离,①但应当肯定对企业环境信息公开的立法在这个领域已经有了实质性的进步,②可以认为这是中国推行企业强制环境信息公开的重要标志。从国家长远发展和国际交往层面考察,对危险化学品和有毒物质释放和转移信息公开内容的扩充,能够逐渐缩短中国与世界发达国家对危险化学品和有毒物质监管的效率距离,逐渐增强中国在该领域国际合作中的话语权和交流能力,同时也有利于提升企业参与国际市场竞争的能力。

(二)公开内容的逐渐扩容

本书研究假设,如果中国企业或者上市公司能够按照法律规定进行环境信息公开、遵守向政府相关主管部门报告信息的要求,如果中国行使环境监管职能的政府部门能够有效执法,如果公众的环境知情权、监督权和参与权能够得到有效的保障和救济,那么,中国企业的强制环境信息公开是能够预见具有一定的效率和公平保障的。所以,在目前中国企业环境信息公开实践还处于起步之初的形势下,问题的关键不在于企业强制环境信息公开的边界划定,而

① 以优先控制污染物(priority pollutants)和开展优先监测为例:为执行《清洁水法》和《清洁空气法》,早在1976年美国国家环保局就从7万种有机化合物及其他污染物中筛选出65类129种优先控制的污染物,其后又提出43种空气优先控制污染物名单。根据《化学品审查与制造法》的要求,日本环境厅公布1974~1985年对600种优先有毒化学品进行环境普查的结果,其中检出率高的有毒污染物为189种。1975年苏联卫生部公布了在综合用水中有害物质的最大允许浓度,其中无机物103种、有机物496种,实施10年后又补充额65种,合计达到664种;同年,又公布了工作环境空气和居民区大气中有害物质最大允许浓度,其中无机物及其混合物266种、有机物856种,合计达1122种之多。在1980年,前联邦德国120种水中有毒污染物名单。1975年,原欧洲经济共同体根据物质的毒性、持久性和生物积累性,在"关于水质项目的排放标准"的技术报告中公布了所谓的"黑名单"和"灰名单"。而在"中国环境优先控制污染物黑名单"则共有19类68种优先控制污染物,其中有机物59种、重金属及其化合物9种。参见刘绮、潘伟斌主编:《环境监测教程》,华南理工大学出版社2008年版,第9~11页;杨若明、金军主编:《环境监测》,化学工业出版社2009年版,第10~12页。

② 2015年2月27日,安全监管总局、工业和信息化部、公安部、环境保护部、交通运输部、农业部、国家卫计委、质检总局、铁路局、民航局联合发布公告《危险化学品目录(2015版)》(公告2015年第5号),共涉及2828种危险化学品,大大增加了国家对该类物质的监管力度。载安全管理网:http://www.safehoo.com/Laws/Notice/201503/385527.shtml,最后访问日期:2016年8月29日。环境保护部联合国家发改委、公安部修订发布新版《国家危险废物名录》(环境保护部国家发展和改革委员会公安部令第39号),将危险废物调整为46大类别479种,将具有危险特性的危险化学品全部纳入。新版《国家危险废物名录》坚持问题导向,以实现危险废物精细化管理为目标,坚持以环境风险控制为原则,采用全过程控制和分类管理手段达到防止和抑制其对环境和人体健康的危害。

在于对已有法律规范的严格执行。因为,只有执行了、不断地进行实践,才能意识到并发现已有规范的不足和缺陷、从而在实践的基础上使立法不断地走向完善;但是现行中国严峻的环境危机已迫使立法不断扩充企业强制环境信息公开的内容。2008年上海证券交易所发布《上市公司环境信息披露指引》,对在上海证券交易所上市交易的公司的强制环境信息公开进行了较详细的规定,该指引的实施在一定程度上强化了制度的执行效力,同时,也为中国推行企业强制环境信息公开奠定了实践和立法基础。

虽然如此,立法还是应当设立比较清晰的边界,这样才能使企业在信息公开中的权利义务界限明确,使得法律规范在企业、政府和公众层面都具有可操作性,立法目的才有可能达成。对于企业强制环境信息公开边界的确定,应当区别于其他法律制度边界的确定。由于它与自然生态环境相联系,因此应当考虑到:环境本身的价值及其现实的和潜在的利益,对企业环境行为负外部性的消除或减小,企业进行环境信息公开的成本及其对企业的收益,公众获取环境信息的成本等相关因素。考虑到中国实施企业强制环境信息公开制度的现状,立法应当采取循序渐进的模式,逐渐扩充强制公开的信息范围,同时还应当保证有清晰的程序约束规则以实现立法过程的透明化。

二、责任立法的强化

考察中国现行有关企业强制环境信息公开的责任立法,对于责任立法规定条款不多,通常为行政责任,形式包括责令停止违法行为、责令限期改正、责令停产停业、警告、罚款,还有代为公布等。[①] 中国立法的这种现状不足以推进该项制度的实施,时间长了可能会流于形式和宣传或者只能作为科研课题的研究对象,这样会损害一个强有力制度在人们心中的严肃性、降低该项制度的法律权威。作为一个强制性的法律制度,应当有确定的法律责任与之相对应,只有这样才能使制度产生实质性的实施效果。本书认为,对于强制公开责任的设计,应当依据环境信息公开的特征予以规定,创新责任追究机制。

(一)与环境污染和破坏的责任机制相协调

企业环境信息公开不能只是表现为一种形式,由于环境信息实际上与人

---

① 例如,《清洁生产促进法》(2012年修订)第36条、第39条第2款的规定,《环境保护法》(2014年修订)第62条规定,《企业事业单位环境信息公开办法》(环境保护部令2014年第31号)第16条第1款的规定。

们的生活、生产乃至生存密切相关，因此立法更应当关注企业环境信息公开的终极目标。环境信息公开的形式目的是能够让公众取得环境信息、保障公众环境知情权的实现，但实际上是为了监督和督促企业遵守环境法律规范、完善企业环境行为，最终保护环境、实现经济社会发展与环境保护的协调。在中国现行的环境立法中，与企业环境信息公开的责任规定相比较，对于环境污染和环境破坏的责任追究的规定相对具体和详细，因此，将企业强制环境信息公开的责任追究与通常环境污染损害的责任追究协调起来，将有利于发挥该制度在环境治理中的作用。这种制度或机制之间的协调，相对于单独重构一项新的制度或者制度的实施机制，就效率而言将有利于减小制度的执行成本和制度建构中的立法成本，从规范化的角度将有利于促进环境法律体系的一体化建设。

（二）其他特别法律规定中责任追究机制的借鉴

结合其他特别法律规范中的责任追究的特别规定，利用立法理念、原则乃至法律制度生成实施环境的某些共性特征，寻求责任追究部门之间的信息共享和联动机制、形成合力，从而减轻只有环保部门在环境治理中长期单打独斗的局面。比如，按照现行《公司法》的规定，在取得公司登记时，如果当事人提交公司环境行为的虚假材料或者采取其他欺诈手段隐瞒公司重要的环境事实，那么就可以由公司登记机关对企业的欺诈行为追究责任。① 现行《证券法》规定证券监管机构有权对违反上市公司信息披露的行为追究责任，这其中就有可能涉及要求披露的环境信息。②《食品安全法》针对食品安全中的信息通报、公布和报告，对卫生行政、质量监督、工商行政管理、食品药品监督管理、出入境检验检疫等部门间的联动作了比较详细的规定，这也是企业环境信息公开立法时可以借鉴的做法。③

（三）信息发布责任人的责任追究制度的引入

第一，强化企业和第三方认证机构的信息公开责任。企业是企业的环境信息的拥有者、制作者和最终公开者，而第三方是独立的、对企业环境信息的合法性和真实性进行公平认证的机构，因此企业与第三方认证机构之间是既

---

① 参见《公司法》(2013 年修正)第 198 条。

② 参见《证券法》(2013 年修正)第 193 条规定。

③ 《食品安全法》(2015 年修订)第 6 条、第 8 条、第 18 条、第 20～23 条、第 90～93 条、第 96 条、第 99 条、第 101 条、第 102 条、第 106 条、第 111 条、第 145 条给出了较详细的规定。

独立又密切联系的关系。它们各自存在独立的权利义务,同时共同承担向国家和公众及时地、合法地、真实地传递信息的法定义务和责任。在通常情况下,对企业信息(包括环境信息在内)的公开,是经过企业管理者审批或者经过企业管理部门研究后由企业对外公开,或者在经过第三方认证机构认定、由企业决定后予以发布。站在法律的角度,责任与权利是相对应的,既然信息的发布是经过管理者或者董事会审定的,或者是第三方认证的,那么他们就应当承担信息公开的法律后果。只有这样,才能保障企业对于信息公开的严肃性,也维护了环境信息公开这一法律制度的尊严,相应地,企业强制环境信息公开才有可能产生立法上的预期效果。现在中国的发展趋势是,法律要求企业对外公开的环境信息应当经过独立第三方认证后发布。这一立法理念和立法技术在中国相关立法中已经有所体现,应当说对这些法律规范的实施能对法律实践产生实质性的推动作用。比如,现行《食品安全法》规定食品安全认证机构、食品检验机构应当对认证的食品安全、检验的食品信息的认证结果承担直接责任。[①]《会计法》(2017 年修正)第 40 条、第 43 条、第 44 条集中对会计从业人员提供虚假财务会计报告,做假账,隐匿或者故意销毁会计凭证、会计账簿、财务会计报告,伪造、变造会计凭证、会计账簿的违法行为规定了严格的资格退出机制以及行政、刑事责任。《注册会计师法》(2014 年修正)第 20 条强制规定注册会计师在执行审计业务时应当拒绝,第 21 条强制规定出具审计报告时不得作为的情形,否则将招致对行政的或者刑事的责任承担。[②] 上述相关法律规定均具有对企业环境信息公开责任的借鉴作用。在环境立法中具有进步意义的是,《清洁生产促进法》(2012 年修订)对不如实评估验收或者在评估验收中弄虚作假的行为规定了相应的行政或者刑事制裁措施,[③]2014 年

① 参见《食品安全法》(2015 年修订)第 80~85 条、第 148~151 条规定。

② 《注册会计师法》(2014 年修正)第 39 条第 2 款规定:"注册会计师违反本法第二十条、第二十一条规定的,由省级以上人民政府财政部门给予警告;情节严重的,可以由省级以上人民政府财政部门暂停其执行业务或者吊销注册会计师证书。"第 3 款规定:"会计师事务所、注册会计师违反本法第二十条、第二十一条的规定,故意出具虚假的审计报告、验资报告,构成犯罪的,依法追究刑事责任。"

③ 《清洁生产促进法》(2012 年修订)第 39 条第 2 款规定,对违反该法第 27 条第 5 款规定,对"不如实评估验收或者在评估验收中弄虚作假"的行为,"对直接负责的主管人员和其他直接责任人员依法给予处分;构成犯罪的,依法追究刑事责任"。

修订通过的《环境保护法》的连带责任规定,[①]将有利于防范环境服务机构的信息欺诈行为。

第二,强化政府环境信息公开的责任。政府独特的、强势的社会地位决定了它应当承担比企业更多的义务和责任。[②] 随着现代信息科技的快速发展,政府对环境监管的能力加强,获取和占有与企业相关的环境信息的能力比企业强大。在实施环境信息公开中,政府和企业的作用相辅相成、互为作用和促进。因此,加强政府对环境信息的公开力度和责任,政府良好的表率作用将有利于更好地引导、督促企业依法实施环境信息公开制度,促进企业改善环境行为。

三、司法救济功能的强化

(一)环境立法中的救济规定的强化

虽然说 2014 年修订的《环境保护法》提出符合条件的组织可以提起公益诉讼,但是这只是针对"污染环境、破坏生态,损害社会公共利益的行为"提

---

① 《环境保护法》(2014 年修订)第 65 条规定:"环境影响评价机构、环境监测机构以及从事环境监测设备和防治污染设施维护、运营的机构,在有关环境服务活动中弄虚作假,对造成的环境污染和生态破坏负有责任的,除依照有关法律法规规定予以处罚外,还应当与造成环境污染和生态破坏的其他责任者承担连带责任。"

② 然而,调查显示:(1)并不是所有的政府网站都公布了污染源数据,仍有上百个重点城市的监管信息有待进一步公开。(2)即使公开污染源监测数据的网站,也存在限制访问的现象。(3)在申请地方政府数据的时候,或被环保各部门互相推诿,或以涉密等理由拒不公开,或人为故意垄断环境信息、阻挠环境信息公开,或直接没有回应。参见徐丽莉:《污染地图正在发力》,载中国环境保护部网:http://www.mep.gov.cn/ztbd/szhb/201504/t20150413_298909.htm,最后访问日期:2015 年 5 月 30 日。贺桂珍等在《办法(试行)》实施两年后,对全国 31 个省/市/自治区、5 个计划单列市和 27 个省会城市的环境保护厅/局实施统计调研后认为:"环境信息公开没有列入政治优先议程是《办法》实施的最大障碍,并且与目前中国体制中长期的信息管制、保密制度和信息垄断有关。"参见贺桂珍等:《中国政府环境信息公开实施效果评价》,载《环境科学》2011 年第 11 期; Lei Zhang et al., "An Implementation Assessment of China's Environmental Information Disclosure Decree", *Journal of Environmental Sciences* 22, 2010, pp. 1649 – 1656。不过可以预期,经国务院批准,由国务院办公厅对国家工商总局关于《政府部门涉企信息统一归集公示工作实施方案》复函(国办函〔2016〕74 号)的实施,将会大大改善上述状况,促进政府依法主动公开其拥有的企业环境信息。

起,并未针对企业违反强制环境信息公开法律规定的情形而实施。① 而实际上,基于环境信息的公共性和其所涉及不确定利益群体的多元性,环境公益是否包含环境信息的内容、环境公益诉讼能否在企业强制环境信息公开领域适用仍然具有理论研究和实践探索的价值,通过环境公益诉讼监督企业强制环境信息公开的实施仍具有可行性。在中国司法职权优化配置的改革中,建立了检察机关提起公益诉讼制度②的探索实践,同时,中国最高人民法院相继出台了相关司法解释,更为有利的是 2017 年 6 月 27 日第十二届全国人民代表大会常务委员会第二十八次会议对《民事诉讼法》和《行政诉讼法》的修正,③为通过公益诉讼制度推进企业强制环境信息公开制度的实施提供了新的契

---

① 《环境保护法》(2014 年修订)第 58 条第 1 款规定:"对污染环境、破坏生态,损害社会公共利益的行为,符合下列条件的社会组织可以向人民法院提起诉讼:(一)依法在设区的市级以上人民政府民政部门登记;(二)专门从事环境保护公益活动连续五年以上且无违法记录。符合前款规定的社会组织向人民法院提起诉讼,人民法院应当依法受理。"

② 参见中共中央《关于全面推进依法治国若干重大问题的决定》(2014 年 10 月 23 日),载中央政府门户网站:http://www.gov.cn/zhengce/2014-10/28/content_2771946.htm,最后访问日期:2018 年 5 月 5 日。2015 年 5 月 5 日中央全面深化改革领导小组举行第十二次会议,审议通过《检察机关提起公益诉讼改革试点方案》,强调重点是对生态环境和资源保护、国有资产保护、国有土地使用权出让、食品药品安全等领域造成国家和社会公共利益受到侵害的案件提起民事或行政公益诉讼,更好维护国家利益和人民利益。2015 年 7 月 1 日第十二届全国人大常委会第十五次会议作出《关于授权最高人民检察院在部分地区开展公益诉讼试点工作的决定》。2016 年 1 月 6 日,最高人民检察院发布《人民检察院提起公益诉讼试点工作实施办法》,共四章 58 条,在《检察机关提起公益诉讼试点方案》的基础上,对其规定比较原则的,作了进一步解释;对其中没有规定而实践需要予以规范的,作出具体规定。该实施办法对检察机关提起公益诉讼的线索来源、线索移送、立案程序、调查核实、举证责任等内容作了规定,对诉前程序等内容作了进一步强调,确保试点工作在法律框架和授权范围内开展。《行政诉讼法》(2017 年修正)第 25 条第 4 款规定:"人民检察院在履行职责中发现生态环境和资源保护、食品药品安全、国有财产保护、国有土地使用权出让等领域负有监督管理职责的行政机关违法行使职权或者不作为,致使国家利益或者社会公共利益受到侵害的,应当向行政机关提出检察建议,督促其依法履行职责。行政机关不依法履行职责的,人民检察院依法向人民法院提起诉讼。"《民事诉讼法》(2017 年修正)第 55 条第 2 款规定:"人民检察院在履行职责中发现破坏生态环境和资源保护、食品药品安全领域侵害众多消费者合法权益等损害社会公共利益的行为,在没有前款规定的机关和组织或者前款规定的机关和组织不提起诉讼的情况下,可以向人民法院提起诉讼。前款规定的机关或者组织提起诉讼的,人民检察院可以支持起诉。"

③ 这些司法解释包括:最高人民法院、最高人民检察院《关于办理环境污染刑事案件适用法律若干问题的解释》(2013 年),最高人民法院《关于审理环境民事公益诉讼案件适用法律若干问题的解释》(法释〔2015〕1 号),最高人民法院《关于审理环境侵权责任纠纷案件适用法律若干问题的解释》(2015 年)。

机。比如,2015 年 6 月 3 日生效的最高人民法院《关于审理环境侵权责任纠纷案件适用法律若干问题的解释》第 10 条有关“证据”的规定、第 16 条对于“弄虚作假”的解释,①都有利于强化企业依法进行环境信息公开的行为。从自然之友发布的 1995 ~ 2015 年中国环境公益诉讼统计图示,我们可以相信,这类诉讼终究会成为企业推行环境信息公开制度的新的法治力量。②

2014 年国务院和国家环保部的相关立法已经也初步显示了进步迹象。《企业信息公示暂行条例》(国务院令第 654 号)第 13 条第 1 款规定:“公民、法人或者其他组织发现企业公示的信息虚假的,可以向工商行政管理部门举报,接到举报的工商行政管理部门应当自接到举报材料之日起 20 个工作日内进行核查,予以处理,并将处理情况书面告知举报人。”第 17 条第 1 款规定:“有下列情形之一的,由县级以上工商行政管理部门列入经营异常名录,通过企业信用信息公示系统向社会公示,提醒其履行公示义务;情节严重的,由有关主管部门依照有关法律、行政法规规定给予行政处罚;造成他人损失的,依法承担赔偿责任;构成犯罪的,依法追究刑事责任:(一)企业未按照本条例规定的期限公示年度报告或者未按照工商行政管理部门责令的期限公示有关企业信息的;(二)企业公示信息隐瞒真实情况、弄虚作假的。”然而,上述规定只是对企业信息公示违法的救济,并非直接针对企业强制环境信息公开设定。所以,该规定对后者的实施具有引导作用,能否直接适用以及如何适用、可否援引,还有待从理论和实践两个层面的深入探讨。《企业事业单位环境信息公开办法》(环境保护部令第 31 号)第 15 条第 2 款规定:“公民、法人和其他组织发现重点排污单位未依法公开环境信息的,有权向环境保护主管部门举

---

① 参见最高人民法院《关于审理环境侵权责任纠纷案件适用法律若干问题的解释》(2015 年)第 10 条规定:“负有环境保护监督管理职责的部门或者其委托的机构出具的环境污染事件调查报告、检验报告、检测报告、评估报告或者监测数据等,经当事人质证,可以作为认定案件事实的根据。”第 16 条规定:“下列情形之一,应当认定为环境保护法第六十五条规定的弄虚作假:(一)环境影响评价机构明知委托人提供的材料虚假而出具严重失实的评价文件的;(二)环境监测机构或者从事环境监测设备维护、运营的机构故意隐瞒委托人超过污染物排放标准或者超过重点污染物排放总量控制指标的事实的;(三)从事防治污染设施维护、运营的机构故意不运行或者不正常运行环境监测设备或者防治污染设施的;(四)有关机构在环境服务活动中其他弄虚作假的情形。”

② 自然之友:《[图说]中国环境公益诉讼 1995 ~ 2015》,载微信公众平台:http://mp.weixin.qq.com/s?__biz=MjM5OTY1MTc4MA==&mid=2652698156&idx=1&sn=39b156cd5289ce42765cd977608e9f55&scene=5&srcid=0829DigK7n544iy0FgzPRNC0#rd,最后访问日期:2016 年 9 月 7 日。

报。接受举报的环境保护主管部门应当对举报人的相关信息予以保密，保护举报人的合法权益。"不过，本条款也不是全部意义上的救济，实际上还是停留在行政执法的层面上。该规定显示，对企业强制环境信息公开司法监督的功能仍然缺失，真正意义上的司法救济程序并没有启动。

（二）相关立法中救济规定的借鉴

本书在对与企业信息公开相关的其他立法的考察之后发现，这些立法关于权利救济的规定值得企业强制环境信息公开救济立法的借鉴。在《食品安全法》（2015 年修订）第 13 条中，法律赋予任何组织或者个人"有权举报食品生产经营中违反本法的行为，有权向有关部门了解食品安全信息，对食品安全监督管理工作提出意见和建议"的权利基础，而在该法其他相关条款中也有对食品生产经营企业强制公开相关信息的强制性规定，因此，任何组织或者个人对于企业的违反该法的行为进行举报就自然于法有据。最新修正的《安全生产法》（2014 年修正）也维持了类似的立法逻辑。① 基于会计准则和规则对会计和审计从业人员信息公开的特殊性，相类似的规定在《会计法》（2017 年修正）第 30 条、第 48 条也得到了体现②。

与上述救济不同的是，最高人民法院《关于审理证券市场因虚假陈述引发的民事赔偿案件的若干规定》（法释〔2003〕2 号）对信息披露义务人违反证券法律规定，在证券发行或者交易过程中，对重大事件作出违背事实真相的虚假记载、误导性陈述，或者在披露信息时发生重大遗漏、不正当披露信息的行为造成的证券市场投资人损失规定了民事赔偿责任。

考察上述不同法律关于救济的法律规范发现，这些规定都有相类似的构

---

① 《安全生产法》（2014 年修正）第 50 条、第 51 条先行规定了生产经营单位从业人员的相关权利，即对本单位的作业场所和工作岗位存在的危险因素、防范措施及事故应急措施的了解权、对安全生产工作中存在的问题提出批评、检举、控告和提出建议的权利。有了上述法律预设的权利基础之后，该法第 71 条才赋予任何单位或者个人对事故隐患或者安全生产违法行为的报告或者举报权利，第 72 条才规定居民委员会、村民委员会发现其所在区域内的生产经营单位存在事故隐患或者安全生产违法行为时，向当地人民政府或者有关部门报告的权利和义务。

② 《会计法》（2017 年修正）第 30 条规定："任何单位和个人对违反本法和国家统一的会计制度规定的行为，有权检举。收到检举的部门有权处理的，应当依法按照职责分工及时处理；无权处理的，应当及时移送有权处理的部门处理。收到检举的部门、负责处理的部门应当为检举人保密，不得将检举人姓名和检举材料转给被检举单位和被检举人个人。"第 48 条规定："违反本法第三十条规定，将检举人姓名和检举材料转给被检举单位和被检举人个人的，由所在单位或者有关单位依法给予行政处分。"

成要件:(1)企业或者从业人员有法定的公开某一信息的义务。(2)上述主体存在或者假设存在违背法定的信息公开义务的行为,或者违法行为导致他人利益的损失。(3)法律规定某一、某类或者不确定的组织或者个人具有针对上述主体违法行为行使救济的权利。这样救济才能满足程序法所要求的权利义务逻辑联系,以起到对信息公开主体的信息公开行为的监督作用。对于企业强制环境信息公开救济的设计,同样应当考虑到上述救济形成要件,从而使对救济制度的立法设计具有逻辑上的彼此关联性。企业强制环境信息公开制度的设计固然重要,但是制度产生的效果却有赖于企业的主动实施和配合,合理而完善的救济程序将有利于推动企业主动实施法定的环境信息公开。

2008 年中国实施《办法(试行)》,正式开启了企业环境信息公开的实践和制度探索,经过 7 年的实践探索,中国企业强制环境信息公开制度立法和实践已进入全面深化阶段,但现行立法却表现出与新的环境治理体系和环境治理能力建设的要求存在诸多的不吻合状态。改变这种不吻合状态的关键点,就是通过立法设计充分发挥企业对制度实施的积极性,2014 年修订后的《环境保护法》则进一步强化了该制度建设的内涵。在中国新的改革形势下,借鉴国外制度实践经验、整合和协调中国现行相关立法,对企业强制环境信息公开主体、内容与边界的明晰界定,加强对企业强制公开行为的监督管理,对提升企业经济效益、促进企业环境民主治理是一种合理化选择。从深层次思考,该项制度在企业的实施效果的增强,会有利于促进企业整体环境守法水平,将有利于制度的体系化建设,如在强化对企业的强制性信息公开立法的同时又倡导和激励企业的自愿公开;这样便会提高制度运行的综合效率,最终也会为建设中国环境治理体系、提升环境治理能力产生积极的推动作用。

第五章 企业自愿性环境信息公开制度

党的十八届三中全会指出,市场在资源配置中起决定性作用。这为企业进行自愿环境信息公开、提升企业环境治理能力指出了新的政策导向,会更有利于企业自愿公开环境信息。从企业特点考虑,企业的自愿行为在环境信息公开中或许更为重要,然而,企业自愿性与强制性之间则是互为影响、相互促进的关系。在现实中和理论上,法定或者非法定的、企业内部或者外部的因素决定了企业的自愿行为存在限度,应当从法律上予以适当的约束。我国的立法可以借鉴国外的经验,以综合考虑各相关主体的利益与责任、制度设计的公平与效率为基础,选择性地对自愿性企业环境信息公开进行制度建构。

在中国企业环境信息公开制度立法架构中,强制性规范占据主导地位,[①]自愿性规范位居其次。然而这并不利于该制度的建设,立法应当加强对自愿性企业环境信息公开制度的设计和规制,从而能够从整体上提高制度的实施效果。

---

① 这些立法如,《环境保护法》(2014 年修订)、《清洁生产促进法》(2012 年修订)、《政府信息公开条例》(2007 年)、《办法(试行)》(2007 年)、《企业事业单位环境信息公开办法》(2014 年)等。

第一节　自愿环境信息公开制度的理论求证与实践基础

一、法理层面上的合理性求证

企业环境信息公开除法定的强制性公开而外，还有自愿性环境信息公开。比如，美国等西方国家十分重视并且强调自愿性信息披露。美国财务会计准则委员会（Financial Accounting Standards Board，FASB）于1994年和2001年先后发表了《改进企业报告：以用户为导向》和《改进财务报告：增强自愿性披露的透视》的研究报告，对用户信息需求进行广泛调查，针对上市公司的自愿性信息披露问题进行研究。可以看出，在形式上是对"报告"的改进，但在实质意义上却是引导企业在用户需求导向下的自愿信息披露行为。自愿披露信息应当遵循服务用户的价值取向，企业自愿环境信息公开同样应当遵循用户优先的原则。如果从法理层面解读，可以理解为企业对用户权利的一种尊重，通过对用户权利的尊重来实现企业法定利益的最大化。

通过法律设定企业自愿环境信息公开有其合理性。沃特（Voyt）（1995年）认为，积极主动的环保政策有多个有利的地方：第一，有助于通过审核程序确定环保成就的可信性；第二，可使消费者确信企业对环保管理的承诺；第三，可保持和公众及社区的良好关系；第四，可达到销售商认定的准则，改善企业形象和市场占有份额；第五，减少需要承担法律责任的事故；第六，显示对环境的合理关注；第七，改善企业和政府的关系。① 这里隐含着以诚信作为企业行为的准则和基础。从环境行政实施的实际效果考虑，很多时候某些法定的强制性的义务往往需要借助非法定义务，或者介于二者之间的义务状态才能实现立法的终极目标，强制性环境信息公开与自愿性环境信息公开或许应当考虑到这样一种现实的规律性。原田尚彦在其著作中强调了"非权力性导向措施"的重要性，②这样的"非权力性行政手段"往往更容易缓解企业对于相关

① ［美］乔治·恩德利等：《中国和欧盟环境法的比较》，上海交通大学出版社1999年版，第137页。

② 原田尚彦指出，在公害控制中，依靠法律和条例的权力性限制不过是极小部分，大多数都是通过行政指导、缔结公害防止协定等多种非权力性行政手段的实施才有效地得以实现的，这些非权力性导向措施，在实践中发挥着重要的作用。参见［日］原田尚彦：《环境法》，于敏译，马骧聪审校，法律出版社1999年版，第62页。

法律或者政策的紧张乃至抵触情绪，取得企业的认同。对于制度设计和运行的推进需要作如下考虑，企业在决定是否实施自愿环境信息公开时存在矛盾的心理状态，“信号传递理论”和“专有性成本理论”很好地诠释了企业这种心理的原因，①制度设计能够照应到企业的正当心理需求就会获取企业对于制度实施的认同。

上述“非强制性规范”有点类似于国际法中的“软法”概念。考察《里约宣言》《21 世纪议程》这样的国际性文件，即使不能对成员国产生法律约束，也同样是受到国际舆论的监督，监督的后果会直接影响到该国的国际形象。更有甚者，还可能影响到该国参与国际交流和实践的成果。同样的道理，对于企业自愿性（非强制性）环境信息公开，虽然其本身不具备强制性效果，但是，如果企业没有为环境信息公开付出相应的努力和行动，那就得不到社会公众的好评，从而影响该企业的社会形象，从长远讲也会对企业今后的经营产生不利影响。这种非强制性规范效应，就有些类似于国际法中的“软法”效应或“软法条款”效应。但是，在环境信息公开方面，要想企业能够自愿持续付出努力，还是应当有完善的制度、机制做保障，从而使企业能够获得动力，处于一种持续的被激励状态。学者们对上市公司自愿性信息披露影响因素的研究显示：除股权集中度外，公司结构中的投资者、股权性质、董事会结构、高管对公司自愿信息公开影响的结果存在正向和负向不统一现象；然而，外部因素如交叉上市、竞争的影响则体现为一致性。② 因此，制定有利于优化不完善的公司治理结构的现实需求构成了制定和完善公司自愿环境信息公开政策和法律规范的现实经济基础。为了适应新形势下对上市公司信息披露监管的新要求，提高上市公司信息披露质量，增强监管透明度，2013 年 10 月 7 日上海证交所拟定并实施了《上海证券交易所上市公司信息披露工作评价办法（试行）》，对公司自愿信息披露激励机制进行了创新。该办法通过第 16 条、第 21 条、第 25 条的规定，将上市公司“能够积极主动地开展自愿性信息披露”作为评价计分时酌情予以加分的主要依据之一、A 类信息披露优秀类公司的重要内容，并将评

---

① “信号传递理论”由经济学家斯宾塞（A. Michael Spence）1972 年提出，指公司通过传递公司价值信号以减少投资者的逆向选择。“专用性成本理论”由约万诺维奇（Jovanovic）于 1982 年提出，从“竞争劣势成本”的角度解释了公司不愿主动公开信息的原因。参见高明华、张祚禄、杨丹：《中国上市公司自愿性信息披露指数报告（2014）》，经济科学出版社 2014 年版，第 12 ~ 13 页。

② 高明华、张祚禄、杨丹：《中国上市公司自愿性信息披露指数报告（2014）》，经济科学出版社 2014 年版，第 15 ~ 19 页。

价和监管分类结果在上市公司范围内通报、记入诚信档案、向社会公开、通报中国证监会上市公司监管部门和上市公司所在地证监局。① 这将对已经在或者准备在上海证券交易所上市的公司的自愿环境信息公开行为产生积极的导向和推动作用。福奇(Fouchy)(1996年)在对欧洲的实践研究后认为,欧洲委员会制定的环保指令打破了传统的强制命令和市场调节的策略,为企业提供改善环境的动力,对整个社会产生环境保护的影响力。② 所以,政府的政策改革和法治推进作用很关键,"可以尝试因势利导,强化信息披露在市场机制中的作用,通过创造公平的、但有强大约束力的市场环境",③推动企业自愿性信息披露水平的提升,因为"自愿性信息披露水平的提高必定在某种程度上有利于修正投资者的先验概率,有利于降低融资约束"。④

二、基于法律实践的合法性

(一)欧盟自愿生态管理和审计计划

环境问题的解决和环境守法是当代企业无法绕行、需要面对的门槛,它涉及企业管理、工艺运行和产品服务经营的全过程,环境审计正是维系这一过

---

① 《上海证券交易所上市公司信息披露工作评价办法(试行)》第16条规定:"上市公司在信息披露及其他专项工作等方面表现突出的,将在评价计分时酌情予以加分。加分主要考虑的因素包括:(一)上市公司及相关信息披露义务人的自愿性信息披露情况;(二)上市公司给予投资者回报情况;(三)上市公司通过本所"上证e互动"网站、召开投资者说明会等形式与投资者进行沟通交流情况;(四)上市公司获得本所颁发的公司治理、信息披露及其他专项奖情况;(五)本所认定的其他事项。"第21条规定:"根据上市公司信息披露工作的评价情况,本所将上市公司分为A、B、C、D四大监管类别。其中,A类为信息披露优秀类公司,该类公司及相关主体运作规范,评价期内的信息披露真实、准确、完整、及时、公平,能够积极主动地开展自愿性信息披露等投资者关系管理活动;B类为信息披露良好类公司,该类公司及相关主体运作基本规范,评价期内的信息披露基本满足真实性、准确性、完整性、及时性和公平性的要求;C类为信息披露合格类公司,该类公司及相关主体评价期内的信息披露或规范运作存在一定瑕疵,但未对投资者投资决策产生较大影响;D类为信息披露不合格类公司,该类公司及相关主体评价期内的信息披露或规范运作存在严重问题,严重误导投资者投资决策或给投资者利益造成重大损失。"第25条规定:"本所将上市公司信息披露工作评价和监管分类结果在上市公司范围内通报,记入诚信档案,并向社会公开。本所将上市公司信息披露工作的评价和监管分类结果通报中国证监会上市公司监管部门和上市公司所在地证监局。"

② [美]乔治·恩德利等:《中国和欧盟环境法的比较》,上海交通大学出版社1999年版,第115页。

③ 高明华、张祚禄、杨丹:《中国上市公司自愿性信息披露指数报告(2014)》,经济科学出版社2014年版,第198页。

④ 同上。

程健康推进的重要制度。无论是企业内部审计还是外部监督审计，只要按照审计规律运行都能对企业环境管理产生积极效应，推动企业环境守法档案的建立，影响环境信息公开制度的实施。一个运行有序的企业环境审计制度的建立，有利于形成和维持企业良好的内外部制度环境，最终使企业受益。

欧洲的自愿生态管理和审计规划（Voluntary Eco Management and Auditing Scheme，EMAS）是国际环境管理体系标准 ISO14000 的前身，或者说 ISO14000 是建立在 EMAS 基础之上。魏斯曼（Wiesmann）1994 年的研究将内部环保审计公开、第三方认证与企业资格联系到一起。也就是说，企业加入 EMAS 的门槛必须符合上述两个约束条件，缺一不可。① 在企业与第三方之间存在相互依赖和促进的关系：（1）企业存在认证的需求，它必须以内部审计作为基础和原动力，参与 EMAS 是企业生存合法性的选择，其义务就是公开相关信息；（2）第三方认证是一种保障，以满足企业的需求，它保障信息公开的真实性、公正性乃至合法性，对外公平宣示企业的信誉。斯特利基（Stringer）和罗伯特（Robert）两人的实证研究（1996 年）说明，对于 EMAS 的加入，企业更多地表现出了一种积极的自愿意志和行为。② 企业更多地是希望能够从市场机制所提供的机会中获取更有效的经济效果，变企业服从法律的被动状态为守法得利的主动状态，形成企业守法和企业经营效率之间的良性循环。福奇的研究显示，EMAS 达标的企业获得的一个明显的软实力就是，他们环保的努力得到了社会的认可，企业的环保信誉将蕴含着无限的社会资源商机。③ EMAS 标志又自然成为该公司的另一种向社会公开的环境信息，它不仅是一种声誉象征，如该标志可以在它的出版物、信笺和在它的形象宣传中使用，该标志更是一种实力显示，标志着企业对一种新的竞争实力的拥有。

（二）澳大利亚的立法实践

澳大利亚的《公司法》规定，公司拥有必要的制度来证明它们是如何履行法定要求的，包括合适的环境管理制度。但是，“环境要求的认定和遵守需要

---

① ［美］乔治・恩德利等：《中国和欧盟环境法的比较》，上海交通大学出版社 1999 年版，第 87 页。

② 同上。

③ 同上。

达到 ISO14000 系列认证的最低标准”。[①] 在绝大多数国家，ISO14000 系列环境管理体系标准是企业环境管理的选择要件，虽然已成为一种公司环境自治趋势，但仍是自愿行为。澳大利亚的《公司法》的最低标准规定则是一种进步和立法创新。

澳大利亚《污染土地管理法》（1997 年）第 26 条规定，环保署可以就土地的调查和治理与当事人签订自愿（调查或治理）协议，哪怕履行这样的自愿协议需要很大的额外资金开支，他们也接受这种选择。在新南威尔士的土地污染方面，在可能面临监管行动时，根据自愿治理令或者其他自愿治理方式采取治理措施的情形很多，如公司会安装防污设施、采取减轻措施等来避免正式的行政命令。尽管这些行动的花费经常大大超过法院判决的罚金或者赔偿金数额。从公司的角度来看，通常这是一笔巨大的、意外的支出款项，[②]但他们还是愿意做出这样的选择。这一立法考虑到了该国的文化传统，符合澳大利亚人不愿诉讼也尽力回避行政监管的特点。我国现行的《办法（试行）》第 19 条第 7 项也有规定，鼓励企业自愿公开与环保部门签订的改善环境行为的自愿协议。

第二节　自愿性企业环境信息公开范围的边界

在津地裁 1997 年 6 月 19 日判决案中，[③]该法院的判决对于企业环境信息公开中的自愿性公开问题，给出了合理化的司法建议，即自愿的环境信息就应当符合企业意愿，但法定的公开就应当遵守。[④] 也就是说，对于自愿性公开，因为法律上没有作出强制性规定，所以更多的应表现为企业的自愿行为，这样对企业本身、对其他利益相关方都有益无妨；言下之意，法律应当尊重和维护企业对自愿行为的战略选择，因为它涉及企业对未来可持续发展、开展市场竞

---

① Donna Craig：《澳大利亚环境法中的工业用地治理》，载黎莲卿、玛利亚·索科罗·Z.曼圭亚特主编：《亚太地区第二代环境法展望》，邵方、曹明德、李兆玉译，法律出版社 2006 年版，第 135 页。

② 同上书，第 141 页。

③ ［日］黑川哲志：《环境行政的法理与方法》，肖军译，中国法制出版社 2008 年版，第 88 页注释②。

④ 该司法建议具体为：“这些信息由企业自己公开更好，但基于企业没有公开义务的现状，应该积极实施信息公开条例中的公开”。参见［日］黑川哲志：《环境行政的法理与方法》，肖军译，中国法制出版社 2008 年版，第 89 页。

争的规划。但是,如果是法定的、强制性的信息公开义务那么企业就应当积极履行。从另一个层面考虑,我们也可以从企业自愿采取防止污染、控制污染的措施,以便能在竞争中处于有利地位的情形中获得启发。企业的自愿选择符合自由市场下的生存竞争规律,积极的行动能够为企业未来的发展预留竞争先机、为抢占市场制高点带来主动。① 同理,企业自愿进行环境信息公开,可能随着社会经济和环境发展的需要,这种自愿就会变为法定要求,那么先前自愿进行环境信息公开的企业实际上已经未雨绸缪,就会早占市场竞争的先机、并把握住有利的市场竞争份额。

一、因企业内部、外部因素作用而导致的边界模糊性

对于环境信息的自愿公开问题,因为法律没有强制规定企业公开的内容,在企业对环境信息的公开还不是很普遍、有些经济学研究者还多有质疑、市场竞争规制体系并不完善的情形下,企业对此所持的态度往往是多一事不如少一事、不公开为妙,甚至有的企业对抗这种形式的公开也不足为怪。搭乘别的企业自愿公开环境信息的便车获利,这也符合企业理性经济人的行为常态。然而,在现代信息社会,外界环境的变化并不是企业设想的如此简单,为企业发展的长久之计,或许更有必要优先考虑环境信息自愿公开的诸多事项。

1. 环境问题复杂性使然。随着经济的不断发展,环境问题却按照其自身发展的规律呈现出跨境、跨要素的复杂多样性状态,与各环境要素相关的环境问题已作为一个整体相互制约、相互渗透并发挥乘数效应。比如,含铅粉尘进入大气之后,不仅造成大气重金属污染,而这些粉尘通过雨雪降落到地面,进入地表水、渗入地下水和进入土壤,造成了水体和土壤的污染,继而通过食物链进入生物体内富集造成更加严重的生物污染损害。这种乘数效应产生的影响会远远超过各个环境要素污染影响的总和。这种后果并不是由政府或者其执法主体独自承担,更为重要的是这种损害效应会降临到企业的身上。

---

① “当国家的环保部门发现技术已经成熟,并且已应用于企业,很可能采取这样的措施会成为将来的硬性要求。在这种情况下,领先采取措施的企业就可以得到社会的优先承认。另一个有利条件是在采取措施的时间上有灵活性,而不必非得遵守环保管理部门的时限和日程”。参见[美]乔治·恩德利等:《中国和欧盟环境法的比较》,上海交通大学出版社1999年版,第135页。

2. 存在强制公开的绝对化趋势。原来法定不是强制性公开的信息很可能因为某种状况的发生即刻转化为强制性信息被要求公开。也就是说，对于公开的环境信息而言，从长远和有利于环境保护的角度讲，对其公开是绝对的而不公开可能是相对的。有一个证明就是，法律和行政管理的发展有可能使一个自愿的行为变为法定的行为，考察一下美国《污染防治法案》(Pollution Prevention Act, PPA)(1990 年)，正是将原本属于企业内部努力要达到的化学物质发生源的消减与回收及其成果扩张到 TRI 的报告内容中。这是一种动态的、变化着的情形，从争夺未来有利的竞争市场和份额来看，也是企业应当有的一种预见。

3. 自愿行为固有的社会潜约束。企业不能只是远离社会而孤立地经营，它们是社会公民的一分子，承担包括环境责任在内的社会责任对企业来讲义不容辞，它们需要在企业与社会的关系中达成一种平衡，以维持其生存基础。正如小林正弥所言，社会学者伊特齐尼的新黄金分割理论"强调了如何在个人的'自律'和集团的'秩序'之间寻找平衡。这里涉及的是一种伦理道德观念，在主张个人'权利'的同时还加上了有利于秩序形成的'责任'概念"。[①] 延用到企业的环境行为上来思考，这种平衡和关系的润滑剂就是，企业应当更加主动地对企业外部公开其环境信息。

4. 企业的自发行为作用。我国现阶段环境执法所需资金和执法人员数量都受到限制，为了降低环境行政成本、提高行政效率，需要企业自发地提供环境信息。"一些企业为了展示自己的独特风格，在制作环境报告书方面开始加大力度……说明了私的行为通过努力可以填补作为公共利益代言人的行政在处理问题上的一些缺陷"。[②] 在这样的情况下，即使企业自愿公开法定的非强制性环境信息，政府也不是皆大欢喜地无所事事，它要做的就是设计和提供一种激励机制，创造有利条件、鼓励企业自愿进行环境信息公开。在严峻的环境、资源、生态压力、政府强化的监管压力、绿色消费者市场压力、资本市场压力、社区居民压力、环保团体压力等众多与环保相关的压力之下，企业自愿选择环境信息公开可以缓释或者降低这些外在压力，自如地实施自己的战略目标，实现多赢和良性循环发展。

---

① [日]佐佐木毅、金泰昌主编：《地球环境与公共性》，韩立新、李欣荣译，人民出版社 2009 年版，第 232 页。

② 同上书，第 214 页。

二、法定和非法定因素决定的由自愿性公开向强制性公开的转化趋势

(一)日本的司法与立法实践展示的规律性

1. 法定的不公开例外具有相对性。从维护环境公共利益的角度出发,对于暂时性规定为自愿公开的事项被强制要求公开,这可能成为一种国际上的共同规律。《日本信息公开法》(1999 年)第 5 条第 1 款就规定,对法律中所列出的在不公开条件下任意公开的信息,或者是经过认定的商业秘密,如果属于"为了保护人的生命、健康、生活或财产,被认为有必要公开的信息"就应该公开。本书由此认为,法律对商业秘密保护和信息公开各自所产生利益的轻重权衡和选择尺度就是,生命权、健康权是基本,而与此密切相关的生存环境权也应当在考虑之中。

2. 科学事实及其判断对不公开例外的抗辩。针对建设规划的安威川水坝候选地部分地质资料,是否应当作为商业秘密不予以公开问题,大阪高等法院作出了自己的解释和宣判,并且得到最高法院的维持。[①] 二审法院(大阪高等法院)基于下述理由,撤销了原判决:(1)应当将事实信息与事实评价的意思形成过程的相关信息相区分。作为意思形成过程的相关信息,应当是促成意思形成的外界环境条件,它们不会改变事实信息本身。(2)专家调查后的自然界客观、科学的事实和对此客观、科学的分析,主要是以事实为基础;因此,本着研究应当尊重客观事实的原旨,这些信息不会对水坝项目建设的调查、计划实施造成误解。如果说有误解的话,那也只能是客观事实之外的主观因素造成的,比如说人的主观能动性或者能力本身。(3)作为附近土地整体的自然科学上的信息,对于水坝建设的安全性判断是必要的。如果没有特别的情形,则不能适用法条中信息公开的除外情形。作为对水坝建设安全性有影响的自然科学信息,有必要让相关利害关系人知晓,因为这些自然信息会直接影响到他们的生存安全,所以不能以土地利用的经济价值考虑为理由而否认对土地自然地质信息的公开。总之,这个案例给本书研究的启示是,对于客观、科学的事实以及对事实的客观、科学分析,这些信息有利于公众对于事实的把握和对拟建项目或者实施计划的理解,应当予以公开,不能作为商业秘密或者

---

① 对于这个问题,大阪府知事的依据和观点,可以参见[日]黑川哲志:《环境行政的法理与方法》,肖军译,中国法制出版社 2008 年版,第 100 页。

个人隐私而不予公开。[①]

3. 商业秘密保护需要充分理由。在日本的污染释放转移登记(Pollutant Release and Transfer Register,PRTR)制度的实施过程中,《化学物质管理促进法》(1997 年)对于企业所提出的商业秘密保护诉求问题,是采取由主管大臣公开企业新化学物质所属类型的形式,并不公开具体化学物质的名称,但企业须说明予以商业保护的理由。[②] 由于对新化学物质名称采取了上述商业秘密保护的申报措施,这样就对公众依据 PRTR 数据进行监督造成了一定妨碍。因此,在设计制度时,有必要建立一种在信息公开中对商业秘密的保护与维护环境公共利益之间的平衡机制,比如说,对于新申报的化学物质名称的保密设定时间、其他条件限制,当条件解除后就自然公开,可以借鉴对专利保护的制度设计思路。

(二)欧盟规定的特色

1990 年《环境信息自由获取理事会指令》(Council Directive 90/313/EEC of 7 June 1990 on the Freedom of Access to Information on the Environmental, O. J. L. 158 of 23 June 1990)规定公共机关无须利害关系证明,基于申请,可以向任何人提供环境信息;同时,像一般信息公开制度一样,广泛认可商业秘密、个人信息以及意思形成过程信息等适用例外。

(三)中国的立法选择

从我国《政府信息公开条例》(2007 年)第 14 条第 4 款第 2 项规定看,虽然涉及商业秘密、个人隐私的政府信息一般情形下受到法的保护,权利人可以自愿公开。但是,如果商业秘密、个人隐私是被行政机关认为不公开可能对公共利益造成重大影响的信息,那么行政机关就可以公开。虽然商业秘密、个人隐私权利的法定神圣性要求行政机关应当谨慎界定“对公共利益造成重大影响”的信息,但很显然,对“公共利益”的考量在特定条件下已构成对企业自愿信息公开的例外情形。

因此,本书认为,企业的自愿环境信息公开不是绝对的,它的边界会随着社会、经济和环境条件的变化而发生相应的变化。这种变化的前提仍然是以

---

① 本部分论述是笔者对黑川哲志先生观点的拓展性思考,案例来源参见[日]黑川哲志:《环境行政的法理与方法》,肖军译,中国法制出版社 2008 年版,第 100 页注释③④、第 101 页注释①。

② [日]黑川哲志:《环境行政的法理与方法》,肖军译,中国法制出版社 2008 年版,第 119 页。

法律规定作为标准，以法律认定的最高权利和最大利益为判断依据。

第三节 中国自愿性企业环境信息公开立法因素的考量

在当代中国，应当说环境法律与政策体系还是比较完整的，甚至有些方面还是紧紧同国际趋势相一致。比如，规划环境影响评价立法的出台，中国汽车尾气排放标准、电子环保标准都几乎接近于欧盟标准，政府积极推行产品环境标志制度和环境管理体系认证以及可持续发展报告等。可是我国现阶段确实存在很严峻的环境问题的事实，环境执法、守法和法律适用的效果和效率并不乐观，现实与社会公众对良好环境、环境法治效率的期待相距甚远，而且由环境问题所导致的纠纷时有发生。事实表明，我国的环境法律和政策并没有得到很有效的实施，环境行政执法的效率低成本高，法律执行只有政府一头热的现象显著，企业遵守环境法律的意识和积极性没有真正地发挥出来。[①] 为破解这种环境法律执行和遵守中的僵局，自愿环境信息公开立法应当对下述因素予以考量。

一、各主体综合利益的考虑

（一）利益的平衡与成本的降低

从制度经济学和博弈论的观点看，可以认为制度即社会契约，这些理论对环境信息公开制度的形成和完善有重要的指导作用。立法者应当充分了解规则实施者实施过程中的实际困难，在规则制定过程中，应当通过法定的程序让各利益集团参与利益博弈。当博弈各方在规则形成中的利益得到了平衡，其规则实施与推行的障碍就会减少，实施成本亦会相应地减小，最终会使立法目的和效果得以体现。那么制度究竟应当以什么样的模式建立，这涉及制度建构的理念和制度实施的成本与效果的问题，需要人们进行谨慎选择。

针对美国安然事件的严重不良后果，著名经济学家保罗·克鲁格曼直言不讳，于2002年1月18日在《纽约时报》发表了题为《一个腐朽的制度》的文

① 《环境保护法》（2014年修订）自2015年实施之后，政府强化了环境治理以及对环境污染和损害行为的执法、打击力度，比如针对雾霾的频繁约谈、加大中央环保督查强度，然而，在2017年全国政协和全国人大两会的信息显示，我国的环保形势依然相当严峻。这些足以证明，政府需要与公众、企业达成一种新的协同，以促进环保目标的实现。

章，对政府作为主体设计监督机制提出了质疑。[①] 他的质疑值得回味与深思，对环境信息公开制度的设计有如下借鉴：第一，在环境信息公开制度建立之初，就应当吸取安然公司监管失效的教训，以制度的可持续性为追求目标。第二，克鲁格曼指出很多监督机制由政府提供，从政府利益的角度而不是从最广大的民众利益的角度进行制度设计，可谓制度的建立缺乏民主根基，成为无本之末。作为公共资源，环境信息公开制度的设计应当有社会公众的广泛参与和对各方利益的综合考虑。第三，从应然的角度考虑，基于规范应当是对各种利益的综合平衡的结果，监督应来自公众、来自社会，不能只是依赖于政府监管和类似于注册会计师或其事务所的第三方的评估。

（二）"公害防治协定"的引力

在我国现行的《办法（试行）》（2007 年）中，第 4 条、第 19 条、第 22 条、第 23 条对自愿公开环境信息进行了规定，具体表现在如下三个方面：其一，除依法强制公开的环境信息外，企业可以对其他环境信息自愿公开，但自愿公开仍应当及时、准确。其二，对自愿公开的环境信息内容和形式进行列举，以引导企业的自愿公开行为。其三，对自愿公开企业环境行为信息且模范遵守环保法律法规的企业，环保部门可以通过表彰、给予资金和项目支持的形式予以奖励，以鼓励企业的自愿公开行为。可以看出，我国有关企业自愿环境信息公开的规范架构表现出了一定的体系性，如果实施到位，这将有利于企业公开环境信息积极性的发挥，从而从整体上促进我国环境信息公开制度的实施。

在日本，公害防止协定"与法律和条例并列，成为第三种公害防止行政上的强有力的控制手段"。[②] 公害防止协定是指"地方公共团体与事业者，基于相互的合意针对为防止公害，事业者应该采取的措施进行协商达成的合意"。[③] 该协定可以认为是日本公害防治行政制度的创新，它更多地从环境行政规范能否为企业所接受和遵守、公众能否理解并最终支持政府和企业经济发展规划和从三方利益平衡的角度予以考量。虽然协议的签订带有一定的强

---

① 保罗·克鲁格曼指出："安然公司的崩溃不只是一个公司垮台的问题，它是一个制度的瓦解。而这个制度的失败不是因为疏忽大意或机能不健全，而是因为腐朽资本主义依靠一套监督机制——其中很多是由政府提供的——防止内部人滥用职权。"参见仇俊林、范晓阳：《企业会计信息失真问题研究》，人民出版社 2006 年版，第 186 页。

② ［日］原田尚彦：《环境法》，于敏译，马骧聪审校，法律出版社 1999 年版，第 114 页。

③ ［日］佐佐木毅、金泰昌主编：《地球环境与公共性》，韩立新、李欣荣译，人民出版社 2009 年版，第 214 页。

制性,但却是在与实施具体的环境行为的企业商榷的基础上达成,细化的条款中含有企业如何通过自己的努力实现环保目标,显得更具有建设性意义。同时,这种考虑了政府、企业和公众三方利益的协议,在实施中会有来自政府执法部门和公众的监督,也会相应减少实施中纠纷的发生,行政执行的成本自然会减小。①

汪劲先生认为,这种实践方式具有如下优点可供借鉴:(1)弥补公害控制法规定之不足,使企业遵守具有可行性;(2)是双方依法在自愿平等原则基础上达成的协定,宽严条件可以根据具体情况进行把握;(3)增强地域居民对企业的了解和信任,可以在签订后避免冲突。② 本书拓展性地认为,当公害控制法规定不到位时,这种实践方式是对法律规范不足的补充或者完善,能够对企业守法起到一定的引导作用,在某种意义上,通过协议条款也能对企业环境行为起到监督作用。可以认为,协议中的条款更多地是对企业应当遵守的法定义务的具体化。这样,虽然协议不是直接同地域居民签订的,但是如果条款能够得到确切地付诸实施,也就相应地减轻了企业行为对于地域居民的环境权利的侵害,自然也会缓解与地域居民的矛盾、缓和相互间因为项目所致的环境问题而产生的紧张关系。正信加户教授则认为:“地方政府发现签订这样的协议有两大优越性。第一,他们可以从深度广度上对工业设备进行控制,尽管他们并没有权利这样做。第二,政府可以签订这样的协议而不需要地方议会的表决。”③本书研究是否可以理解为,地方政府采取的是协定而非强制的模式以行控制之实,这是一种执法形式的创新,为法律所允可,同时也减少了立法机关立法和环境行政执法的成本。原田尚彦从另外的角度解读了正信加户所言的第二个优越性,他说:“地方公共团体为了避免与法令的抵触问题表面化而又能够实施有效的公害预防对策,与企业方面进行交涉在其自愿的同意之下,约束其实施严格的防止措施,这在事实上是最有效的方法。”“如果没有

---

① 1964年12月,横浜市与电源开发株式会社就根岸湾填埋场的问题签订了一份防止公害的协议,其中规定了企业在防止公害方面的具体措施。这种做法能缓和企业与地域居民的关系、且具体确定了合理的限制标准以防止公害。在日本这被称为“横滨方式”。参见汪劲:《日本环境法概论》,武汉大学出版社1994年版,第44页。

② 汪劲:《日本环境法概论》,武汉大学出版社1994年版,第44页。

③ [日]正信加户:《“污染控制协议”:日本控制污染的立法机构的双重作用》,肖隆安等译,载《亚洲太平洋地区环境立法与管理体制论文集》,中国环境科学出版社1990年版,第212页。

公害防止协定,地方公共团体的公害控制简直就无从谈起,这就是今天的实情。"[1]这也是地方环境行政的灵活之处。

二、成本—效益原则的考量

企业自愿环境信息公开立法设计会受到成本—效益原则的限制。不能使企业为环境信息的生成和实施而负担超出企业承担能力的成本,企业应当能从环境信息公开制度的实施中获得利益。不过,企业也应当充分认识到,因为环境信息公开所致的效益或者利益,并不能像产品销售后能够马上看到利润,它是通过企业市场信誉的提高、社会声誉的加强而体现出来。同时,企业也应当意识到,企业公开环境信息还具有做公益的一面,因此,作为企业决策者应当有一种超前的胆识实施企业的环境信息公开。如果立法能将关注和考虑企业在实施环境信息公开中的成本—效益因素,将企业本来的会计报告行为与自愿环境信息公开综合考虑,会有利于企业降低对法律的遵循成本,也会丰富企业环境信息自愿公开的内容。而从公众的角度考虑,这也更有利于公众对企业环境行为和战略的整体把握,做出更合理的决策。

从对公害防止协定产生的历史、形成机制的分析中不难发现,在契约订立中隐约存在一个对双方利益的协商、调整或者妥协的过程,这种利益的博弈过程最终表现为一种由企业单方承担义务的契约文本,[2]奠定了双方实施的默契。因为,在博弈中彼此都会给出自己的信息并广泛进行信息交流,从而保证协定中与环境相关信息的真实性,上述"污染控制协议书"中的条款对企业污染防止义务的规定明确而具体就可足以为证。信息的真实可靠能使企业处于一种自我约束状态,并给社区居民监督提供证据和基础。只有当社会公众和企业都能实际参与到环境法律的实施过程之中,才能达到环境法治进程的较好状态。而实际上,在当时日本那个年代,"由于它的实效性而普遍受到各方面的欢迎,地域居民则更处于协定之受益者地位。从判例看,有承认防止公害协定之法律效力的趋势,其中还明确了将防止公害协定作为公法上的契约看待"。[3]

---

① [日]原田尚彦:《环境法》,于敏译,马骧聪审校,法律出版社1999年版,第115页。

② "污染控制协议书"举例,参见[日]正信加户:《"污染控制协议":日本控制污染的立法机构的双重作用》,肖隆安等译,载《亚洲太平洋地区环境立法与管理体制论文集》,中国环境科学出版社1990年版,第210~212页。

③ 汪劲:《日本环境法概论》,武汉大学出版社1994年版,第45页。

对此，原田尚彦同样也给出了类似的结论，并提出了名古屋地方法院1978年1月18日的裁判证据。① 在1969年、1970年两年间，日本30个市、县和100个地区行政当局与574家企业签订了类似协议书。据1977年10月的一份调查报告指出，在那段时间内，约有12,978件协议书问世。② 这足以说明，这种实践模式有其符合规律性的因素在发生积极作用，有利于推进法律目标的实现。当然也有日本学者指出了另一层可能的原因，那就是企业因为违法而产生的对社会和公众舆论的畏惧之心。③

且不管签署协定的企业是出于何种目的或者理由，是出于自愿或是迫不得已而为之，事实上他们最终选择了签订协定，这样对于企业、对于地方居民和当地政府都有利于法律实施成本的降低。因为，这打破了企业与行政部门、与当地居民之间的环境信息不对称格局，通过企业在协定中提供的信息为行政监管、社会公众监督提供了支持。从更深层次的法益上讲，“它是为保护市民环境上的利益保障其生存，而要求事业者就经济上的利益作出自愿让步的整顿环境从而有利生存的作用的一环，即使承认协定的法律效果限制事业者的自由，也很难说违反法治国家的公序良俗”。④ 从权利优位的角度看，事业者因事业自由权利而产生的经济利益应当让位于市民的生存环境权益；只有在市民的生存环境权利得到保障的前提下，事业者的经济自由才能获得足够的发展空间。从另一层含义上讲，对企业环境信息公开的调整，既要考虑有调控性的法规促进企业通过信息公开改善环境状况，也应当给企业灵活创新的余地以提高其自主行动的能力。在企业环境信息公开的实行中，引入协议模式不失为一个有益的尝试。企业或许能够选择最佳效益的环境信息公开途径，来处理比较复杂的环境问题，同时为自己创造或者选择恰当的投资时机。

当然，政府也应当设计出一种机制防范或者抑制不进行环境信息公开的企业的“搭便车”现象。本着实现企业自愿环境信息公开的目标，本书认为，应当对与企业自愿环境信息公开的相关立法予以整合，通过相互之间形成的有机的逻辑联系推进企业环境信息公开的实施。虽然在实施中企业仍然占据主导地位，但是政府对企业环境信息的公开则是无法取代也是不可缺少的重

---

① [日]原田尚彦：《环境法》，于敏译，马骧聪审校，法律出版社1999年版，第119页。

② [日]正信加户：《“污染控制协议”：日本控制污染的立法机构的双重作用》，肖隆安等译，载《亚洲太平洋地区环境立法与管理体制论文集》，中国环境科学出版社1990年版，第210页。

③ 同上书，第209页。

④ [日]原田尚彦：《环境法》，于敏译，马骧聪审校，法律出版社1999年版，第117页。

要环节，这是由政府本身的地位、对于环境信息的占有量和法定的义务所共同决定的。为推动企业进行自愿环境信息公开，政府有必要采取措施提供企业教育和适当的技术援助。“教育”是一种心理上的疏导、知识的长进，提高的是软实力，培养的是企业环境意识和对于环境信息提供重要性的认识；“技术援助”则是通过物质和技术支持，从硬件上提高被管理者的守法能力，比如，通过技术支持如何将环境信息转化为企业的有效生产力。从某种意义上讲，当人们感觉到遵守法律变得不很费时费力时，自然在法律执行的问题上就会表现出配合与协助，从而推动立法初衷的实现。同时，更传递着这样一种信息，守法产生的效益将会高于违法招致的成本，同时也向社会传递着一种行政服务理念的转变。

三、责任机制的适度尝试

对于企业自愿公开的环境信息行为，立法采取正向激励应当是主要选择。但是，如果企业的自愿信息公开行为违背法律规定或者公序良俗，当如何处置？在此种情形下，对“横滨方式”进行深入的分析、研究并结合当下中国实际批判性地“拿来”借鉴，或许有助于破解这种环境法律遵守的僵局，日本对公害防止协定的责任归咎方法值得参考。当企业不履行公害防止协定时，与企业签订公害防止协定的地方公共团体或者居民，可以通过法院诉讼由法院判决确定公害防止协定的有效性或者义务。在法院判决公害防止协定有效的情形下，如果企业方不执行，那么就会引起法院启动强制执行程序。① 如果在企业的自愿环境信息公开中适当地引入类似公害防止协定的契约形式，那么，就有可能在企业不履行自愿信息公开规定时，借鉴上述法律机制以实现目的。对企业自愿环境信息公开行为规定适当的责任承担机制，会有利于遵守规范的企业环境友好声誉的提升，同时对企业的自愿公开行为进行规范，发挥责任机制的引导功能。从另一个层面看，法律既已规定了对企业自愿环境信息公开行为的奖励措施，那么规定相对应的责任承担机制也自然成为立法的应有之义。

当法律没有强制性规定企业履行环境信息公开的场合，是否可以采取类似公害防止协定的形式，促使企业进行环境信息公开呢？这是一个值得进行

---

① ［日］原田尚彦：《环境法》，于敏译，马骧聪审校，法律出版社1999年版，第120～121页。详细案例可见名古屋地方法院1972年10月19日判决，判例时报683号第21页。

创新性思考的地方。本书对原田尚彦先生所给出的公害防止协定的长处[①]进行了重新解读:第一,使控制内容适应区域状况。这是由环境和环境问题的区域性所决定,也形成了地区居民参与的基础,地区的客观实际决定了控制的有效性和妥当性。第二,公害防止协定有利于优先采用新的公害控制技术。先进技术的采用,向当地政府和社区居民传递了企业消除和防止公害的决心,这种信息也能起到让居民理解事业、并提高参与公害防止的信心。第三,公害防止协定可以被认为是一种环境信息公开方式或者机制。它通过地方公共团体代表并转达居民对企业的公害防止诉求,而企业则通过协定向外宣示其防止公害的意愿、展示企业的公害控制形象,它使公害控制内容的信息能够在地方公共团体和居民之间传递。

在我国现行企业环境信息公开立法中,更多地是对强制性企业公开行为予以规范,强调对企业监管。但在现实中,企业守法时却源于其对法律规范的认同而表现出自愿行为,因此企业的自愿行为的规范很重要。在中国共产党十八届三中全会明确市场在资源配置中的决定性作用后,倡导和规制企业的自愿环境行为就更有现实价值,因为这会引导企业这一市场主体的市场积极性的发挥。所以,在企业环境信息公开制度的建构中,对自愿性企业环境信息公开制度的设计不能忽视,同样应当获得法律的关注和照应。在中国环境法治的建设中,企业自愿环境信息公开行为应当是在一定限度内的自愿,法律需要从利益、责任角度进行考量,综合权衡制度运行中的公平与效率关系。新的改革形势下,企业自愿环境信息公开制度建设也是企业环境治理体系和治理能力建设的重要措施和内容之一。

---

① [日]原田尚彦:《环境法》,于敏译,马骧聪审校,法律出版社1999年版,第116页。

第六章　企业环境信息公开的制度保障措施

第一节　保障制度选择的理由

无论是企业的强制环境信息公开还是自愿公开，要实现立法的初衷，就应当有相应的制度做保障。本书遵循我国环境治理改革的新思路，从环境、环境问题、环境法治的特点出发，对于保障企业环境信息公开制度实施的设计，仍然沿着重视事前预防、强化事中和事后监管监督的思路进行，从企业内部治理和企业外部监督两个层面展开。

在企业内部治理层面，环境会计核算和公开能够从量化的层面展示企业与环境相关的信息。优势在于，能够使人们从量的角度考察企业带给社区和国家的环境风险，也让社会能够通过企业公开的环境信息了解企业的环境行为、理解企业经济发展和环境保护规划，形成动态的监督和平衡企业环境行为机制，从而推进企业通过完善内部治理提高企业的环境治理能力和质量，最终达到维护公共环境利益之目的。

环境影响评价制度本身是对环境法预防原则的实践。在该制度的实施中，强调企业环境信息的公开，主要是便于公众和政府对企业计划中的项目的监督和合理参与。企业计划中的项目与项目所在地的居民、社区、地区利益紧密相连，尤其是事关项目附近的社区和居民。这些利益相关者具有对该项目设计、申请和审批过程的知情权，他们有权了解诸如该项目对其财产、人身、生存环境质量有何优劣影响，可预测的不利影响程度，企业如何防范、消除或减轻这些不良影响，社区和居民应当具有怎样的知识以应对和防范这些影响等方面的信息。从另一个角度思考，在项目环评的整个过程中，充分地公开环境信息、让利益相关方有效地参与，同样有利于企业项目更加符合环保要求、符合企业与其利益相关方的利益，从而更加有利于完善企业项目实施的合法性和正当性，取得企业与社区、地方的协调发展。

许可中的环境信息公开，强调了环境法治中的全过程控制原则。因为许可证制度实施中的环境信息公开直接关乎企业本身利益和公共利益的考量，企业会在信息公开制度实施中进行博弈和信息资本价值选择，博弈和选择的结果决定了环境信息公开制度实施的成效。基于许可事项对环境都具有比较重大的影响，强化对许可证的事中和事后监管与监督尤其重要，这也是我国环境治理重要改革之一，加强许可证实施中的企业环境信息公开是实施这一改革的必要措施，也有利于完善环境许可证制度形成中国特色。

环境责任制度是实施企业环境信息公开的司法保障，制度实施的效率和效果如何取决于公众环境知情权是否能够最终得到保障。在我国司法实践中，更多地是针对政府环境信息公开行为进行调整，而对企业的环境信息公开行为则甚少涉入，但这却是完善企业环境信息公开制度的趋势与选择，这亦是本书深化研究的重要内容。

第二节　环境会计核算制度的保障

在新的一轮中国财税体制改革中，环境保护税法优先出台并实施，强化了环境经济核算和公开的内涵和需求，企业环境会计核算公开将会在其中扮演着关键角色。无论是从经济社会发展与环境保护相协调的角度出发，还是从预算决算的平衡及其监督功能考虑，企业环境会计核算公开都具有合法性与合理性基础。同时，我国现行的环境法律规范、现行的企业会计运行规则也为环境会计核算与公开奠定了规范依据。可是在实践中，这些规范并没有在企业运行过程中得到有效的执行，其重要原因在于立法规定缺乏明确性、具体性，以及法律的监督功能缺乏。因此，应当增强立法的具体性、法律实施的可操作性,强化企业环境行为的经济性责任、优化评价体系,运用企业内部治理体系和外部监督机制,以推动企业环境会计核算公开制度的正常化、合法化运行。

党的十八届三中全会定位财税体制改革为"国家治理的基础和重要支柱",党的十八届四中全会再次强调财税立法改革。该战略定位为创新环境治理提供了新的政策环境、思路和机遇。企业环境经济信息事关企业的各利益相关方的利益,对企业环境治理意义在于:人们能够借此认识、理解和监督企业的环境行为。

在当代,企业环境会计核算公开能适应中国生态文明建设、经济结构调整和能源结构转型、产业健康发展的机遇和要求。在企业内部,引入环境会计核算公开,能加强企业环境成本与收益的预算和控制功能、增强企业环境信息的完整性和可靠性,强化企业环境治理绩效和责任。环境本身的系统性和整体性,环境问题及其产生原因、结果的复杂性、不确定性决定了企业财务报告的目标应定位于企业利益相关方的"决策有用性"。保持企业同企业外部利益群体之间的环境信息畅通是一种"多赢"过程。对于企业外部而言,或者从更广泛的意义上讲,环境会计核算公开的目的应当更多地体现为一种社会公益性,体现为一种对于环境风险的预防和应对。该制度将把企业与社会、经济和环境关系状态引向更加真实,并最终推动着资本市场的良性发展,维护资本市场的安全,是企业对其利益相关方的责任、对社会责任的担当。

在中国现行语境下考察企业环境会计核算公开,在合理性的层面会有利于企业"财力和资产的增加,有利于扩大影响,有利于增强权力",①同样具有合法性基础。

一、环境会计核算的法学基础

中国现行与环境相关法律的立法宗旨和制度设计都传递着经济、社会与环境相协调发展的理念,丰富了将环境核算融入经济核算的法学理论基础。

(一)经济、社会与环境协调发展原则

资源、能源是我国当今和未来可持续发展的基础,但仍然是我国发展的

① 这是帕奈提奥斯提出的决定事情的三个考虑之一。参见[古罗马]西塞罗:《论义务》,王焕生译,中国政法大学出版社1999年版,第14页。

"瓶颈",因此对资源保护、增值和有效利用便构成现行法律制度设计和实施的出发点。① 要使资源的保值增值量、资源使用提高的效率让人们了解和信服,一个比较可行的途径就是将其纳入经济核算指标和报告体系。

为应对日益严峻的环境生态问题和环境风险,我国污染防治类法律除强调污染防治外,还强调保护和改善环境,保护环境生态安全、维护和保障人体健康、促进经济社会的可持续发展。② 因此,应当将污染产生的外部不经济性成本内部化并纳入经济核算指标和报告体系,以实现污染防治立法目的。

我国综合性环境保护类法律更多的是从宏观调控角度,将污染防治、资源利用效率、生态安全维护以及人体健康保障纳入一体化考虑中。例如,《环境保护法》(2014 年修订)第 1 条即规定"为保护和改善环境,防治污染和其他公害,保障公众健康,推进生态文明建设,促进经济社会可持续发展,制定本法"。该条规定体现出一体化的立法宗旨。③ 一体化立法更需要强调对于经济社会环境的统筹安排,将宏观环境预算与宏观经济社会预算相统一,以最终促进经济社会的可持续发展。

虽然经济社会发展与环境保护相协调是一项原则,乃至为一种立法理念,但毕竟是通过法定的立法程序形成并在法律中予以确认的。"程序上的合法性可能仅仅是认识一般是对的法律的一种方法……人们可能感到总的说来,法律符合他们的利益或他们集体的利益,既然如此,人们应该支持法律,即使偶尔法律对他们不利"。④ 因此,该项原则确立的程序合法性及其对企业催生的经济利益预期,也就相应地引导了企业实施环境会计核算公开的合理认知和选择。

---

① 对草原、森林、水资源的维护体现了这样的理念。参见《草原法》(2013 年修正)第 18 条,《森林法》(2009 年修订)第 1 条,《水法》(2016 年修改)第 23 条。

② 例如,《大气污染防治法》(2015 年修订)第 1 条规定:"为保护和改善环境,防治大气污染,保障公众健康,推进生态文明建设,促进经济社会可持续发展,制定本法。"《水污染防治法》(2017 年修正)第 1 条规定:"为了保护和改善环境,防治水污染,保护水生态,保障饮用水安全,维护公众健康,推进生态文明建设,促进经济社会可持续发展,制定本法。"《核安全法》(2017 年)第 1 条规定:"第一条 为了保障核安全,预防与应对核事故,安全利用核能,保护公众和从业人员的安全与健康,保护生态环境,促进经济社会可持续发展,制定本法。"

③ 类似立法如《城乡规划法》(2007 年)第 4 条第 1 款、《清洁生产促进法》(2012 年修订)第 1 条。

④ [美]劳伦斯·M. 弗里德曼:《法律制度——从社会科学角度观察》,李琼英、林欣译,中国政法大学出版社 2004 年版,第 135~136 页。

(二)预算法律制度的平衡和监督功能

在现有的环境法律体系中,不仅在立法上确认经济社会发展与环境保护与相协调原则,而且要求政府采取相应的对策和措施,将相应的资源保护利用、污染防治规划纳入国民经济和社会发展规划之中。①

政府环境规划最直接的体现就是,将环境资源保护的投入和预算体现在现行预算中,反映在所规定的经济建设支出和事业发展支出之中,以体现出预算对政府环境规划的分配和监督功能。党的十八届三中全会决议指出,"一个国家的治理能力在很大程度上取决于它的预算能力",因此有理由认为,国家对环境的预算能力的增强将有力地推进国家环境治理能力的提升。早在《预算法》(1994 年)第 19 条第 3 款中,预算支出就包含着环保支出的内容。对此《预算法实施条例》(1995 年)第 10 条也进行了解释,该条例第 16 条并规定了各级政府编制年度预算草案的依据:法律、法规,国民经济和社会发展计划、财政中长期计划、有关的财政经济政策。应当说这些预算编制依据均有涉及环境保护的内容。尤其值得关注的是 2014 年修正后的《预算法》,该法第 27 条第 2 款按照功能分类,将环境保护支出规定为一般公共预算支出,进一步强化了预算及其实施监督对环境保护的功能。据此,本书得出如下结论:环境法律中所规定的将环境规划纳入国民经济和社会发展规划的内容,构成了环境规划进入政府编制预算和决算的法定依据。对此,现行《城乡规划法》(2015 年修正)第 6 条就能够证明这一点,该条规定各级人民政府应当将城乡规划的编制和管理经费纳入本级财政预算。现行《节约能源法》(2016 年修改)第 59 条第 1 款亦有类似规定,即县级以上各级人民政府应当增加对农业和农村节能技术、节能产品推广应用的资金投入。

考察《预算法实施条例》(1995 年)第 67 条第 2 款,要求决算各项数字应当以经核实的基层单位汇总的会计数字为准,不得以估计数字替代,不得弄虚作假。上述规定反映出决算是与会计报告密切相关的重要制度,年度会计报告是当年决算的基础、来年预算的重要依据。《关于 2015 年中央决算的报

---

① 例如,《水污染防治法》(2017 年修正)第 4 条规定:"县级以上人民政府应当将水环境保护工作纳入国民经济和社会发展规划。地方各级人民政府对本行政区域的水环境质量负责,应当及时采取措施防治水污染。"《草原法》(2013 年修正)第 4 条第 1 款规定:"各级人民政府应当加强对草原保护、建设和利用的管理,将草原的保护、建设和利用纳入国民经济和社会发展计划。"

告》涉及环境的数据为此提供了证据。① 这些数据源于从下到上的各级各类会计统计的结果，年度环境会计报告内容自然进入预决算程序当中、成为预决算的重要依据。

在党的十八届三中全会就提出，要“实施全面规范、公开透明的预算制度。审核预算的重点由平衡状态、赤字规模向支出预算和政策拓展”。党的十八届五中全会强调“要建立健全现代财政制度、税收制度，改革并完善适应现代金融市场发展的金融监管框架”。这些均阐明了预算执行和预算监督的重要性，实际上也隐含了环境核算（包括企业环境核算在内）信息公开的内在要求。对于环境预算进入经济社会发展预算，还有来自法定的监督制度的保障，这是环境规划纳入国民经济和社会发展规划的法律保障，我国现行《预算法》及其实施条例、《审计法》是保障的法律依据。法律规定，各级人民代表大会及其常务委员会是各级政府预决算的监督机关，②而审计机关则对预算执行情况、决算实施审计监督③，从而保障全口径预算的落实，人大监督和审计监督的结合也保证了环境规划和环境预算的落实到位。2013 年 6 月 29 日在第十二届全国人民代表大会常务委员会第二十一次会议上，审计长刘家义指

① 在谈及 2015 年财政在促进经济平稳增长、民生持续改善和社会和谐稳定中发挥重要作用时，《报告》指出“推进节水供水重大水利工程和高标准农田建设”，“扩大重金属污染耕地修复治理、地下水超采区综合治理试点范围，进一步整合资金，加强大气、土壤和水环境保护”，以促进经济稳定增长与结构优化。在论及今后重点工作时，《报告》表示“组织实施资源税总体改革及水资源税试点，配合做好环境保护税、关税等立法工作”。应“严格执行人大批准的预算，健全预算执行动态监控体系，强化预算执行主体的责任，推动资金尽快到位、政策尽快落实、项目尽快落地”。并且“规范政府投资基金的设立、运作和风险控制，促进政府投资基金稳健运行”。参见楼继伟：《关于 2015 年中央决算的报告》，载国家财政部网：http://www.mof.gov.cn/mofhome/mof/zhengwuxinxi/caizhengshuju/201607/t20160701_2343739.htm，最后访问日期：2016 年 8 月 11 日。

② 参见《预算法》（2014 年修正）第 83 ~ 86 条规定。《环境保护法》（2014 年修订）第 27 条规定也同样包含对环保项目预算的监督规定。有关人大对预算的监督功能的详细论证，参见刘剑文、熊伟：《预算审批制度改革与中国预算法的完善》，载《法学家》2001 年第 6 期。

③ 参见《预算法》（2014 年修正）第 89 条规定。

出了水污染重点项目审计涉及的诸多问题。① 对于审计监督，全国人大财政经济委员会给出了积极评价并就依法加强预算执行和决算审计提出了进一步要求。② 同时，要求预算信息透明和公开，也有利于公众对政府和企业环境预算执行情况的监督，是实施财政民主监督的重要构成内容之一，刘剑文先生认为："从渊源上看，财政民主是宪法所规定的人民主权理论在财政法领域的落实和体现。"③

二、环境会计核算的规范依据

(一)环境法律规范依据

1. 抽象立法形式背后体现出的经济内容

这类环境立法没有明示经济分析或者概算的内容，但能读出其中的应然含义。例如，《大气污染防治法》(2015 年修订)针对不同情形的污染防治，该

---

① 刘家义在《报告》中指出水污染防治及相关资金审计发现的主要问题，包括"1. 区域性水环境保护压力较大。抽查长江经济带沿江区域的 23 个市县，城市生活污水有 12%(年均 4 亿吨)未经处理直排长江；沿江 373 个港口中，有 359 个(占 96%)未配备船舶垃圾接收点，260 个(占 70%)未配备污染应急处理设施。抽检 89 个市县的 231 个城乡集中式饮用水源地中，有 124 个(占 53%)水质监测指标不达标；72 个地下水水源中有 27 个(占 37%)超采。2. 有 397 个项目未达到预期效果。至 2015 年年底，抽查的 883 个水污染防治项目中，有 276 个(占 31%)因前期准备不充分、配套设施不完善等未按期开(完)工；有 121 个(占 13%)已完工项目未及时发挥效益。3. 有176.21 亿元财政资金未能有效使用。至 2015 年年底，抽查的财政资金中，中央专项补助有 143.59亿元结存在地方财政部门，其中 4.22 亿元滞留超过 2 年；项目资金中有 29.28 亿元闲置在地方主管部门和项目单位，其中 9.4 亿元闲置 3 年以上；还有 3.34 亿元被违规套取或损失浪费"。参见刘家义：《国务院关于 2015 年度中央预算执行和其他财政收支的审计工作报告》，载中国政府网：http://www.gov.cn/xinwen/2016-06/29/content_5086777.htm，最后访问日期：2016 年 8 月 11 日。

② 《报告》指出："审计署对 2015 年中央预算执行和其他财政收支依法开展了审计，工作深入细致扎实，揭示了预算执行和决算、重点专项资金使用、国家重大政策措施落实、金融机构和中央企业管理中存在的突出问题，并从强化问责、加快推进改革、优化财政资源配置、防范和化解各种风险隐患等方面，提出了审计建议。"《报告》建议："审计署要进一步加强对专项转移支付整合、政府投资基金使用和境外国有资产等方面的审计监督，更好发挥审计在推进改革、规范管理和反腐倡廉等方面的作用。国务院及其部门要认真研究审计反映的体制机制性问题，积极清理不合理的制度规定，加快建立健全适应改革发展要求的制度，切实加强对违法违规问题的追责和问责，健全审计查出问题整改的长效机制。有关部门作为审计查出问题整改的责任主体，应及时整改并及时公告整改结果。"参见廖晓军：《全国人民代表大会财政经济委员会关于 2015 年中央决算审查结果的报告》，载人民网：http://qh.people.com.cn/n2/2016/0703/c346768-28602918.html，最后访问日期：2016 年 8 月 11 日。

③ 刘剑文：《宪政与中国财政民主》，载《税务研究》2008 年第 4 期。

法第3条第1款提出的“财政投入”,第34条提出的“经济、技术政策和措施”“鼓励和支持”,[①]这些条文中的用词实际上蕴含着国家和政府的资金支出的预算意愿。当以资金形式实施这些法律内容时,就会转化为能够以会计方法确认和计量的数据,成为以财务收支形式报告的内容。

2. 立法明确要求的实行环境经济分析或概算

基于会计信息所具有的社会公共资源特性,并结合环境的天然公共产品属性、应对现代环境问题策略的社会性,它们共同构成了企业环境会计核算的社会基础。将企业整个产品生命周期与环境相关的成本效益纳入会计信息生成之中,是现代社会对会计核算体系的重构和完善。

笔者认为,应当以立法形式明确规定,将法定的、要求予以经济分析或运算的内容列入会计的财务报告中。比如,《环境影响评价法》(2016年修正)第17条第1款就规定,建设项目环境影响报告书的内容中应当包括:(1)环境保护措施及其经济、技术论证;(2)环境影响经济损益分析。该条款要求的“论证”与“分析”终究会与企业财务发生联系并影响企业财务而进入会计核算的正当考虑范围。2017年《建设项目环境保护管理条例》(国务院令第682号)第16条规定:“建设项目的初步设计,应当按照环境保护设计规范的要求,编制环境保护篇章,落实防治环境污染和生态破坏的措施以及环境保护设施投资概算。建设单位应当将环境保护设施建设纳入施工合同,保证环境保护设施建设进度和资金,并在项目建设过程中同时组织实施环境影响报告书、环境影响报告表及其审批部门审批决定中提出的环境保护对策措施。”《固体废物污染环境防治法》(2016年修订)第65条第1款,《放射性污染防治法》第27条第2款第1项,《水土保持法》第27条第2款也有类似规定。这些条文中所示的“投资概算”“经营成本”“列支”,无疑就直接进入了会计运行中的企业收支环节。

在立法中,还有以推出某项制度的形式,强制性要求被规制对象采取经济上的对策。例如,《节约能源法》(2016年修改)第15条规定对“固定资产投

---

① 《大气污染防治法》(2015年修订)第3条第1款规定:“县级以上人民政府应当将大气污染防治工作纳入国民经济和社会发展规划,加大对大气污染防治的财政投入。”第34条第1款规定:“国家采取有利于煤炭清洁高效利用的经济、技术政策和措施,鼓励和支持洁净煤技术的开发和推广。”第50条第2款规定:“国家采取财政、税收、政府采购等措施推广应用节能环保型和新能源机动车船、非道路移动机械,限制高油耗、高排放机动车船、非道路移动机械的发展,减少化石能源的消耗。”

资"项目实施"节能评估和审查"制度。该项制度对不符合制度规定的项目单位实行行为禁止,并对不符合强制性节能标准的项目分别规定了相关行政主体、建设单位的强制性义务。即符合强制节能标准是固定资产投资项目得以进行的前提条件,项目建设单位首先应当采取措施(包括资金方案)满足该标准。

又如,《水污染防治法》(2017 年修正)第 46 条第 1 款规定的对严重污染水环境的落后工艺和设备实行的"淘汰"制度。现行《循环经济促进法》还通过"金融授信限制"机制支持淘汰制度的实施。① 因遵守淘汰制度所产生的费用以及被淘汰的固定资产也就相应地进入企业会计核算环节,成为企业财务报告内容。

3. 环境基金、费、优惠进入财务报告的合理性

党的十八届三中全会决议明确提出"加快资源税改革,推动环境保护费改税"。该目标在 2015 年、2016 年李克强总理的《政府工作报告》中得到强调,并于 2016 年促成了我国具有污染税性质的《环境保护税法》的最终出台。② 这将有利于推动我国现行法律中有关环境费税规范的执行。中国现行环境法律规范很多明确涉及基金的设立、费用的收取或者国家经济政策的优惠等内容。③ 从常理看,当这些规范内容与企业或者政府的具体运行过程相结合,就应当列入企业会计核算、构成企业会计报告的内容。

直接涉及具体的基金类、费类规定的环境立法就更多,诸如,我国现行环境法律涉及资源、生态类的费用,少量涉及污染防治类的费用等。除此之外,下列费用支出也应当列入计划之中,如实施环境类新标准所需要的设备、工艺更新和完善费用,环境影响评价报告书中所涉及的对污染和环境影响的防止措施费用,"三同时"设施的设计、施工、投产、验收、试运行、运转费用,④用于技术改造的费用,企事业单位可能发生重大污染事件的防范措施费用,因环境

① 《循环经济促进法》(2008 年)第 45 条第 3 款规定。

② 2015 年《政府工作报告》强调:"实行全面规范、公开透明的预算管理制度,除法定涉密信息外,中央和地方所有部门预决算都要公开,全面接受社会监督……调整完善消费税政策,扩大资源税从价计征范围。""做好环保税立法工作"。2016 年《政府工作报告》指出:"加快财税体制改革……全面推开资源税从价计征改革。"《环境保护税法》(2016 年 12 月 25 日第十二届全国人民代表大会常务委员会第二十五次会议通过,2018 年 1 月 1 日实施)。

③ 例如,《循环经济促进法》(2008 年)第 44 条、第 45 条、第 46 条的规定。

④ 例如,我国现行《安全生产法》(2014 年修正)第 28 条规定的对"三同时"实施的概算。

违法而招致的限期治理费用、罚款、罚金以及损害赔偿等费用。

如上所述，很多法律规范可以为环境保护内容进入现行经济或者会计核算提供论证的规范依据，但现实并不乐观。在企业会计核算中，不仅经济社会发展与环境保护相协调原则、环境保护规划难以体现，而且，即使是法律明文规定的、有关环境资源利用和保护类以及环境要素污染防治类的绝大多数费、税、基金、资金也未纳入其中。对此，李永臣先生早在2005年就坦言，“在我国现时会计实务中，还没有系统的环境会计和信息披露的制度或规范”。[①] 时间虽已经过10年之久，然而上述情况仍却未见有大的改观。不过，《会计改革与发展“十二五”规划纲要》(2011～2015年)即明确，进一步完善符合中国实际并具有国际影响力的会计理论和方法体系，环境会计问题也将作为围绕会计改革和发展的需要、着力推动的研究之一。[②] 因此，通过立法明确企业的环境会计核算义务，无论是从规制和提升企业环境行为表现，还是从企业可持续发展、企业对于所有利益相关方的责任承担角度考量，都具有其合理诉求与依据。

(二)企业会计运行规范依据

1. 中国财务报告立法奠定的严密规范体系

我国现行会计立法从会计法律到会计准则之间、从会计运行到监督阶段，已经形成一套比较严密的会计核算与报告规范体系。《会计法》(2017年修正)对会计核算和会计监督提出了基本要求，并对会计法律责任予以详细规定。[③]《注册会计师法》(2014年修正)第三章“业务范围和规则”、第六章“法律责任”对注册会计师的权利、义务和责任进行了明确的规范。[④]《企业财务会计报告条例》(2000年)对1999年《会计法》中有关财务会计报告的规定进

① 李永臣:《企业环境会计研究》,中国人民大学出版社2005年版,第69页。

② 参见《会计改革与发展“十二五”规划纲要》(2011～2015年)“十二、加强会计理论研究,为会计改革与发展提供理论支持”项下之“36.进一步完善符合中国实际并具有国际影响力的会计理论和方法体系”。

③ 《会计法》(2017年修正)对此予以详细的规定:第4条、第9条、第32条第1款、第35条、第40条、第42条第1款、第43条第2款、第44条第2款、第45条。

④ 《注册会计师法》(2014年修正)第14条第2款规定:“注册会计师依法执行审计业务出具的报告,具有证明效力。”第21条第1款规定:“注册会计师执行审计业务,必须按照执业准则、规则确定的工作程序出具报告。”第21条第2款、第22条并规定了注册会计师在实施审计服务时不能为的法定情形。第39条第2款、第3款则相应地规定了注册会计师违反上述法律规定应承担的行政和刑事法律责任。

行了细化,主要规定了企业财务会计报告的构成、编制和对外提供的要求、法律责任等。除此之外,财政部针对会计核算、会计监督、会计机构和会计人员以及会计工作管理制定了相应的具体制度,以使国家的法律法规落到实处。①

从形式上看我国会计报告规范体系比较严密,但其本身相比较于信息时代的特点以及我国经济社会发展的要求,还有很多地方需要完善。比如,环境会计的核算和报告就没有纳入现行会计规范体系。

2. 企业会计准则具有的宽广国际平台

企业会计基本准则是规范企业会计确认、计量、报告的会计准则,是进行会计核算工作必须共同遵守的基本要求,体现了会计核算的基本规律。刘瑞珍的研究显示,2006 年财政部发布的《企业会计准则——基本准则》"已经得到了国际会计准则理事会,美国、欧盟、香港等重要国家或地区机构的积极肯定与认可,与国际会计准则基本上达到实质性趋同或等效于国际会计准则的水平"。② 这将为我国开展环境领域的会计核算和信息披露标准的国际交流奠定良好的基础。财政部发布《财务会计准则第 30 号——财务报表列报》(2006 年)在一定程度上完善和提升了财务报告的列报,但仍然需要持续努力,保持与国际发展理念和水平的趋同。环境问题的全球性要求很多问题需要国际性的、国家之间的合作解决。因此,在设计我国企业环境会计核算制度时应将本土基础和国际特色结合,便于国际接轨与合作。

1998 年 2 月联合国国际会计和报告标准政府间专家工作组第 15 次会议讨论通过《环境会计和报告的立场公告》,它是第一份系统阐述环境会计和报告的权威性国际会计指南,将会对我国企业推行环境会计核算和环境会计信息公开提供国际规则支持。

2013 年 7 月底美国可持续性会计标准委员会(Sustainability Accounting Standards Board,SASB)公布健康保健(Health Care)行业的可持续暂行会计准则,贯彻了环境、社会、经济可持续发展的理念。SASB 的这一做法是在可持续信息披露领域的重大突破,该准则鼓励美国证券交易委员会(Securities and Exchange Commission,SEC)管制的上市公司依据该准则编制 10 - K、20 - F

---

① 这些制度性规范如,《会计基础工作规范》(1996 年),《企业会计制度》(2000 年),《财政部门实施会计监督办法》(2001 年),《内部会计控制规范》(2001 年),《民间非营利组织会计制度》(2004 年),《小企业会计制度》(2004 年),《企业会计准则》(基本准则)(2006 年)。

② 刘瑞珍:《我国企业财务报告列报改进问题研究》,东北财经大学 2011 年硕士学位论文,第 1 页。

以及其他 SEC 要求的信息披露文件，这其中不仅包含有大量的企业所涉及的社会信息、企业治理信息，还包括企业的环境信息。SASB 标准的意义更在于其对行业重要的环境、社会和治理（environment，society and governance，ESG）议题的识别。可以预见，随着该准则在保健行业试行实践的成功，将会影响到其他行业，乃至其他国别或者地区，并对行业竞争和国际贸易形成新的影响，而健康与环境的关系则已经演变成为一个永恒的主题。

2013 年 4 月欧盟理事会也对欧盟现行会计法规进行了修订，其目的是增强上市公司在社会和环境事务方面的透明度。虽然该项修订没有在会计准则方面进行突破，但是该措施对欧盟成员国会计法规的影响不能低估，最起码在立法和舆论导向上已经向欧盟成员国和与欧盟有经贸往来的伙伴发出了在会计法规中关注环境信息的信号。中国“十二五”会计改革与发展目标也阐释了国际化战略的进路。①

三、中国环境会计核算报告的立法选择

（一）环境会计核算与报告规范的法定化

我国将涉及环境资源的核算列入传统会计核算与报告存在如下不利因素：一方面，环境法律规范中虽然有众多涉及应当予以会计核算和报告的内容，但实际会计运行中却没有计入，或者因规定过于抽象化而无法实际操作。另一方面，会计规范系统更是没有将很多涉及环境资源问题的内容纳入其中。在现行会计核算中增加企业的环境收益与支出核算内容，其实践意义是能够保持对现行法律规定的延续性同时，也易于在实践中采纳。相对小的成本投入和良好的收益预期会增强企业对新制度的关注度和实施积极性。新法律制度的引入和创设，“不仅要寻求和创造达成一致意见的可能性，往往还要寻找、实际上是创造发明解决方法，这些解决方法由于符合各方的利益而值得达成一致意见”。②

强制性环境公开制度与企业利益、企业的利益相关者的利益密切相关。因此，在制定环境信息相关的会计准则或规则时，应当通过程序设计照顾、平

---

① 参见中国《会计改革与发展“十二五”规划纲要》（2011～2015 年）“十三”项下的第“39～42”小项。

② ［英］尼尔·麦考密克、［奥］奥塔·魏因贝格尔：《制度法论》，周叶谦译，中国政法大学出版社 2004 年版，第 150 页。

衡不同利益方的利益诉求,考虑到规则制定机构人员参与的广泛性(参与人员应能充分代表利益方的利益),规则的制定程序并应充分体现透明度要求。① 从法律的程序规则来看,机构所代表利益的人员构成、规则形成中利益各方和公众的广泛参与、规则草案的一再公开和完善,体现的是程序公正;虽然说,规则不能够最终满足利益各方的所有的利益诉求,但是这样的程序公正却使得规则所涉及的各方利益实现了协调或者妥协,从而通过程序正义的设计逼近实质正义的目标。相对意义上的实质正义目标的接近,其结果应当是提高会计规则实施或者法律实施的效率,减小遵守和实施规则的成本。

(二)环境会计核算和报告的目标和立法选择

关于环境会计的目标,李永臣先生认为应当从环境核算的科学性和对企业内外所提供的环境财务信息的有用性两个层面予以把握。② 这是从企业微观操作层面上对目标的把握。本书认为,从宏观的角度,企业环境会计核算的最终目标应当是,有利于环境资源的合理利用、环境问题的有效解决、经济社会与环境的协调发展。就我国现实而言,应当符合财政部发布的《企业会计准则——基本准则》(2006 年)规定的目标:(1)向财务报告使用者提供与企业财务状况、经营成果和现金流量等有关的会计信息,有助于财务报告使用者做出经济决策;(2)反映企业管理层受托责任的履行情况。③ 在上述目标指导下进行如下立法选择:

1. 优化绿色会计核算体系立法

中国社会科学院经济研究所韩孟认为:"政府部门往往精确地统计核算国民经济数据,但在环保体系建设的完善与指标选择的优化调整方面缺乏动力。许多地区和行业常常忽略或粗略对待资源消耗数据、生态变异数据和污染物排放数据的收集整理分析。这无疑会给民众造成政府专注经济发展,而对环保态度不坚决之感。"④企业环境会计核算的推行可以弥补这种现实与发

---

① 在这个问题上,美国会计准则的形成与几经变迁过程能给我国环境会计信息公开规则的制定提供参考范例。

② 李永臣:《企业环境会计研究》,中国人民大学出版社 2005 年版,第 108 ~ 110 页。

③ 这与美国财务会计准则委员会(Financial Accounting Standards Board,FASB)和国际会计准则理事会(International Accounting Standards Board ,IASB)在 2006 年联合发布的《财务报告概念框架:财务报告目标与决策有用的财务报告信息的质量特征(初步意见)》的目标趋同。

④ 徐峻音、段钢:《2013 年中国城市居民环保态度调查表明——近八成居民会拒建污染设施》,载《社会科学报》2013 年 6 月 13 日,第 1 版。

展战略之间的反差，其立足点在于不仅把企业视为一个营利性的经济组织，而且将其视为社会总体系中的单元和环节，并试图用会计基本理论与方法将企业的经济业绩和环境业绩结合，促使企业在实现良好经济效益的同时实现良好的环境效益。

虽然我国环境法律强调经济社会环境协调发展原则，强调政府对环境保护的责任，强调环保规划与经济社会发展规划的统一，但是，我国的环境法律规范体系和经济法律规范体系却暴露出了规范体系的明显缺陷。对于环境经济核算，我国的立法现实为：环境立法——没有实际上的制度和责任规范配套将政府的、企业的环境收支情况纳入其会计核算体系；经济立法——虽有比较详细的甚至与国际现代会计准则接轨的制度和机制，但缺乏环境考虑，没有明示环境战略和环境法治原则。问题的症结在于，经济立法与环境立法“两张皮”的现象长期并存。

不过，只要人们认真地对待问题并着手去解决此类问题，那么问题往往也蕴含着机遇。我国经济立法与环境立法之间的不协调现象，可以通过立法理念的融合与优化得以化解，这也预示着我国经济发展走向可持续、环境状况好转的机遇。通过绿化和生态设计优化传统经济核算制度，将环境成本收益真实体现在各类会计报告之中，在经济立法中融入与环境效益相统一的战略和原则；在环境法律规范的解构和完善中明确规定，将环境生态成本效益计入传统经济核算体系是政府和企业的法定义务，以制度和责任体系保障经济社会与环境保护相协调的战略和原则的落实。突破我国环境生态对经济社会发展的瓶颈约束、破解环境生态问题的严峻现实，唯有打破传统经济立法与环境立法两张皮立法、貌合神离的现状，真正将理念、战略和原则同制度和机制的结合融入法律规范的建构之中，重新解构、融合经济立法和环境立法，从而通过立法改变环境保护只是环保部门事情的怪异现象，使之真正成为全社会、政府和企业的共同责任与义务。

2. 把握环境会计核算的可操作性

囿于本书研究专业基础限制，有关企业环境会计核算公开的操作性探讨也很有限。但本书建议从以下几个方面进行把握：其一，立法应当明确企业环境会计的概念和构成要素，这是制度实施的前提。能够纳入会计操作的环境事项应当满足，在实务层面能为会计确认和计量，对于企业而言会产生实质意义上的财务收支后果。其二，环境会计核算模式的选择应当既有利于将现实法定的环境收支内容纳入，又便于与传统的企业会计运行结合，从而最大限度地减少企业的制度执行成本。[①] 其三,列入的环境事项在环境资产、环境负债中如何确认、计量、核算？应当参考国际通行准则、借鉴发达国家的经验,[②]在综合考察和梳理现行中国法律规定的基础上进行,整合形成符合企业可持续发展要求的、行业统一的环境会计运行准则。这样才能保证环境会计报告数据和信息在企业、行业和国家各个层面上具有可比对性和实用性,能为各个利益主体战略选择提供依据。

3. 提高环境财务报告的可利用性

FASB 和 IASB 通过长期的归纳,总结出投资者及财务分析人员对财务列报信息存在的一些不满,刘瑞珍将其归结为“财务报表项目列示的信息高度汇总,一些重要的具有差异性的信息将会被掩盖”。[③] 人们因受经济问题比环境问题重要的传统思维影响,以致环境财务信息在很多时候、在很大程度上被有意或无意掩盖。另外,即使企业能主动提供信息,但在很多时候很多情形下,受信息使用者专业、会计业务知识的限制或者缺乏,面对企业铺天盖地的信息,信息需求方还是处于被动的信息接收状态、难以对企业信息进行有效选择和权衡。结果是,企业与信息需求者之间信息不对称现象仍然存在,信息市场还是供求不平衡,这样就会出现信息市场信息的“供大于求”与“供不应求”并存的现实悖论。

---

① 虽然到目前为止,“会计理论界对如何选择企业环境会计的体制与模式并不统一”,然而,“世界各国企业,绝大多数进行环境会计核算的企业,基本上还是将环境事项的财务影响统一纳入企业财务会计核算体系”。前后引注分别参见李永臣:《企业环境会计研究》,中国人民大学出版社 2005 年版,第 138 页、第 134 页。

② 比如,国际会计和报告准则政府间专家工作组《企业层次的环境财务会计和报告》(1997 年),联合国环境规划署(UNEP)《环境报告书编制指南》(1994 年)。美国会计职业团体《FASBNo. 5:〈或有负债会计〉》《石棉清理成本会计》《环境治理成本的资本化》;美国证券监督委员会(SEC)在 SEC Regulation S-K 的第 101、103、303 条款。加拿大特许会计师协会(CICA)《环境会计——环境成本与环境负债》(1993 年)和《基于环境视野的完全成本会计》(1997 年)。德国环境部《环境成本核算手册》(1996 年)。英国管理会计师协会(CIMA)《环境会计:实务指南》。日本环境厅《关于环境保全成本公司指南》(1999 年),《面向环境会计(2000 年报告)》,《环境会计指南》(2000 年),《环境会计指南Ⅱ》(2000 年);日本会计研究会“发展和构建环境会计”特别委员会《环境会计的发展与构建:平成 11 年中期报告》(1999 年)和《环境会计的发展与构建:特别委员会报告》(1999 年);日本机械振兴会《环境保全行为中的成本与效果:环境会计方法》(2000 年);日本公认会计师协会《考虑环境因素下公司管理的环境成本信息的利用》(1998 年)和《环境报告书保证业务指南(试行)》(1998 年)。

③ 刘瑞珍:《我国企业财务报告系列改进问题研究》,东北财经大学 2011 年硕士学位论文,第 4 页。

作为实际信息需求者,他们只想获得能对自己的抉择有用的信息。交互式按需报告模式能使这一现状得到较大改善,这种模式在西方有被称为实时报告模式。该模式具有如下特点:(1)以信息需求作为前提;(2)供求双方产生双向的信息传递,外部信息使用者只是根据信息需求在规定的范围内与企业进行信息交流;(3)信息使用者能够通过反馈系统参与报告的生成过程;(4)对于信息供求双方都能产生一种成本相对最小而效益相对最大的效果。该模式的关键是,信息供求双方形成信用基础,能从对方的角度、从大局着眼,以平等协商共赢的诚意思考双方所面对的问题;同时,也需要企业拥有强大的 Internet 技术支持、建立并完善企业资源计划(Enterprise Resource Planning,ERP)系统,①通过网上访问层层授权解决会计报告成本的合理分摊问题。

4. 强化环境会计核算的真实性

(1)强化会计信息真实性的责任意识

信誉资本是企业可持续发展的潜在动力,可以通过如下四个方面予以保证:①提高内幕信息的公正性;②有效的信息传递机制;③强化对发布不实信息的制裁力度;④股东积极性的发挥。这四个方面实际上是从企业内部和外部两个层面实施的。维持企业环境会计信息的真实可靠,是企业获取和保持信誉资本的要求,也能保证对企业利益相关者的公平和公正,这也是环境会计信息的终极关怀与追求。

1933 年和 1934 年,美国相继出台了《1933 年证券法》和《1934 年证券交易法》,规定了发行证券企业和上市交易证券企业要公开披露会计信息,并且辅之以注册会计师强制年度报告审计制度,其目的是保证企业会计信息真实可靠。会计信息的真实性直接影响到投资者的决策,继而对资本市场乃至整个经济造成影响。企业环境会计信息的真实性将影响资本市场对生态环境的关注程度,深层次还会影响到对经济与环境关系的调整。真实性的缺失,将会直接对国家可持续发展的设计带来误差。企业环境会计核算公开制度的设计与实施自始就应当致力于保证信息的真实可靠。

---

① 企业资源计划(Enterprise Resource Planning ,ERP)系统,是在制造资源计划(Manufacturing Resources Planning,MRP)系统基础上发展而来的新一代集成化管理信息系统,其核心思想是从供应链范围去优化企业的资源。该系统融合现代信息技术与先进管理思想于一身,反映了时代对企业合理调配资源、最大化地创造社会财富的要求。

(2)保障注册会计师监督功能的充分发挥

注册会计师被称为市场经济、证券业健康发展的守门人(watchdog)。虽然美国安然事件引起了公众对注册会计师鉴证的真实性和诚信度的强烈质疑,但是,无论在理论上还是从发展的视角,维护注册会计师的公正仍然是制度建立的初衷。可以利用注册会计师对上市公司财务会计的鉴证,推进建立并完善企业环境会计核算制度,以此强化和增进企业对环境保护的重视、形成自觉的良好的企业环境行为模式。

有研究认为,"注册会计师提供低质量的审计服务没有重大法律诉讼的风险,从理性角度出发,注册会计师更愿意提供低质量的审计信息"。[①]所以,为增强审计信息质量,立法应当加大对提供低质量审计信息的注册会计师和会计师事务所的责任成本,以强化注册会计师的职业法律风险意识,让低质量审计信息提供者切身感受到承担法律责任的痛楚。"事务所的'理性自利'是对社会经济资源有效配置的一种浪费,不会长期被社会所允许。"[②]这是一种市场选择的结果。然而,从经济理性的角度分析,企业董事会往往会避免坚持原则的事务所对自己进行鉴证以避免麻烦;可是,作为市场主体的企业又希望自己在市场竞争中能获取高质量、真实的会计信息。信息供求中的理性自利以及对高质量信息需求造成了企业的人格悖论;同样,注册会计师及会计师事务所因其利益诉求与职业中正的要求往往也是处于博弈与均衡之中。

法律诉讼风险小,使得注册会计师敢于冒违法风险提供低质量信息。事务所的鉴证存在信息的真实性风险,需要法律和行业的规制以最大限度地抑制事务所的理性自利行为。[③] 其一,通过立法强化注册会计师的审计责任,通过完善诉讼程序和救济程序保障违法责任得到真正追究,使违法者承担更高的违法成本;探讨完善的民事、刑事和行政责任相互配合、一体化的责任追究机制。其二,加强行业监管,形成有利于注册会计师公平竞争的市场奖惩机制、评价机制、退出和淘汰机制。注册会计师法律责任机制的加强,有利于促进市场主体对于企业会计信息的需求,从而推动注册会计师市场的健康发展。

---

① 仇俊林、范晓阳:《企业会计信息失真问题研究》,人民出版社2006年版,第88页。

② 同上书,第151页。

③ 《注册会计师法》(2014年修正)的实施已大大地强化了注册会计师、会计师事务所对其开展审计、咨询等实务的义务、真实性、合法性的义务和责任。参见该法第6条第1款、第10条、第13条、第16条第2款、第18~22条、第23条第2款、第31条、第32条、第39条、第40条、第42条。

其三,建立并不断完善事务所征信系统,同时形成一套有利于公众、媒体、社会组织合法参与的监督机制,形成全方位的监督体系。我国已经形成了一支不容忽视的会计专业技术服务队伍,这是一支保障会计信息质量真实性的重要力量,对专业会计队伍人员的环境教育和培训是保证环境会计信息真实完整的重要措施,将有利于推进企业环境信息公开制度的全面实施。

(3)创新监督、责任和评价体系

企业环境会计核算公开需要建立注册会计师、环境执法机关和司法机关三者之间的相互配合与合作监督机制,以保证企业会计信息披露的正常运行和环境信息的完整性。

责任保障主要体现为:第一,落实会计人员的责任、单位负责人的责任;第二,加强对信息生成过程中的各要素、各个具体岗位、具体过程的控制,保障信息生成程序的正常运作。评价系统主要是:首先,企业内部会计信息评价体系的建立。这是企业内部控制制度运行的主要环节之一。其次,企业外部评价因素的考量。这种评价决定于不同信息使用者的价值取向和行为目标,公正的外部评价结论作为评价系统的构成具有其合理性。

通过对企业会计运行与环境信息公开结合的分析,本书认为,将环境信息纳入企业会计核算和报告体系是企业环境信息公开能够正常实施的一个重要方面,如果要使这样的设计能够产生实际效果,还需要有其他相关制度的互相配合,如环境影响评价制度、环境许可证制度的配合,从而产生一体化制度保障的综合效果。

第三节　环境影响评价制度的保障

环境影响评价制度产生的价值意义在于对项目、规划以及战略对环境影响的原始恶性的约束,对环境公共利益的不利影响、对公众环境权利的忽视乃至损害的救济,通过预防性程序维护环境公正和利益平衡。基于这种对程序和权利的价值取向,各国环境影响评价立法中都会规定公众参与和信息公开,企业环境信息公开是其重要内容。环境影响评价与企业环境信息公开相互促进,企业环境信息公开是手段,公众参与和监督环境影响评价是目的。反之,公众有效地参与环境影响评价过程,会使各利益相关方对项目所涉及的利益关系更清晰明朗,利益在参与中得以平衡,也进一步促进企业对环境信息充分公开。最终目的是使项目和规划实现最优化。

然而,我国现实却凸显了环境影响评价制度实施的艰巨性。诸如,多次因为建设垃圾焚烧发电项目、PX 项目而引起的社会群体性事件,而这些项目却都是通过了国家环保部的环评审批;还有类似康菲—中海油海洋污染事件等。问题在于,在事件发生前和发生中,无论是政府还是直接相关的企业,都存在公众参与缺乏,对社会公众封锁或者公开的环境信息严重不足的事实。可是项目结果却总是要公之于众。这些事件与公众、尤其是周围的社区和居民的人身和生命财产安全密切相关,在完全不知情或者在没有充分体现他们意志、不充分考虑他们利益的情况下实施项目,导致事件的发生乃至升级是必然的。结果是,既不有利于社会稳定,不利于建设良性的公众与企业、政府的关系,也有碍经济的健康和可持续的发展,同时,有损法律的权威、降低政府行政的效率和不利于法治的公正目标的实现。上述在制度实践中所出现的问题要求对我国的立法进行必要的检视。

从 1998 年《建设项目环境保护管理条例》的出台,至 2002 年的《环境影响评价法》的问世,到其后的相关法律规定,2016 年《环境影响评价法》的修改,环境信息公开构成了环境影响评价公众参与程序的制度内核和价值追求。尤其是 2006 年的《环境影响评价公众参与暂行办法》、2007 年的《办法(试行)》,以及 2014 年最新修订的《环境保护法》和出台的《企业事业单位环境信息公开办法》,更是强化了公众参与程序和环境知情权、明确了企业环境信息公开的义务。① 可是实际情况却是,中国环境影响评价制度的实践与立法的程序公正和权利至上理念相悖,正当程序没有得到有效的遵守和执行以致制度实施的效率不高。本书通过对我国现行的有关环境影响评价的、专门性的法律规范(包括法律、行政法规、规章)②进行初步的统计分析发现:在我国有关环境影响评价的分散性立法中,无论是立法理念还是对于环境信息、社会公

---

① 例如,《环境保护法》(2014 年修订)第五章的标题即"信息公开和公众参与"。该法第 53 条第 1 款规定:"公民、法人和其他组织依法享有获取环境信息、参与和监督环境保护的权利。"第 47 条第 3 款和第 4 款、第 53 条第 2 款、第 56 条对政府及其主管部门、企业信息公开义务,第 62 条、第 65 条、第 68 条对上述主体信息公开责任进行了规定。

② 这些规范包括:《环境影响评价法》(2016 年修正),《规划环境影响评价条例》(2009 年),《建设项目环境保护管理条例》(2017 年修订),《建设项目环境影响评价文件分级审批规定》(2009 年),《环境保护公众参与办法》(2015 年),《建设项目环境影响评价行为准则与廉政规定》(2005 年),《环境保护总局建设项目环境影响评价文件审批程序规定》(2005 年),《建设项目环境影响评价资质管理办法》(2015 年),《环境保护行政许可听证暂行办法》(2004 年),《专项规划环境影响报告书审查办法》(2003 年),《环境影响评价审查专家库管理办法》(2003 年)。

众和专家参与内容的规定都有着共同的需要完善的地方。美国的有毒物质排放清单制度的不断完善、日本对于公众参与环境影响评价的司法程序的透明和有效,都可以借鉴。转化公众参与环境影响评价的价值观念、重视对企业环境行为社会合法性认知,强化我国环境影响评价程序中的信息公开机制,加强政府、企业以及独立的第三方对于公众参与程序责任的承担,推进环境影响评价程序中与公众之间的信息传递、反馈和交流,将有利于提升程序的公正性和制度的民主价值。

一、环境影响评价公众参与中民主原则的贯彻

(一)良好生存权利的价值取向

立法设立和实施环境影响评价制度基于对以下因素的考量:第一,拟议实施的规划或者建设项目存在负外部性可能,包括对自然环境和人文环境的不利影响、对人们物质财产乃至精神生活的潜在损害。而这些环境却是身处其中的人们生存和发展的基础,这是他们的第一位权利,它取决于人们对影响他们这种基本权利的开发行为和行动的信息获取权、参与和监督的权利的合法性。由此,这种生存和发展的优位权也就奠定了人们参与环境影响评价的民主基础。第二,影响或者损害的结果具有恢复难度大乃至不可恢复性。它取决于生态环境的系统性,环境影响及其后果之间因果关系的复杂性,科学的不确定性、技术和人们认识的有限性。正因如此,公众尤其是直接受到拟议项目影响的社区和居民,更有权参与到环境影响评价的整个过程,并应当在项目的取舍、实施或者替代的决定程序中起到主导作用。然而,"与外国实行的以公众参与环境影响评价为主的方法所不同的是,中国环境影响评价制度主要是依靠环境保护主管部门负责组织审查、批准建设项目的环境影响评价"。[①] 本书认为,中国的环境影响评价制度与国外相比,不仅是汪劲先生所言方法的不同,更是一种中西理念上的差异。上述理念上的差异直接导致我国立法作如此规定,政府及其主管部门和企业在环境影响评价制度中起主导作用,公众只是作为被征求意见对象而非决定主体之一,是一种被动参与主体。从对公众参与环境影响评价的立法价值判断,环境影响评价过程应当设计成"帮助、促使人们和社区更加自治,让他们能够较

① 汪劲:《中外环境影响评价制度比较研究:环境与开发决策的正当法律程序》,北京大学出版社2006年版,第38页。

好地对影响他们生活的事情进行决策”。[①] 制度的生成自有其发生的原始初衷和建立理念,当制度是从国外移植入本土时,理念的不同自然会影响到制度生长的效率和效果、甚至使制度发生扭曲。中国自 20 世纪 70 年代引入环境影响评价概念[②]至今,在理念上和实践中不重视乃至忽略公众在环境影响评价中的作用是导致该制度实施效果不佳、步履艰难的根本性原因。因此,中国立法应当确认公众在环境影响评价中的根本性地位和作用,还制度设计宗旨的本源,“通过让受影响的人参与环境影响评价,使他们的相关利益最大化,并保证获得适当的补偿”。[③] 第三,在中国环境影响评价中贯彻民主原则具有合法性基础。比如,《宪法》(2018 年修正)宣称的,国家对人权的尊重和保障,对生活环境和生态环境的保护、对污染和其他公害的防治,人民依据法律对国家事务、经济和文化事业、社会事务管理的权利的规定,[④]奠定了公众参与环境影响评价的宪法基础。《环境保护法》(2014 年修订)规定的,保障公众健康,保护优先、公众参与、损害担责的原则,单位和个人保护环境的义务,单位信息公开义务。[⑤] 通过对单位法定义务的规定以保障公众参与权利的实现。《环境影响评价法》(2016 年修正)规定的,实施可持续发展战略、预防规划和建设项目实施后对环境造成不良影响,环境影响评价必须客观、公开、公正,鼓励有关单位、专家和公众以适当方式参与环境影响评价。[⑥]这是对公众参与环境影响评价权利的具体法律确认。

(二)美国借有毒物质排放清单维护环境知情权的启示

1969 年被誉为美国环境宪法的《国家环境政策法》付诸实施,由此确立环境影响评价制度,强调了公开环境影响报告书的法定性和报告书对公众意见的反馈与反映。对拟议租借买卖墨西哥湾近海海域的环境影响报告书草案和

---

① David P. Lawrence, *Environmental Impact Assessment: Practical Solutions to Recurrent Problems*, Hoboken, John Wiley & Sons, Inc. ,2003, p. 313.

② 汪劲:《中外环境影响评价制度比较研究:环境与开发决策的正当法律程序》,北京大学出版社 2006 年版,第 38 页。

③ Diori L. Kreske, *Environmental Impact Statements: A Practical Guide for Agencies, Citizens, and Consultants*, New York, John Wiley & Sons, 1996, p. 18. 转引自李艳芳:《公众参与环境影响评价制度研究》,中国人民大学出版社 2004 年版,第 92 页。

④ 参见《宪法》(2018 年修正)第 33 条第 3 款、第 26 条第 1 款、第 2 条第 3 款规定。

⑤ 参见《环境保护法》(2014 年修订)第 1 条、第 5 条、第 6 条第 1 款和第 3 款、第五章规定。

⑥ 参见《环境影响评价法》(2016 年修正)第 1 条、第 4 条、第 5 条规定。

最终报告提交要求，为此提供了证据。[①]

1984 年美国联合碳化物公司在印度博帕尔发生毒气泄漏事故，造成 2000 人死亡、上万人受伤的严重事故；紧接着 1985 年，该公司在美国西弗吉尼亚州研究所又一次发生毒气泄漏事故造成 135 人受伤。这两起事故加之同期其他化学污染事故，绷紧了美国人的神经，引起了公众和国会对危险化学品的关注。同时，事故也反映出一个严峻的现实问题，公众对其生存环境的有毒化学物质缺乏应有的了解，公司则有意无意地忽视公众对社区内化学物质的知情权，隐瞒有毒化学物质信息。鉴于此，美国化学品制造协会（Chemical Manufacturers Association）实行了"社区认识及紧急应对方案"（Community Awareness and Emergency Response Program）；该方案有两个目的：其一，改善该协会的会员企业的应急规划及与工厂所在社区的沟通；其二，解答公众对于化学品工厂的疑问。

1986 年美国国会通过《应急计划及社区知情法案》，要求各公司向州紧急反应委员会和当地消防局提交关于使用中的有毒化学品的名称、位置和数量年度报告；有毒物质排放清单是该法案的重要创新，可以认为实施 TRI 是 PRTR 制度在美国的成功例子。[②] TRI 要求企业每年向环保局报告超过 600 余种有毒物质排放量和废弃物的转移量。环保局的义务是将所报告的数据形成数据库，公众能够通过网络获取这些数据。TRI 有一个重要功能就是授权环保局，在某一阶段对化学物质目录、担负报告义务的产业部门、企业对化学物质使用的相关数据从量上分别进行扩张。对这种功能产生重要影响的当推 1990 年颁布的污染防治法案（Pollution Prevention Act，PPA），PPA 要求企业（制作 TRI 报告的企业）每年提交《有害化学物质发生源消减与回收报告》。

---

① 自 1953 年以来，美国政府一直以墨西哥湾为主向私人企业出租近海海域，用于进行石油和天然气的勘探与生产。但是，从 1969 年以后，对于这种政府出租行动被视为对环境有重大影响的联邦行动，需要受到国家环境政策法的调整。H. 恩泽：《公有土地的多目标权衡过程》，党志国译，吴用可校，载美国商务部环境事务办公室编：《美苏第一届环境经济讨论会论文集》，北京市环境保护科学研究所译，中国环境管理、经济与法学学会 1982 年版，第 106 页。

② "到 1999 年，尽管经济增长快速，但是可能报告的 TRI 排放已经下降了 46%。这种趋势导致环保部将 TRI 称为'曾经在国会立法并由环保部实施的最有效的环境规划之一'"。参见 Thomas C. Beierle, "Environmental Information Disclosure: Three Cases of Policy and Politics", *Resources for the Future*, March 2003 · Discussion Paper 03 – 16, p. 1，载 http://www.rff.org/files/sharepoint/WorkImages/Download/RFF – DP – 03 – 16.pdf，最后访问日期：2018 年 5 月 5 日。

"TRI 原本不是限制企业化学物质排放,实施某种取缔的制度,是排放信息把握和公布的制度……但是,从现实的功能看,发挥了与排放消减规制相同的作用",[①]这是一个很有趣的制度实施中的功能传递现象。本书认为,之所以"把握和公开"企业的排放信息能够推动排放减排,是因为被政府公开了的企业排放信息传递给了公众,形成了一种社会和市场对企业排放污染的压力,企业为了更好地有效地降低生存压力就得减排。美国 PRTR 制度的实施,建立在以居民"知情权"为背景的基础上,清单制度提高了公众意识并且社会公众能利用数据库加强对排放工厂的监督。

我国目前和今后相当长的一个时期,或者说是不可能停歇的过程,节能减排将是经济结构转型、产业与企业升级换代的重要任务和目标。美国的 PRTR 制度实施的成功经验有赖于对居民"知情权"的维护,得益于对企业环境信息的公开。然而,本书研究发现,自中国开始实施节能减排战略以来,在每年年终,许多地方政府为完成减排任务,就会出现对企业断电断水、停止供气的怪象。与其由政府以强压指标的方式强制企业实施节能减排,不如调整一下政府的治理思路,加强对企业环境信息公开制度的实践。企业通过平时环境信息的公开,将外部公众对企业环境监督的压力转化为企业主动减排的动力。通过信息公开将企业减排任务指标完成在平时,而不是年底时的突击减排,乃至釜底抽薪停止生产。尤其是,在目前国际经济形势不景气而中国的经济增长速度明显减缓的大趋势下,政府的这种做法于理于法都不值得提倡和称道,对政府执法能力的提升和企业环境信息公开制度的推行都会产生弱化的负作用。企业公开环境信息有如下优势:其一,对于企业而言,处于持续公众监督之下的环境行为模式,从长远讲有利于企业的可持续发展、对企业有益;同时,也有利于增强企业可持续生存发展的合法性在公众中的认知。其二,对于公众而言,是对公众环境知情权的尊重和维护,是对环境民主价值的提升。其三,对于政府而言,有利于推动积极行政、并且降低环境治理的成本。

二、拟建项目社会合法性的社会许可

(一)项目社会合法性的法理求证

当一个项目拟议建在某个社区周围或者附近时,当地社区和居民不得不面对如下现实:处理未来污染对于社区健康和生计的影响,如政府规划在社区

① [日]黑川哲志:《环境行政的法理与方法》,肖军译,中国法制出版社2008年版,第122页。

或者其周围建设垃圾焚烧发电厂。因为，一旦该对环境有不利影响的项目被许可实施，不仅对政府的监管难度加大，而且项目对社区的影响将是长期的。所以，立法应当将公众参与作为环境影响评价的重要部分，这种参与不仅是程序意义上的，而且应当对社区和当地居民的切身利益予以真正的考虑，社区这样的地区组织参与应当对项目许可者和项目实施者具有约束作用。

"为了不让企业对环境问题所表示的关心仅停留在形式上，使其行之有效，有必要依据生活的逻辑由国民来评价企业对环境问题的态度，来诱导企业改变态度。"①基于对上述诸因素的考虑，项目组织者企业应当获得社会许可和社会合法性。② 社会许可和社会合法性是负责任商业实践的关键成分，以此为机制保障企业与当地社区的共生，寻求开发行动与社会、生态环境损失之间的平衡。这是环境法污染预防原则的体现，企业对社会的承诺应当体现为项目对环境的不利影响最小化的预防、体现为项目对所在社区和居民利益的最大回应；同时这也是对污染者负担原则的预设，防治项目对社区环境的损害是企业应当承担的法定义务和责任，如果企业在当下忽略对社区和居民环境利益和环境话语权的考虑，那么将来就会面临发展的障碍和不可持续性乃至更大的损害赔偿。充分运用环境影响评价中的公众参与能够帮助企业获得社会许可和社会合法性。为了实现利益相关社区和公众的参与目的，应当使参与者对环境影响评价过程有一个全面的、深刻的理解，其实施机制就是企业应当运用更有效的方式将项目的含义和目的告知利益相关方，即社区和公众应当获得有关项目的更全面的信息。获得全面信息的公众的参与保障了更公开、民主和透明的企业决策过程，增加了社区居民的代表性，能够帮助企业识别和解决因为对拟建项目的环境影响不透明而产生的、企业与社区和公众之间的潜在冲突。通过积极的民主参与环境影响评价的透明过程，企业获得社会许可并制订出社会合法性规划，企业与公众之间达成互相理解和信任，企业

---

① [日]岩佐茂：《环境的思想——环境保护与马克思主义的结合处》(修订版)，韩立新等译，中央编译出版社2007年版，第150页。

② 佩利卡和桑德斯罗姆(Pellikka and Sandstrom)(2011年)认为"社会许可是源于对公正和互信的社区安全思考而形成的产品，是商业实体对社区关怀的说明"。1995年，萨奇曼(Suchman)将社会合法性定义为"一个广义意义上的看法或者假设，当涉及规范、价值、理念和定义的某些社会性建构的制度时，商业实体的行动是令人满意的、合适的或适当的"。Justice Nyigmah Bawole，"Public Hearing or 'Hearing Public'? An Evaluation of the Participation of Local Stakeholders in Environmental Impact Assessment of Ghana's Jubilee Oil Fields"，*Environmental Management* 52，2013，p. 387.

在社区中留下良好的商业形象，从而形成问题的解决和协商机制。因此，以充分透明和信息公开为基础，通过公众参与环境影响评价形成的社会合法性和社会许可应当作为法律意义上的、项目环境行政许可的前提和基础。可以预见，这种基于利益相关者之间形成的社会契约所产生的项目实施效果比纯粹意义上的形成许可效果更有效率。

（二）日本信息公开纳入环境影响评价的合理性引荐

相比较一般公共信息，环境信息所具有的高度公共性特征要求应当尽早公开。具有预防性特征的环境影响评价与公共性极高的环境信息的结合具有内在的合理性，因此，通过立法在环境影响评价程序中规定环境信息公开的内容亦具有正当性。既如此，那么在环境影响评价阶段，就应当让环境信息得到充分的公开。这样就会让社会公众能够真正地参与环境影响评价过程，实现对环境影响评价的监督，从而能使得该制度的正当性得以真正体现。

黑川哲志先生以日本中央环境审议会报告（1997 年 2 月 10 日）关于居民参加的规定为据，提出居民“信息提供参加”的概念。这一概念的基本思路包括：（1）形式目的——通过环境影响评价促进信息交流；（2）实质目的——形成对环境考虑的合意；（3）基本路径——企业提供项目信息→居民为了环保对此提出意见→企业对意见予以审慎考虑→企业通过环境考虑程序，将居民意见反应到企业的意思决定中。① 也许这就是公众借助信息公开制度参与包括环境影响评价在内的环保参与的意义所在。企业提供信息，公众对信息进行消化、吸收、理解和反馈意见，在此基础上企业进一步同公众展开信息交流，在信息交流过程中，实际上公众（尤其是当地居民和社区）与企业之间就某一项目或者某一计划的实施已经形成了初步的信任基础，对于后续性环境影响评价将产生重要作用。在这里，不只是公众或居民参与的问题，它的实行将有利于推动企业对于环保的真实参与，使其认识到企业的发展离不开对公众（尤其是当地社区和居民）与环境相关的利益的关注和考量，真正将居民的意见、对企业环境影响评价信息的回应体现在环境影响评价过程和许可证之中。而这些信息的公开与交流对各方均是一种互相盈利的状态，取信于民这也是企业可持续发展的一项重要的无形资源。

---

① ［日］黑川哲志：《环境行政的法理与方法》，肖军译，中国法制出版社 2008 年版，第 111 页注释①。

三、具体立法内容和技术的完善措施

(一)环境影响评价中信息公开的法制化

日本“环境调查”法制化给了我们逻辑启示。在1972～1975年公害国会运行之初,日本开始实践环境影响评价“原始”状态的环境调查,当时“所实施的环境调查,其调查范围是有限的(如调查范围只限于典型公害),而且在程序方面也缺乏居民的参加”。① 虽然环境调查并不完善和全面,但是当时的“判例中也出现了对进行开发的事业者课以实施环境事前调查的私法上的义务的情况”。② 因此,本书认为,虽然事业者进行事前环境调查得到司法的确认,但在起始阶段其调查范围的有限性自然会降低由调查所获得的信息的充分性,最后就会对公众参与的效率造成不利影响。虽然如此,还是应当从客观的角度来看待调查环节,调查虽然是在为环境影响评价作准备,但是调查的深浅、认真程度将会对环境评价的信息真实性和可靠性产生实质影响。自20世纪70年代中期以后,“地方公共团体中出现了将包括综合性的环境影响评价和居民参加程序的真正的环境影响事前评价予以制度化的动向”。③ 到1984年8月,日本内阁会议确定《环境影响评价实施纲要》,要求企业(日本称为事业者)对其拟实施的事业给环境造成的影响应当进行调查、预测和评价,至此法制意义上的环境调查已经定型,而且环境影响评价制度因此也开始正式实施。

1996年经济合作与发展组织(OECD)发布了《污染物释放与转移登记政府指导守则》,呼吁在世界范围内建立污染物释放与转移登记(PRTR)制度。1997年7月13日日本颁布《特定化学物质环境排放量把握与管理之改善促进法》(以下简称《化学物质管理促进法》),导入了PRTR制度。在日本,PRTR制度是让企业向行政机关申报其项目的化学物质的排放量和废弃物的转移量,并将该信息通过行政机关公告或者公开的制度。该制度涉及企业的两个环境行为,即排放化学物质和对废弃物的转移。也关涉行政机关两个职责,监督企业进行申报以及公开或公告企业的申报信息。对于该制度,黑川哲志先生评价道:“是优先成立旨在通过某种形式管理未管制化学物的机

---

① [日]原田尚彦:《环境法》,于敏译,马骧聪审校,法律出版社1999年版,第131页。

② 同上书,第131页注释①。

③ 同上书,第131页。

制……其承担总括性环境排放信息数据库的作用。”[①]本书将其理解为,该“数据库”对于化学物质的管理,只要是有新的化学物质产生,那么就应当进行登记。作为化学物质的研究者与开发者、作为开发行为的决策者,在进行化学物质的研发之前就应当考虑到,该物质是否会对环境造成潜在危害,如果造成危害是否又能够将这种危害控制在目前科学技术、国际标准的要求之下?这些考虑,也将会为该潜在化学物质的应用市场产生可以预测的前景,同时也能促进 PRTR 制度的完善和发展,这对企业自身发展以及制度建设都能产生裨益。在对排放企业申报数据的处理过程中,还涉及对申报信息、相关文件公开的规定。《化学物质管理促进法》第 8 条第 3 款、第 4 款、第 5 款规定环境大臣和产业经济大臣合计这些文件信息,公布合计结果。主管大臣和都道府县知事也可以在合计被通知的文件后公布。对于合计性数据,该法第 10 条第 1 款则规定了依据申请公众获取申报信息的权利。问题是,这里公布的信息并不是某个企业的数据,这就相应地给公众对具体企业的监督造成一定困难。日本对这一困难的解决之道是,通过“数字媒体基于总括性请求的公开”和“环境 NGO 因特网简易形式公开”方式,进而让广大市民都能知道化学物质的排放状态。[②]

(二)“意见”征求程序与反馈程序的规范性与公正性

本书以“意见”为关键词进行查询表明,在我国现行有关环境影响评价的法律规范中,被征求意见的对象主要是“公众”(有时规范中使用“居民”或者“公民”),规范内容中包括如下两个涉及公众对环境影响评价程序的参与和环境信息公开的重要环节,即相关主体对公众“意见”的采纳与否,以及对公众“意见”的反馈。这是环境影响评价程序中最主要、最多也是最重要的一环,相关主体的真实表现决定着该项规范内容的实现程度或效果,它需要以规范性与公正性为保障。

1. 环保部门作为意见征求主体时的程序完善。[③] 法律规定了环保行政主管部门的审查职责,包括审查建设项目、专项规划的环境影响评价中是否落实对公众意见的征求程序,这样的审查主要是形式审查。例如,《建设项目环境影响评价文件审批程序规定》(2005 年)第 13 条的规定。本书认为,这些新

---

① [日]黑川哲志:《环境行政的法理与方法》,肖军译,中国法制出版社 2008 年版,第 116 页。

② 同上书,第 118 页。

③ 在第 155 页脚注②所列与“环境影响评价”相关的专项法律规范中,有 30 款进行了规定。

建、改建或者扩建项目，或者专项规划都会对公众尤其是附近社区建设和居民生活产生实际的影响，妨碍公众对其生活权利或者更一进步讲是生存权利的正当行使。这些基本权利优先于进行项目建设、专项规划的经济性权利，从优先权利应当优位实现的法学理论出发，就应当启动征求意见程序。然而立法却设定了条件，如《环境影响评价法》(2016 年修正)第 11 条规定的“对可能造成不良环境影响并直接涉及公众环境权益的规划”，该法第 21 条规定的“对环境可能造成重大影响、应当编制环境影响报告书的建设项目”，专项规划的编制机关或者建设单位应当通过论证会、听证会，或者采取其他形式，征求有关单位、专家和公众的意见。上述第 11 条中的“不良”、第 21 条中的“重大”以及两条中共同出现的“可能”都是不确定的、抽象性的概念，这需要环保执法主体运用专业技术、对立法理念的敏锐、对环保的深刻意识、对公众权利的切实关怀才能把握其实质内涵。从立法条文看好像规定的很具体，但实际上却给予了环保行政主管部门是否采取听证程序和征求意见足够的选择性空间，论证会、听证会不是作为行政执法主体的法定必经程序，而是该主体的自由裁量权力。程序法律上应然层面的权利让位于实然状态的权力。这看似是一个立法上的技术问题，如标准的设定，但实际上反映的是立法对于公众权利的维护与对政府行政权力约束之间平衡的价值选择问题，映射出立法对待权利的态度、理念和取舍。对“听证”等标准的把握，立法应当秉持保护公众在法律上应然层面的程序性权利优于赋予行政部门实然状态的权力的原则，防止给予环保行政主管部门的自由裁量空间太大。因为，在把握是否听证的问题上是否还要将地方利益、其他部门利益考虑进去，这其中的不确定性强、弹性大，很容易使规定束之高阁，因此也难以让执法主体、守法主体、公众形成合理的制度预期。所以，对于抽象性的概念立法应当尽量避免；如果确有必要也应当谨慎使用，保证有及时量化和细化的标准、指标的跟进，从而防止法定权利的旁落和权力空间的膨胀。笔者认为，关于环境影响评价立法中有关对公众意见征求的条件，应当将立法中诸如“不良”“重大”“可能”等抽象概念准确定义，哪怕是以列举的形式也可行，严格限制执法主体的对于“听证”程序的自由裁量权。

2. 建设单位或环评机构作为意见征求主体时的程序保障。[①] 例如，《环境影响评价法》(2016 年修正)第 21 条的规定。从其规范条款的居多可以看出，

① 在第 155 页脚注②所列与“环境影响评价”相关的专项法律规范中有 40 款进行了规定。

立法对建设项目环境影响评价中征求公众或居民意见的重视,这同时也是由建设项目对环境的影响、对公众环境权利和公共环境利益的影响的高权重值所决定的。为什么立法要求环境影响评价应当重视公众或者居民的意见? 该法第21条隐含了一个重要的理念,即相比较于项目所产生的经济利益,公众或者社区居民的利益应当得到确实的关怀。因为,"绝大多数直接受到提议行动影响的人们,无论该行动是否实施、如何实施,他们都有主要的话语权"。①所以从客观上讲,现实中发生的对建设垃圾焚烧发电项目的反对和抗议行动,在理论上该类行动常常被冠以"邻避现象",实在具有其产生的合理性和合法的权利基础。

但是,现实中也存在不利于环境影响评价中信息公开与交流的因素,需要求解之法。2010年本书研究主导的对某地区建设项目环境影响评价公众参与的调研中发现,几乎所有被调研企业(包括外资和国有企业),都是全权委托环境影响评价机构实施环境影响评价,这符合现行的法律规范要求。但是,这些企业对被委托的环境影响评价机构是否履行,或者是否完全履行环境影响评价中的公众参与程序并不明了;甚至有的企业认为它们根本不用去管这事,因为已经委托给了环评机构,出了问题由环境影响评价机构承担责任。于是问题就衍生出来,建设单位居然认为它与环评中的公众参与的规定无关,甚至认为他们对此不承担法律后果,这就是问题的症结所在。然而从法理角度分析,建设单位与环境影响评价机构之间的委托合同只是它们内部之间的权利义务约定,该合同不能对抗外部利益方的合法权利和对外部法定义务的承担,因为履行合同而违背法定的义务则应当承担相应的法律责任。考察现行的《环境影响评价法》,有几个关键因素促成了上述现象。

促成因素一:法律规定,只有具有法定资质的机构才能编制环境影响报告书(表),项目建设单位只能委托资质单位进行环境影响评价。② 这一规定并不存在问题,但是法律并没有规定企业应当强制履行对环境影响评价中的公

---

① 252 David P. Lawrence, *Environmental Impact Assessment: Practical Solutions to Recurrent Problems*, Hoboken, John Wiley & Sons, Inc., 2003, p. 308.

② 《环境影响评价法》(2016年修正)第20条第1款规定:环境影响评价文件中的环境影响报告书或者环境影响报告表,应当由具有相应环境影响评价资质的机构编制。

众参与的监督义务，更没有相应的责任条款，[1]这却是最致命的立法上的缺陷。从立法形式上看，对于建设项目的环境影响评价，项目建设单位似乎成为了局外人士，而实际上它们才应当是当然的、法定的最终责任承担者。

促成因素二：从对环境影响评价的立法宗旨考察，公众参与本来应当是环境影响评价程序中的一个非常重要的环节，因为涉及建设项目的合法性以及项目及其周边可持续发展问题。但是，立法却只是将公众参与作为一个一般性环节，将对于公众意见的采纳与否作为建设单位报批的环境影响报告书的附件，而不是环境影响报告书的必须内容。[2] 而对有关单位、专家和公众的意见，立法只是规定建设单位报批的环境影响报告书需要对采纳或者不采纳予以说明，而且只是作为报告书的附件。[3] 然而，问题的关键是，环境影响评价却演变为实际上的企业单方面的行为，总体反映的是企业的建设项目的目标，相对应附近社区和公众而言他们是利益强势方，一开始各方之间的利益就处于不平衡状态，同时，有关项目的信息也是出于信息不对称状态。这种现实与立法的价值取向相背离。建设项目的实施直接关涉公众（尤其是附近居民和社区）的利益，环境影响评价对公众意见的考虑的法理学上的意义应当是对公众利益的考虑、对项目建设单位利益与公众利益的平衡。当公众意见未作为强制性内容纳入环境影响报告书的内容时，传递的信息是公众参与及其意见在项目环境影响评价程序中并非重要，自然降低了公众意见在环境影响中的作用和地位。2014 年修订通过的《环境保护法》确认项目的环境影响报告

---

① 《环境影响评价法》(2016 年修正)第 32 条规定：接受委托为建设项目环境影响评价提供技术服务的机构在环境影响评价工作中不负责任或者弄虚作假，致使环境影响评价文件失实的，由授予环境影响评价资质的环境保护行政主管部门降低其资质等级或者吊销其资质证书，并处所收费用一倍以上三倍以下的罚款；构成犯罪的，依法追究刑事责任。

② 《环境影响评价法》(2016 年修正)第 17 条第 1 款有关建设项目的环境影响报告书应当包括下列的七项内容中并没有这一项。该条款规定：建设项目的环境影响报告书应当包括下列内容：(1)建设项目概况；(2)建设项目周围环境现状；(3)建设项目对环境可能造成影响的分析、预测和评估；(4)建设项目环境保护措施及其技术、经济论证；(5)建设项目对环境影响的经济损益分析；(6)对建设项目实施环境监测的建议；(7)环境影响评价的结论。第 21 条规定：除国家规定需要保密的情形外，对环境可能造成重大影响、应当编制环境影响报告书的建设项目，建设单位应当在报批建设项目环境影响报告书前，举行论证会、听证会，或者采取其他形式，征求有关单位、专家和公众的意见。建设单位报批的环境影响报告书应当附具对有关单位、专家和公众的意见采纳或者不采纳的说明。

③ 详见《环境影响评价法》(2016 年修正)第 21 条规定。

书应当依法全文公开。[①] 可令人遗憾的是,本次修订还是只强调应当将"公众意见"反映在环境影响评价的"过程"中,却并未强制要求项目单位将意见体现在"评价书"中。[②]强调程序公正是为实现实体上的公平,将意见体现在评价书之中才是问题的关键所在,是公众和社区利益在未来项目运行时得以保障的基础;也可以认为是项目企业与公众和社区居民的权利义务协议,公众和社区居民可以运用这种权利义务约定证据监督企业的环境行为,然而立法却为法律的实施留下的新的漏洞。在未来的立法修改完善时,应当考虑到这层至关重要的因素,明确规定将公众意见强制纳入环境影响报告书内容之中,而不是以附件的形式表现出来;这还只是形式要件而已,要达到公众参与和环境影响评价的真正立法目的,立法就应当明确规定在公众参与环境影响评价程序后,后续报告书的修改和完善必须考虑公众尤其是附近社区和居民的合理合法的要求,将他们的意见纳入建设项目总体平衡之中。只有这样,全文公开的环境影响报告书才能体现立法目的,才能反映出公众参与的效果、公众的意愿和利益诉求,公众监督才能真正的得到保障。然而,在相当长的时期内,我们不得不面对这样一个几乎是悖论的现实,公众参与环境影响评价的价值虽然被广泛承认,公众在环境影响评价中的作用却发挥很小,而公众却坚信他们在涉及影响他们利益的重大决定中具有权力。在学理层面和未来的实践中,"环境影响评价过程应当是直接的、参与式的民主概念和原则的表达与履行"。[③] 环境影响评价中应当贯穿民主理念,公众和社区的价值与利益应当在环境影响评价中予以充分体现,公众和社区在项目决定中应当与项目企业、政府分享决策权,在环境影响评价程序设计中法律一定要最大限度地发挥平衡利益和权力的功能。

促成因素三:从环境影响评价机构与项目建设单位的委托关系看,他们之间存在利益关系,这是环境影响评价机构做好环境影响评价的基础,环境影响

---

① 《环境保护法》(2014 年修订)第 56 条第 2 款第 1 项规定:"负责审批建设项目环境影响评价文件的部门在收到建设项目环境影响报告书后,除涉及国家秘密和商业秘密的事项外,应当全文公开。"

② 《环境保护法》(2014 年修订)第 56 条第 1 款规定:"对依法应当编制环境影响报告书的建设项目,建设单位应当在编制时向可能受影响的公众说明情况,充分征求意见。"《环境保护法》(2014 年修订)第 56 条第 2 款第 2 项规定:"发现建设项目未充分征求公众意见的,应当责成建设单位征求公众意见。"

③ David P. Lawrence, *Environmental Impact Assessment: Practical Solutions to Recurrent Problems*, Hoboken, John Wiley & Sons, Inc., 2003, p. 308.

评价机构应尽最大能力完成环境影响评价。但是,对公众意见的考虑也会对环境影响评价结果和项目建设单位的利益产生影响。从对环境影响评价报告书的责任追究机制看,立法只是涉及对环境影响评价机构的责任。① 加上上述第一、第二两个原因的影响,只要环境影响评价机构能保证没有发生"使环境影响评价文件失实"的结果,那么也能在形式上符合法律规定,实质上也满足了项目建设单位的委托要求,即使出现环境影响评价中的公众参与程序瑕疵也可回避责任。然而本书认为,这样的立法规定值得商榷并应当在今后的立法中进行修正。从形式上看是强化了环境影响评价机构的责任意识,起码对评价结果的真实性和公平性能起到一定的督促和保障作用,但这只是考虑了问题的一个方面。从问题的另一个层面考虑,从法律权利与法律义务相对应的角度或者从法律公平的角度考量,立法对受托环境影响评价机构是不公平的,因为建设项目环境影响评价的最终受益者仍然是企业。无论是从行政法理的角度还是从民事法理的角度看,受托人因为从事委托事项而产生的法律后果,即使是受托人有法定的过错行为,委托人也不应当完全排除在承担法律后果之外。

因此,立法应当增加对公众意见是否考虑的责任设计,将环境影响评价机构和项目建设单位的责任同时纳入考虑,它们之间应当承担无限连带责任。虽然最新修订的《环境保护法》第 65 条也有关于连带责任的规定,②但是,该法的规定却是以"造成环境污染和生态破坏"作为该责任构成条件之一。这样的规定,无疑是提高了责任承担的门槛,也就相应地降低了责任规范的效率。今后的立法修改,应当删除"造成环境污染和生态破坏"的责任构成要件,这对双方都能产生约束并且会起到相互监督和制衡的作用,也符合委托代理关系的法学理论原旨。而与此有直接利益关系的公众还应当被立法赋予取得司法救济的权利和途径。唯有如此,才能真正实现公众意见在项目建设环境影响评价中的表达、反馈与利益诉求。

---

① 《环境影响评价法》(2016 年修正)第 32 条从资质监管、行政责任和刑事责任等方面,对接受委托为建设项目环境影响评价提供技术服务的机构对环境影响评价结果的责任进行了规定。

② 《环境保护法》(2014 年修订)第 65 条规定:"环境影响评价机构、环境监测机构以及从事环境监测设备和防治污染设施维护、运营的机构,在有关环境服务活动中弄虚作假,对造成的环境污染和生态破坏负有责任的,除依照有关法律法规规定予以处罚外,还应当与造成环境污染和生态破坏的其他责任者承担连带责任。"

3. 专项规划编制机关作为意见征求主体时的程序规范。①《规划环境影响评价条例》(2009 年)第 13 条规定,对可能造成不良环境影响并直接涉及公众环境权益的专项规划,规划编制机关应当遵循如下三项程序规定:(1)除依法需要保密外,在规划草案报送审批前,采取调查问卷、座谈会、论证会、听证会等形式,公开征求有关单位、专家和公众对环境影响报告书的意见。(2)如果发生有关单位、专家和公众的意见与环境影响评价结论产生重大分歧的情况,那么就应当采取论证会、听证会等形式对环境影响评价做进一步论证。(3)在报送审查的环境影响报告书中,应当附具对公众意见采纳或者不采纳的情况和理由的说明。

制定专项规划是政府工作部门进行社会经济决策和管理的重要权能之一。因此,相对于具体的建设项目而言,如果说专项规划会对环境产生影响,那么这种影响的后果将会是更加深刻和全方位的。甚至,有时候决策或规划的不当对环境产生的不利后果会是致命的。比如,在 20 世纪 80 年代中后期,政府决定在淮河流域发展小型企业以推动该流域经济发展、但并没有就污染防治问题做出规划和规定。结果是,急剧发展的"十五小"企业导致该流域污染积重难返,淮河流域周边居民的人身安全、财产安全因为流域的严重污染招致重大损害,这就是没有对规划进行环境影响评价的惨痛教训。虽然说我国对专项规划实施环境影响评价比美国晚 40 年,②但如果执行和坚持下去,并维护和不断完善公众的参与和监督机制,那么还是应当会产生乐观的环境法治效果。

在环境影响评价中规定征求公众意见、对公众意见进行反馈等内容,实际上是公众参与环境影响评价的重要机制,也是环境信息公开制度的本来含义之一。这可以从相关的立法目的得到印证。③

① 在第 155 页脚注②所列与"环境影响评价"相关的专项法律规范中有 12 款进行了规定。

② 1969 年美国《国家环境政策法》实施,其中最重要的内容之一就是,要求对环境有影响的重大联邦行动实施环境影响评价。我国《规划环境影响评价条例》还是 2009 年公布实施。

③ 《环境保护公众参与办法》(2015 年)第 1 条规定:为保障公民、法人和其他组织获取环境信息、参与和监督环境保护的权利,畅通参与渠道,促进环境保护公众参与依法有序发展,根据《环境保护法》及有关法律法规,制定本办法。《企业事业单位环境信息公开办法》(2014 年)第 1 条规定:为维护公民、法人和其他组织依法享有获取环境信息的权利,促进企业事业单位如实向社会公开环境信息,推动公众参与和监督环境保护,根据《环境保护法》《企业信息公示暂行条例》等有关法律法规,制定本办法。

（三）信息公开中“意见”交流程序效果的措施保障

涉及“信息”“公告”“公布”的规范，多与前述公众或者专家的意见相联系、与信息的公开（公布或者公告）相联系。

1. 企业和第三方的信息公开义务的强化

（1）我国的强化措施

第一，项目建设单位提供环境影响评价资料与信息应当遵守诚信原则，保证所提供的信息真实、可靠。这是环境信息公开制度中的重要的、基本的要求。

第二，除国家规定需要保密的情形除外，建设单位或者其委托的环境影响评价机构在编制环境影响报告书的过程中，应当采用便于公众知悉的方式，依法公开有关环境影响评价的信息；①在报送环境保护行政主管部门审批或者重新审核前，公告公众查阅环境影响报告书简本或者必要时索取补充信息的方式和期限；确保其公开的有关信息在整个征求公众意见的期限之内（不得少于10日）均处于公开状态。便民性是信息公开中的重要原则之一，其目的就是要保证信息能够及时和全面地达到公众手中，保障信息的充分交流和公众的有效参与。

第三，公众可以在有关信息公开后，以信函、传真、电子邮件或者按照有关公告要求的其他方式，向建设单位或者其委托的环境影响评价机构提交书面意见。环境影响评价中的信息公开不应当被视为一个静止的“点”的状态，而应当是一种连续性的过程，通过信息的提供、获取、反馈和交流，实现项目建设单位与公众之间意见的充分交换、利益的协调乃至妥协，以形成参与双方或者多方的利益博弈基础上的均衡。信息的交流畅通将为项目后来的顺利推进、减少或者有效化解矛盾纠纷奠定良好的基础。

（2）日本经验：信息公开与交流的充分性安排

①给予公众对于环境影响评价信息充足的反馈时间。第一，公告环境影响评价准备书。事业者在取得有关管辖地区都道府县知事及市町村首长的协助下，公告该准备书的主要内容，并从公告之日起1个月内将准备书提供公众

---

① 例如，原《环境影响评价公众参与暂行办法》（2006年）第8条规定：“在《建设项目环境分类管理名录》规定的环境敏感区建设的需要编制环境影响报告书的项目，建设单位应当在确定了承担环境影响评价工作的环境影响评价机构后7日内，向公众公告下列信息：……（五）征求公众意见的主要事项；（六）公众提出意见的主要方式。”但是，现行的《环境保护公众参与办法》（2015年）并没有提出此项规定，这一立法上的变化合理性实际上是值得商榷的。

阅览。阅览期间,事业者应当在有关地区召开说明会;如果是因为不能归咎于自身责任的原因而不能召开说明会,事业者应当努力用其他方法公布周知。第二,公布环境影响评价书的主要内容。在有关管辖地区都道府县知事及市町村首长对环境影响准备书陈述意见后,事业者应当对该准备书所记载的事项进行研究,在取得有关都道府县知事及有关市町村首长的协助下,公布编写的环境影响评价书的主要内容,并从公布之日起1个月内将评价书提供公众阅览。

②保障环境影响评价信息在相关行政机关间传递的畅通。事业者在编制完成环境影响评价准备书、环境影响评价书之后,应当送交有关管辖地区都道府县知事及市町村首长。事业者在评价书公告日后,应当迅速将所持实施对象事业的执照等送交市政厅。

③事业者表现出对公众、行政机关意见的高度重视。事业者努力掌握有关地域内的、居民在准备书阅览期间及其后两周内提出的防止公害方面的意见,并向有关都道府县知事及有关市町村首长送交记载含有有关居民意见的书面材料。事业者可以要求有关都道府县知事在征询有关市町村首长意见的基础上,从防止公害的观点出发对准备书陈述意见。事业者在评价书被公告之时,还需要将评价书送交拥有许可认可等权限的行政机关,相关行政机关在给对象事业者颁发执照时,要审查在该对象事业实施时是否就评价书所记载的事项对防止公害作出适当考虑,并要注意其结果。①

④环境影响评价中信息交流功能的司法确认。环境影响评价的客观性要求,环境影响评价过程中需要有公众参与和信息公开,环境信息公开是环境影响评价不可缺少的一环。但是,仅仅只有信息公开还不够,还应当有双方乃至多方参与和博弈的信息交流。有日本德岛市地方法院1977年10月7日的判决可以佐证。② 德岛市地方法院的判决陈述表达了司法对于环境行政和环境事业实施的观点,应当依据环境影响评价的法定要求,对选择进行严谨的、科学的调查论证;在向居民公开的调查信息中应当切实考虑到居民对于项目实施的利益考虑,诸如"公害防止对策和补偿问题";不只是形式上公开信息而已,还应当在程序上同居民进行充分的说明和交流、"竭诚进行交涉",以争取

① 本部分内容主要参见汪劲:《日本环境法概论》,武汉大学出版社1994年版,第22~25页。

② [日]原田尚彦:《环境法》,于敏译,马骧聪审校,法律出版社1999年版,第131页注释①。

居民对于项目规划的理解、对项目将来实施的支持,争取居民对环境影响评价书中的对居民权益考虑的认同。只有这样充分地考虑到居民的环境权益,才能使项目实施产生实实在在的社会和经济效益。

相比之下,当今中国的垃圾围城现实已经远远超过当初日本德岛情况。统计显示,除县城之外的668个城市中,有2/3的城市处于垃圾包围之中,全国城市垃圾堆存累计侵占土地超过5亿平方米,每年的经济损失高达300亿元。全国城市生活垃圾累计堆存量已达70亿吨,在城市的周边形成了一个个垃圾堆甚至"垃圾山"。① 解决垃圾围城难题乃至规划兴建垃圾焚烧发电厂,这本应是有利于地区发展的好事情,可这个看似有利于公共利益的选择却是屡受挫折。这便形成了一种"垃圾围城与反对垃圾焚烧发电"之间、"经济开发与维护人身财产安全的反开发"之间的现实悖论。集中在2009年发生的、北京六里屯垃圾焚烧场请愿抗议事件、江苏吴江垃圾焚烧发电项目抗议活动、广州番禺垃圾焚烧发电厂选址争议,始于2010年的谢永康诉江苏海安非法垃圾焚烧厂案的艰难挣扎,以及2012年四川什邡反钼铜项目抗议示威,延至2016年6月湖北仙桃因公众强烈反建垃圾焚烧发电项目,均可以证实这种怪象,项目均以政府宣布停建、撤项告终,留下了严重的经济损失和身心伤痛,政府的决策能力和决策合法性遭到质疑,法律权威也受到削弱,执法成本无形中升高,而垃圾处理问题却并没有解决,仍然在困扰着政府乃至公众。

然而,当我们在仔细分析这些事件之后便会发现,在每一个事件的背后都存在一些共同的、致命的东西,政府和企业在项目规划乃至实施的过程,严重违背和远离民意以及法定的公众参与规定,隐瞒项目规划和建设信息的行为。严重的教训应当让政府和企业严肃地意识到,在做这样涉及公众生命健康安全的规划和计划时,应当尊重公众法定的信息获取权和环境参与权利,切实牢记"保障生活环境和生态环境"的宪法宗旨,坚守程序公正、透明的法理追求,从而真正实现对公众利益的维护和社会发展的共赢。

⑤本书研究关注到,整个环境影响评价过程中的各个环节,中央和地方(尤其是地方)政府及其主管部门、相关部门(如执照颁发机关)、社会公众都参与到了环境影响评价的过程中,立法给予了企业更多的考虑项目、提出合理意见的时限,为民主参与奠定了时间基础。企业依法应当向公众公开环境影

---

① 数据来源参见《全国1/4城市已无垃圾填埋场 垃圾围城亟待破解》,载中国固废网:http://news.solidwaste.com.cn/view/id_47100,最后访问日期:2013年5月25日。

响评价的主要内容,分析、研究和吸收公众、行政机关对于环境影响评价的有益意见,同时将这些意见及其处理结果在环境影响评价书中记载下来以供监督。这样的一种各方对环境影响评价的参与、交流以及由公众和行政机关构成的监督机制,共同形成了对环境影响评价制度实施的保障。“再者,评价的过程中,允许有关的机关和居民参加,这样不仅通过关系人的监督使预测评价的错误和漏洞得到纠正,高精度的公正调查得以确保,而且,开发与区域环境之间的协调得到重视”。[①]这样的一种关照到机关、公众和企业的环境影响评价参与模式,企业环境信息在各主体之间交流、反馈和丰富,自然增强了环境影响评价的制度功能价值。应当认为,这是从更宏观的角度提升了环境影响评价中有关机关和居民参加的价值内涵。因为,评价过程的高度参与需要有充分的环境影响评价信息为基础,信息的共享和透明关照着环境影响评价程序的公正;而程序的公正则有利于将政府、企业、第三方集团、公众的各自利益诉求在环境影响评价程序中得到考虑或体现,也就有利于协调开发行为与区域环境保护之间的利益。

2. 政府在环境影响评价中的信息公开职责的强化

第一,把握住以下四个重要环节:

环节一,国家对建设项目分类管理名录的公布。[②] 分类的目的是对建设项目实行分类控制,并运用环境影响评价制度对建设项目实施有针对性的管理,从而提高环境影响评价制度的实施效率。公开名录的目的同样是公众、建设单位对相关行政主管机关、对建设单位项目实施监督。

环节二,除国家规定需要保密的情形外,政府环保行政主管部门应当在其政府网站或者采用其他便利公众知悉的方式,就项目环境影响报告书的受理、审批或者审核结果等信息进行公开,征求公众意见。[③] 这其中,具体的程序性规定就显得非常重要,如期限,《建设项目环境影响评价文件审批程序规定》

---

① [日]原田尚彦:《环境法》,于敏译,马骧聪审校,法律出版社1999年版,第128~129页。

② 《环境影响评价法》(2016年修正)第16条第1款、《建设项目环境保护管理条例》(2017年修正)第7条第2款对此都有明确的规定。尤其是,《建设项目环境影响评价分类管理名录》(2015年修订)对此给予了更详细的规定。

③ 2005年《建设项目环境影响评价文件审批程序规定》(国家环境保护总局令第29号)第10条规定:环保总局在政府网站(网址:www. sepa. gov. cn)公布受理的建设项目信息。国家规定需要保密的除外。2015年《环境保护公众参与办法》(环境保护部令第35号)第5条第1款、第7条第1款、第11条、第12条对此也作了相应的规定。

（国家环境保护总局令第29号）第15条规定的“公示时间为5天”，但是《环境保护公众参与办法》（环境保护部令第35号）却没有。① 笔者认为，《环境保护公众参与办法》应当规定与前述期限相一致的时间限制，因为立法中的“期限”规定涉及公众参与的程度和效果、公众意见能否被充分的得到表达，也会影响到实施环境影响评价的项目或者专项规划的完善程度。“期限”数值多少与长短需要在考察现实需求、符合科学原理的前提下确定，并且保证前后立法的一致性。

环节三，对于按照法律、法规、规章的规定，或者环境保护行政主管部门认定需要听证的环境影响评价项目，在听证举行的10日前，通过报纸、网络或者布告等适当方式，将公告内容包括被听证的许可事项和听证会的时间、地点，以及参加听证会的方法向社会公告。② 听证是保障环境影响评价过程中信息充分交流、参与各方的利益得到充分的博弈与考虑、最终使项目趋于最优的重要程序，同时各项权利也能得到充分的体现和维护。

环节四，强化建设项目单位对环保设施竣工验收的报告责任。③ 环境保护设施的竣工验收是建设项目实施环境影响评价的具有实质意义的环节，项

---

① 2005年《建设项目环境影响评价文件审批程序规定》（国家环境保护总局令第29号）第15条规定：环保总局在作出批准的决定前，在政府网站公示拟批准的建设项目目录，公示时间为5天。作出批准决定后，在政府网站公告建设项目审批结果。

② 2004年《环境保护行政许可听证暂行办法》（国家环境保护总局令第22号）第17条规定：环境保护行政主管部门对本办法第5条第1项和第2项规定的环境保护行政许可事项，决定举行听证的，应在听证举行的10日前，通过报纸、网络或者布告等适当方式，向社会公告。公告内容应当包括被听证的许可事项和听证会的时间、地点，以及参加听证会的方法。第26条第1款规定：组织听证的环境保护行政主管部门应当在听证举行的7日前，将《环境保护行政许可听证通知书》分别送达行政许可申请人、利害关系人，并由其在送达回执上签字。第3款规定：申请人、利害关系人人数众多或者其他必要情形时，可以通过报纸、网络或者布告等适当方式，向社会公告。2015年颁布的《环境保护公众参与办法》（环境保护部令第35号）第8条对环保听证予以了原则性规定，强化了环保行政听证的程序法意义。

③ 早在《建设项目竣工环境保护验收管理办法》（2001年）第19条就有规定“国家对建设项目竣工环境保护验收实行公告制度”，该办法当时规定的是由“环境保护行政主管部门应当定期向社会公告建设项目竣工环境保护验收结果”。《“十三五”环境影响评价改革实施方案》（环评〔2016〕95号）对此进行了改革，虽然“取消环保竣工验收行政许可”，但却规定“建设项目在投入生产或者使用前，建设单位应当依据环评文件及其审批意见，委托第三方机构编制建设项目环境保护设施竣工验收报告，向社会公开并向环保部门备案”。改革方案做如此规定，将原来划归环保部门的信息公开责任转化为建设单位，更有利于强化建设单位和第三方机构的环境责任意识，调动其作为市场主体的主动性。2017年《建设项目环境保护管理条例》（国务院令第682号）第17～19条对单位的建设项目竣工验收责任进行了更加详细的规定。

目的环境保护要求满足和实现了,那么就有可能保障建设项目在其运行过程中保证环境保护目标的实现。对其验收的定期公告,能使得建设项目、相关环境行政执法处于公开监督之下。

第二,强化环境影响评价机构、审查专家的责任机制。具体表现为:国家环保部门对环境影响评价机构资质及其管理过程信息的公开。① 国家和设区的市级以上环保行政主管部门对专家库入选需求信息与条件、最后入选国家库或者地方库的信息的公开。② 环境影响评价机构资格、环境影响评价审查的专家资质是环境影响评价的人力条件,关系到环境影响评价目标是否能有保障,关乎环境影响评价结果的客观性、公正性、独立性的实现。对其予以公开将为他们进行环境评价和审查提供一个良好的透明环境、督促其切实履行法定的义务。

第三,强化公众对政府公开的环境影响评价相关信息的反馈规定。③ 公众对环境影响评价信息的反馈意见,能够为行政主管部门加强对建设项目或者专项规划的环境影响评价监管提供完善途径和参考建议,同时也推动了对建设项目和专项规划的完善。重视公众意见的反馈,对于提高行政效率、增强建设项目或专项规划实施的可行性、增强公众支持力将产生积极作用。

第四,加强环境影响评价数据库和信息共享制度的建设。国家加强环境影响评价的基础数据库和评价指标体系建设、环境影响评价信息共享制度的建立。④ 数据库和共享制度的形成,将为环境保护行政主管部门对环境影响

---

① 对此,《环境影响评价法》(2016 年修正)第 19 条第 2 款,《建设项目环境影响评价资质管理办法》(2015 年修订)第 21 条、第 31 条、第 39 条,以及《建设项目环境保护管理条例》(2017 年修订)第 25 条分别进行了规定。

② 2003 年《环境影响评价审查专家库管理办法》(国家环境保护总局令第 16 号)第 7 条第 1 款规定:设立部门应当公布专家库入选需求信息与条件;对申请人或者被推荐人进行遴选,根据需要征求有关行业主管部门及其他有关部门或者专家的意见;对符合条件的申请人或者被推荐人,决定入选专家库,并予以公布。

③ 参见《环境影响评价法》(2016 年修正)第 11 条第 2 款、第 21 条第 2 款规定,2009 年《规划环境影响评价条例》(国务院令第 559 号)第 13 条、第 19 条第 2 款第 5 项、第 20 条第 6 项、第 25 条第 3 项、第 26 条规定。

④ 《环境影响评价法》(2016 年修正)第 6 条第 1 款规定:国家加强环境影响评价的基础数据库和评价指标体系建设,鼓励和支持对环境影响评价的方法、技术规范进行科学研究,建立必要的环境影响评价信息共享制度,提高环境影响评价的科学性。《规划环境影响评价条例》(2009 年)第 4 条规定:国家建立规划环境影响评价信息共享制度。县级以上人民政府及其有关部门应当对规划环境影响评价所需资料实行信息共享。

评价的动态监管以及与其他相关管理部门的执法或者司法合作提供可靠的信息基础。同时，也为环境行政民主与透明度建设、提高服务行政效率提供支撑。

第四节 环境许可证制度的保障

在中国新一轮改革形势下，环境许可证制度是环境治理体系建设和治理能力提升的重要制度，企业环境信息公开制度的实施是创新环境治理模式的合理选择。两种制度的融合将有效地结合政府管制和市场调节功能，从而促进对环境的治理。自 2008 年实施《办法（试行）》以来，企业环境信息公开制度实践已取得一定的成绩，但远没有达到立法设定的目标，有赖于从法律实施机制上进行创新。对环境许可前的申请、许可决定以及许可实施阶段的信息予以公开，将会有效发挥许可证在环境治理中的功效，督促企业遵守许可证管理规范；同时，还能增强许可证的透明性，强化了政府管理和社会监督企业环境行为的功能。

一、问题的提出

2014 年 4 月兰州威立雅水务（集团）有限责任公司饮用水苯含量严重超标污染事件再次引起全社会的关注，热点效应并未消失。① 其中的关注的焦点之一，也是引起社会广泛舆论的重点，即无论是政府还是肇事企业都没有在第一时间向社会，尤其是向所在地区公众公开污染事件的信息，从而导致事件舆论的发酵和扩大化。无论政府在事后如何采取应急措施、能够较快地确定污染起源于中石油兰州石化的管道漏油所致，也无论企业怎样进行其认为合理的解释，都是无法挽回对公众健康的损害和对整个社会造成的不良舆论影响，因为，及时公开事故信息是政府和企业应尽的法定义务和责任。兰州威立雅水务（集团）有限责任公司、中石油兰州石化所从事的都是

① 南方都市报报道："新华社 11 日 12 时发布的消息：4 月 10 日 17 时威立雅出厂水苯含量高达 118 微克/升，22 时自流沟（自来水一分厂与二分厂之间中间段）苯含量为 170 微克/升，11 日凌晨 2 时检测值为 200 微克/升，均远超出国家限值的 10 微克/升。截至新华社发布消息为止，水污染至少已经爆发了 18 个小时。" 参见《威立雅近年连曝违规 海口等地都曾发生水污染》，载网易财经：http://money.163.com/14/0413/08/9PMRMFEP00253B0H.html，最后访问日期：2014 年 4 月 13 日。

国家特许的经营行业,与公众的生命健康和财产权利密切相关,因此就应当担当特定的法律责任。为维护公众的权利和利益,就应当忠实地履行向公众公开环境信息的义务,让公众能通过必要的信息监督企业维持良好的环境行为,让环境主管部门能通过环境信息合理地监管企业处于正常的运营状态。对待这次污染事故滞后的信息公开,表面看来似乎是一种行为失范问题,可本质上却是一种责任问题,是政府和企业对于环境安全的责任、对于人的生命健康和财产安全的责任,对环境许可信息的公开应当成为平衡这种责任与权利的有效机制。

二、中国环境许可信息公开具有的立法基础

(一)行政许可法与政府信息公开条例的契合

我国《政府信息公开条例》(2007 年)第 10 条第 1 款将行政许可的事项、依据、条件、数量、程序、期限以及申请行政许可需要提交的全部材料目录及办理情况,确定为重点公开的政府信息之一,并规定行政许可公开的原则仍然是公开为原则、不公开为例外。该条例的规定为环境许可信息公开的全面展开提供了法律规范基础,2014 年 4 月 24 日《环境保护法》的修订和公布更进一步确认和强化了这一规范依据。[①] 我国现行《行政许可法》(2003 年)在立法目的、行政许可设立事项和对设立机关严格的权力限制、行政许可规定的公开、听取意见的具体形式的规定具有严密的逻辑性,这为我国环境许可信息公开的具体制度设计奠定了法律规范基础。

在遵循公开、公平、公正原则的基础上,对于行政许可实施的透明化,《行政许可法》进行了明确规定:(1)对于行政许可的实施和结果,除涉及国家秘密、商业秘密或者个人隐私的外,应当公开。(2)准予行政许可的决定,应当予以公开,公众有权查阅。(3)法律、法规、规章规定实施行政许可应当听证的事项,或者行政机关认为需要听证的其他涉及公共利益的重大行政许可事项,行政机关应当向社会公告,并举行听证。上述规定并以行政许可机关履行如下义务或者承担相应的行政责任为保障:其一,行政机关依法对被许可人从事行政许可事项的活动进行监督检查时,应当将监督检查

---

① 《环境保护法》(2014 年修订)第 54 条第 2 款规定:"县级以上人民政府环境保护主管部门和其他负有环境保护监督管理职责的部门,应当依法公开环境质量、环境监测、突发环境事件以及环境行政许可、行政处罚、排污费的征收和使用情况等信息。"

的情况和处理结果予以记录,由监督检查人员签字后归档。公众有权查阅行政机关监督检查记录。其二,行政机关及其工作人员违反本法的规定,不在办公场所公示依法应当公示的材料的,由其上级行政机关或者监察机关责令改正;情节严重的,对直接负责的主管人员和其他直接责任人员依法给予行政处分。

(二)许可证管理对环境法治的重要支撑

在我国环境保护法制建设中,许可证制度和相关行政批准行为构成了成功实施环境法律规范的重要支撑。本书初步统计,我国环境法规范中涉及的许可证种类和环境行政批准行为有70余项,如果对其依据《行政许可法》和《政府信息公开条例》进行公开,那么就可以通过环境许可证信息流形成对企业的强有力监督力量,彰显许可证制度的效率。然而,我国环境立法并没有对相关许可证的公开作出全面的规定,只是在某几项立法中有所显示。例如,现行《环境噪声污染防治法》(1996年)第19条做出的如下程序规定,在城市范围内从事生产活动确需排放偶发性强烈噪声的,产生噪声的单位必须事先提出申请,应当经当地公安机关批准并向社会公告。该法第30条第3款规定,对于因特殊需要在城市市区噪声敏感建筑物集中区域内夜间必须的连续作业,不仅需要县级以上人民政府或者其有关主管部门的证明,而且还必须公告附近居民。《海域使用管理法》(2001年)第21条第1款所规定的,颁发海域使用权证书应当向社会公告。《危险废物经营许可证管理办法(修订草案)(征求意见稿)》(2017年)第22条的规定,要求设区的市级以上地方环境保护主管部门应当建立、健全危险废物经营许可证的档案管理制度,并于每年3月31日前向社会公布上年度审批颁发危险废物经营许可证的情况。

(三)环境许可信息公开的合法性

在我国环境法制建设过程中,人们已越发重视环境许可证的功能,这可以从《国家环境保护"十二五"规划》(国发〔2011〕42号)、《〈国家环境保护"十二五"规划〉重点工作部门分工方案》(国办函〔2012〕147号)有关主要污染物减排、重点领域环境风险防控以及完善政策措施的论述中得到证明。《国家

"十三五"规划纲要》进一步强调了包括许可证在内的环境法律制度建设。[①]如果能够通过立法规定，对70余项许可证发放和运行过程中的相关信息进行公开或者通报，那么其对环境法治的推进作用将是实质性的，并且具有合法性基础。

1. 平衡利益的功能符合法理要义

(1)在法理层面，能够进入行政许可的事项往往涉及社会公共利益或者涉及公民的实体人身权和财产权利与利益，多是对个人或组织行为的严格限制或禁止的解除，被许可者能从许可中享有特别的权利和由此带来的利益，同时也必然会给公共环境利益和相关公众权益造成一定的负面影响。因此，从权利与义务对等、利益平衡的角度考察，享有因许可产生的利益方就应当承担与之对应的特定义务和责任；同时，对于被许可行为也应当设计出全面的监督机制，以使其行为能在法定许可的限度之内而不至于侵占到社会和其他公众的合法利益。除环境行政许可机关行使对许可证的中后期监管之外，[②]社会公众的监督必不可少。在法定条件下公开或者通报环境许可证运行中的相关信息，能保障社会公众监督权的落实，使这种监督产生实际效果，也相应地维护了公众自身与环境许可事项相关的权益，同时也能促进环境行政效率的提高。环境行政许可信息公开是一种能产生多赢效果的制度设计，既满足法所追求的公平正义要求，也符合经济效率原则。

---

① 《国家环境保护"十二五"规划》(国发〔2011〕42号)三、(一)规定：通过"全面推行排污许可证制度"加大结构调整力度，推进主要污染物减排；五、(二)规定：以"完善核安全许可证制度"加强核与辐射安全管理，从而推动重点领域环境风险防控；八、(三)规定：通过"研究拟订排污许可证管理等法律法规"加强法规体系建设，以完善政策措施；八、(六)规定"实行环保设施运营资质许可制度等污染设施建设和运营的专业化、社会化、市场化进程"发展环保产业。《国家环境保护"十二五"规划》重点工作部门分工方案(国办函〔2012〕147号)对上述规划进行了详细阐述。在全国人大征集的社会各界和环保系统关于《环境保护法修正案(草案)》的具体建议中，排污许可被列为需要补充的环境管理制度和措施。《国家"十三五"规划纲要》有大量的篇幅论述生态文明建设、环境保护，其中涉及许可证进一步建设的内容有，第四十二章第三节规定："完善国土空间开发许可制度"；第四十四章第五节规定，"建立覆盖所有固定污染源的企业排放许可制，实行排污许可'一证式'管理。建立健全排污权有偿使用和交易制度"，"建立企业环境信用记录和违法排污黑名单制度，强化企业污染物排放自行监测和环境信息公开，畅通公众参与渠道，完善环境公益诉讼制度"。

② 例如，2016年修订的《环境影响评价法》第27条规定的"后评价"制度、第28条规定的"跟踪检查"制度，表明了立法强化了对许可实施的项目的中、后期监管，从而使环境影响评价和环境行政许可变为一个相互联系的、动态的制度链运行模式。

(2)从法的规范层面考察我国有关行政许可、政府信息公开以及环境信息公开的立法,规范中贯彻着对许可证运行中信息公开的理念和实践。这同样符合行政法理论中的比例原则,实施环境行政许可信息公开,能使被许可的事项和行动在许可规则的规制下健康运行,在实现行政效率提高的同时,也关照着社会公众的环境监督权、知情权和参与权的实现,以及对环境公共利益的维护。

(3)现代化发展提供的科技支持。现代先进技术的采用是提升环境信息公开能力的有力支持。企业的环境信息可以通过高科技监测手段获得,比如,通过空中观测、摄影对企业的污染排放、废物倾倒乃至外部生产流程进行监督,并与地面监督形成一体化监管模式,最终判断企业是守法还是违法、判断企业公开的环境信息是否真实完整和及时。结合现代先进的网络技术,我国《水污染防治法》(2017 年修正)第 23 条规定,实行排污许可管理的企业事业单位和其他生产经营者应当按照国家有关规定和监测规范,对所排放的水污染物自行监测,并保存原始监测记录。重点排污单位还应当安装水污染物排放自动监测设备,与环境保护主管部门的监控设备联网,并保证监测设备正常运行。这一立法目的就是保证企业水污染信息能及时和完整地得到反映,以弥补传统现场监管的不足、完善监测制度。监测能力越强,使用的监测手段越先进,那么对企业的环境行为(尤其是排放行为)所获取的信息就越科学、越充分,这样就更具有执法证据说明力。航空环境监测已为很多发达国家所采用而且效果显著。它的成功说明了这一道理,它弥补传统执法手段的不足,主要是给企业守法、行政执法提供了充足的外部科学证据,而这些证据也是只靠人力所无法获取的,从而能与企业内部信息公开相映成趣,形成越来越宽泛严密的信息数据系统。虽然我国经济实力所限,目前还无法实现使用现代航空执法技术进行环境执法监督,但是,这是我国应追求和努力争取的执法辅助技术和达到的境界。现阶段可行的做法是,建立动态的信息、数据收集库,逐步更新、丰富和完善数据库,以逐步提高执法能力。

(4)日本的司法裁判启示。① 针对企业设施的产业废弃物处理预定量、处理性能、废弃物排放企业等的相关信息是否应当公开的问题,津地裁 1997 年 6 月 19 日判决撤销三重县知事所作的不公开决定。该法院做出应当公开的

---

① 本部分论述是拓展性思考。案例来源参见[日]黑川哲志:《环境行政的法理与方法》,肖军译,中国法制出版社 2008 年版,第 88 页注释②、第 102 页注释①。

判决,基于以下理由:其一,公开内容与排放企业实际运行状态和对废弃物的处理方法密切相关,而这些也正是环境信息公开所要求的实质性内容。其二,公开内容有利于对企业的利益相关方利益的保护,尤其是有益于维护企业临近居民的健康。也就是说,排放企业在行使其法定的经济权利时,不能损害而应当照顾到外部利益相关方的、与企业运营相关的合法利益诉求,这是企业应当遵守的法定义务。不能因为这些内容的公开会加剧企业间的竞争、限制竞争能力就不予公开;而事实上,对于市场竞争者而言,在信息公开的状态下的竞争才是真正的公平竞争。其三,对相关内容进行公开,能消除临近居民对于所排放废弃物损害的不安感,同时还能增强居民对企业所从事的事业的理解、并争取到他们的支持。同样是在这个案件中,针对产业废弃物处理业许可申请书及其附件的信息是否公开的争议,法院更多地是从保护当地居民生命、生存权利的法理层面对案件进行思考。福岛地判 2000 年 1 月 25 日判决认为,对作为设置许可基准的适当性审查资料的信息、安全确保、生活环境保全的信息,要检查是否实施了充分对策,为了担保该许可行为程序的正当性,广泛实施信息公开是恰当的。①

对于邻里关系相互间权利义务的调整,历来构成民、商事法律的核心事项之一,一方权利和利益的实现有赖于对相邻关系中另一方义务的履行,遵循着平等、互利、公序良俗的习惯原则。基于环境保护相邻关系中主体的"应有注意义务"②的考量,行使权利、享有利益一方对相邻方的具有告知相关信息(包括环境信息)的义务,这也体现了民事法理的基本诉求。

2. 中国环境许可信息公开具有的立法基础

已有相关环境行政许可公开立法也已证明,对许可证运行相关信息的公开具有可行性。《环境噪声污染防治法》(1996 年)第 19 条、第 30 条,《海域使用管理法》(2001 年)第 21 条,《危险废物经营许可证管理办法》(国务院令〔2004〕第 408 号)第 19 条,《办法(试行)》第 11 条都有明确规定"向社会"公开或公布许可证发放的规定,可以称得上是对颁发环境行政许可证行为完整意义上的公开。早在《关于共享企业环保信息有关问题的通知》(银发〔2006〕

---

① ［日］黑川哲志:《环境行政的法理与方法》,肖军译,中国法制出版社 2008 年版,第 102 页。

② "应有的注意义务,是指环境保护相邻关系的主体有义务采取一切应有的措施,以防止域外环境污染侵害其他相邻权的主体,以及在发生污染时采取必要的规避措施,清除、治理污染,以减小损害"。参见吕忠梅:《环境法新视野》(增订版),中国政法大学出版社 2007 年版,第 143 页。

第450号)就有如下规定,将“吊销许可证行政处罚措施应当作为环保和银行共享的信息”;至2014年《环境保护法》的修订,该法第54条第2款规定“县级以上人民政府环境保护主管部门和其他负有环境保护监督管理职责的部门,应当依法公开……环境行政许可……等信息”。这些规定在某种意义上也预示着对环境许可证运行信息实施公开的立法趋势。

再如,考察2011年《放射性废物安全管理条例》(国务院令第612号)第13条、2009年《放射性物品运输安全管理条例》(国务院令第562号)第11条、2005年《放射性同位素与射线装置安全和防护条例》(国务院令第449号)第6条、2007年《民用核安全设备监督管理条例》(国务院令第500号)第15条,都有规定对符合法定条件的颁发许可证并予公告。虽然这样规定的“公告”行为含混不清,不能确定究竟是向谁公开,但是,这些相关规定同样蕴含着对许可证运行信息公开的立法追求。

另外的规范条文,虽然从形式上看不是企业直接对外公布与环境相关的信息,是向政府管理部门通报或者是对许可实施中的信息收集和保存的要求,但是这是与环境许可密切相关的内容,会有利于许可环境信息公开制度的建立。例如,《核材料管理条例》(国务院,1987年)第11条规定核材料许可证持有单位必须“建立帐目与报告制度,保证帐物相符”,体现了信息公开中的真实性要求;2011年《危险化学品安全管理条例》(国务院令第591号)第35条所规定的,政府安全生产监督管理部门应当将其颁发危险化学品经营许可证的情况“及时向同级环境保护主管部门和公安机关通报”,强调了行政部门之间对于许可证信息交流和共享的重要性以及信息公开及时性;该行政法规第41条规定的销售企业、购买单位应当将所销售、购买的剧毒化学品、易制爆危险化学品的品种、数量以及流向信息“报所在地县级人民政府公安机关备案,并输入计算机系统”,这体现了信息对于环境风险管理的诉求;第42条规定因转产、停产、搬迁、关闭等确需转让的,应当向具有本条例第38条第1款、第2款规定的相关许可证件或者证明文件的单位转让,并“在转让后将有关情况及时向所在地县级人民政府公安机关报告”,同样传递着信息对于危险化学品安全管理的重要作用。2009年《防治船舶污染海洋环境管理条例》(国务院令第561号)第32条所规定的“船舶向海洋倾倒废弃物,应当如实记录倾倒情况。返港后,应当向驶出港所在地的海事管理机构提交书面报告”。这些规定直接涉及对环境许可证运行信息的要求,显示了我国立法对环境许可信息公开制度构建的重视。

(四)环境许可信息公开的合理性

第一,危险化学品,无论是其生产还是运输、进出口,或是处置过程,都存在危险性毋庸置疑,不存在科学上的不确定性。对涉及危险化学品的各个环节(如生产、进出口)实施许可证管理,是因为危险化学品本身存在固有的、对人类或者环境存在的潜在威胁,如果不实行强制管理那么这种危险就会转化为现实危害;由于经济和社会发展的需要,对其进行许可信息公开管理也符合经济、社会和环境相协调的环境法治原则。

第二,现行的法律规范,如我国环保部(原国家环保总局)颁布的《办法(试行)》只强制要求污染物排放超过国家或者地方排放标准,或者污染物排放总量超过地方人民政府核定的排放总量控制指标的、污染严重的企业应当公开环境信息,其立法原旨仍然是一种传统的事后补救或者减小损害的污染控制方式。这样的信息公开虽然不可少,但是距离环境法治所要求的“预防原则”和“风险预防原则”还相距甚远。尤其是对于危险化学品的监管,这样的信息公开规定相当于放松了对企业的管制。对于危险化学品的监管,应当坚决秉承预防为主、防治结合的环境法治原则,规定获得许可证的企业实施强制环境信息公开,对许可证实施全过程监管。其公开的信息应当对公众开放,尤其应当对附近社区、居民开放,这是企业履行法定义务和责任的需要。

第三,强制性信息公开,有利于改善企业同附近社区和居民的关系,降低纠纷的发生率和处理成本;同时,让企业时刻提醒自己善加管理、增强对国家、社会生命财产安全的责任感,时刻警醒自己的行为。通过对许可信息的公开,增强公众对危险化学品的防范意识和知识、消除他们对于危险化学品的恐惧,争取他们的理解和支持、积极而有效地参与监督。实施强制公开,还有利于环境舆情监测的开展和预测防范。

三、中国环境许可信息公开的现实选择

对环境许可证运行相关信息进行公开或者通报的要求,符合当今世界环境许可证运行实践的成功经验和发展趋势,起码为公众参与环境保护提供了获取信息的另一种途径;更重要的是,这种公开能够经常警示企业加强防范自己损害环境的行为,同时还能为更好地加强对有毒物质、危险物质的管理提供制度实践支持。比如,美国《清洁空气法》赋予联邦环保局对许可证实施的很大自由裁量权,该局可以要求被许可人采取一定的行动提供公众参与的途径,

提高受影响社区的环保参与能力。其中,提供与许可相关的环境信息就是其中的一种重要途径。但是,瑞典的环境行政许可则更具特色,其体系架构、内容分配体现出了严密的逻辑关系。在整部瑞典《环境保护法》(1969 年第 387 号)总共 69 条法律条文中,从第 4 ~ 33 条都是有关许可证制度的规定,表明了环境许可证管理在瑞典环境治理中的牢固地位和作用,环境信息公开在这些条文中得到了具体体现。

企业从事环境许可活动的性质、影响、结果决定环境许可应体现为一种动态的监管过程。对这一过程的信息进行公开,能有效地预防或者最大限度地降低被许可活动对于法律所保护的人身权、财产权以及环境公共利益的损害,这是环境许可制度存在的合法权利底线。然而现实是被许可环境行为通常都突破了这条底线,因此,对环境许可信息予以公开具有法理上的权利义务基础,更具有现实要求,也是现代环境法治的发展趋势。修订后的环保法对公众环境知情权的确认[①]为推进中国企业环境信息公开制度的建立和完善提供重要的法律权利保障依据。

从理论、现有相关法律规范以及现实需求等几个方面考察,我国对环境许可信息公开均具有可行性,但需要对法律规范进行全面的梳理和整合。本书认为,要建立和形成我国一体化的环境许可信息公开制度,首先就应当以《行政许可法》和《政府信息公开条例》作为基本依据。对现行环境法律规范中明确规定的应当公开的许可信息,比如,对于法定的应当强制公开环境信息的企业,其中就有很多是已经取得环境行政许可的,可以结合《行政许可法》《政府信息公开条例》以及有关环境信息公开的部委规章,在立法中予以完善和细化,使之具有实际意义上的可操作性,便于执法和守法。而对于现行环境法规范中没有规定许可信息公开的,可以考虑在法律规范修订时依据不同情形适时选择加入。

我国可在借鉴先进的环境许可证管理经验的基础上进行制度再造。

(一)通过系统化环境许可监管提升信息获取的整体性

瑞典国家环境保护许可证管理委员会(以下简称许可证委员会),在瑞

---

① 《环境保护法》(2014 年修订)第 53 条规定:"公民、法人和其他组织依法享有获取环境信息、参与和监督环境保护的权利。各级人民政府环境保护主管部门和其他负有环境保护监督管理职责的部门,应当依法公开环境信息、完善公众参与程序,为公民、法人和其他组织参与和监督环境保护提供便利。"

典环境法实施中发挥了最为重要的作用。该委员会对环境许可信息公开提供组织保障,并且保障了许可证监管的整体性。瑞典许可证委员会的组成结构(1名主任,3名委员)值得研究,他们都必须具有实际工作的经验而且应当为该领域的专家。委员会主任必须精通法律业务,富有司法活动经验,这个条件决定了该职位类似于最高法院的大法官,因为现实中会有涉及对许可证的裁判问题;3名委员实际上代表着不同领域或者说代表着不同利益诉求,他们分别是来自科学和技术类、环境行政管理类、工业或者规划类的专家,这实际上代表不同利益诉求(如科学技术追求的中立性和客观公正性,政府所代表的社会公共利益与工业、规划专家所体现出的经济利益)的主体在形式和结构上达成的一种博弈均衡状态。所以,当他们行使对各类环境许可证申请的审查和发放许可证的职权时,委员会就会依据环境法的宗旨和目的、在有关许可规定的法律框架下,充分掌握许可行为所涉及的相关信息,综合考虑科学技术、环境行政、经济发展等因素,以此决定能否、是否颁发许可证。

我国环境许可基本上停留在对许可申请的审查和颁发许可证环节,与许可证所具有的监督职能处于分离状态,这不利于对许可证的动态监管。我国现行的环境监管执法模式是以环境监察大队作为主要执法机构,虽然许可证的申请审批与监督相分离,但是可以将对许可证内容的监督职能通过立法直接授予监察大队。由于监察大队可以依据环境法规定的现场检查制度对污染源进行现场监督执法,执法中可以获取许可实行的相关信息,以督促许可证的实施。这样也与我国目前实施的加强对许可证的事中事后监管的改革相协调。还可以进行许可前的公众参与和信息交流试点,将听证程序变为许可前听证,让许可审批人员、执法人员、企业和公众都能参与进去,从而使许可内容更能反映各方利益,为提高许可证实施效率奠定基础。

(二)许可证发放前的民主参与程序的强化

1. 以权利保障为程序公正的实质考量

仔细考察瑞典许可证委员会成功运行的经验可以发现,信息公开和公众参与在许可证管理中得到了充分的保障。强调许可证发放前的程序公正、对相关利益方权益的维护是瑞典保障许可证效率的前提。[①] 许可证委员会通过“告知”和“现场调查”等程序,将许可的相关信息传递给受影响者、并向许可申请者反馈受项目影响的人和其他当事方的意见。在这一程序中,受影响人和申请者均具有表达意见和进行评价的机会,对相关信息进行充分的交流和考量,以此能够使各方的利益实现一种博弈均衡。在这一程序中,行政机关起到信息传递、组织和监督各方信息交流的作用,为实现各方利益的平衡提供程序保障。

2. 协商程序的充分运行

瑞典《环境保护法》(1969 年第 387 号)[②]第 12a 条规定:“任何拟从事有害环境活动者依本法制定的指令要求申请许可证时,应当在提出申请前以适当的方式与那些关注该活动的中央和地方的机构、组织和个人进行适当的磋商。”这里实际上蕴含着如下立法思路:拟从事环境有害活动的个人,应当依法公开其活动对环境、对组织或个人的利益或权利的影响的相关信息,这样适度的磋商和咨询才有可能进行下去。立法对于“中央和地方的机构、组织和个人”没有作明确的规定,那么我们可以推定为是一种普适性的概念,只要是“关注该活动”即可。因此,其磋商所涉及的利益范围应当是宽泛的,本书研究认为起码是该活动所能够影响到的范围之内。根据其后第 13 条第 1 款第 4 项要求的应当将“咨询的情况记载及其结果”明示在申请书中、第 4 款所规定的对未实施“磋商”责任追究机制,[③]可以看出“磋商”是进行许可申请的强制性前置程序,而活动者对“拟从事有害环境活动”的信息公开和交流过程也自然构成各方磋商的基础。如果申请人不履行这一法定程序或者说申请人的履行有瑕疵,那么就很有可能导致许可申请被否决的不利后果。通过这一前置程序的规定,保障了相关的组织和个人获取企业活动信息的权利。

---

① 在瑞典,“为了更有效地发放许可证,许可证委员会通常用发布公告或其他适当的方式,为可能受许可证准许的有害环境活动影响的当事人提供表达其意见和进行评论的机会。许可证委员会对每项申请和审查的任何案例进行认真完整的调查,或召集有关当事人各方参加的会议,进行现场检查,必要时委托专家进行特殊调查”。参见全国人大环境与资源委员会编译:《瑞典环境法》,中国环境科学出版社 1997 年版,第 82 页。

② 全国人大环境与资源委员会编译:《瑞典环境法》,中国环境科学出版社 1997 年版,第 115 页。

③ 法律强调磋商和咨询的结果应当记录在许可申请当中,《瑞典环境法》第 13 条第 4 款规定:“申请者未能按照本法第 12a 条的规定进行磋商的,许可证委员会可以在给予罚款的同时,责令申请人采取必要的措施。”

与公众的“协商”过程、对保护措施的“说明”也构成许可证信息公开管理的另一个层面或方式。如瑞典《森林法》(1994 年 1 月 1 日生效)[①]第 20 条规定:“在对全年驯鹿的牧场森林根据《驯鹿饲养法》规定予以采伐之前,可以参照政府或政府指定的机构颁布的法规的规定并吸收当地的村民参与协商。”无论是对驯鹿饲养还是对牧场森林进行采伐,都与当地村民利益直接相关。因此,与当地村民协商上述事宜合情合理,是项目规划信息公开的进一步深化。协商过程实际上是采伐者与当地村民的利益博弈过程,以立法进行规范符合程序公正要求,这是保证当地村民的利益在采伐过程中得到实际考虑的保障。该法第 27 条第 2 款规定:“当申请采伐许可时,森林所有者应当对自然保护和文化遗产保护的措施作出说明。”这是立法将许可证管理与被许可者信息公开相结合的又一例证。森林所有者是森林采伐的直接受益者,采伐行为也直接影响到自然公益和文化遗产公益,提供保护措施理所当然。对保护措施的说明是以保护措施的信息公开为前提,应当说该“说明”是对森林采伐而致的自然和文化遗产影响及其保护措施的详细分解,这些措施应当遵循合理合法原则。

3. 模拟环境法庭对许可听证程序的创新

在环境管理中,举行听证会是环境公众参与的重要措施,针对被许可项目的目的、内容以及对环境的影响程度等信息,各利益方在“法庭”对信息进行充分的共享和交流。其结果是在各方利益充分辩论的基础上、通过利益交锋和博弈取得是否给予许可的初步意见,达成博弈均衡。这种许可结论能够使得企业实施起来更具有底气,也便于政府监管和公众监督,容易达成对各方利益基本上均衡的目标,即使不是帕累托最优也可以认为是一种次优状态。2013 年 10 月 16 日,四川金福纸品有限责任公司与瑞典双边“制浆造纸行业污染物综合管理”二期合作项目模拟环境法庭在四川成都开庭。根据瑞典环境法庭公开听证流程,来自中国环保部、瑞典国际开发署、瑞典环保局、四川省环保厅、科研机构、NGO 组织的代表以及企业附近公众共 80 余人,就企业排污综合许可申请问题,企业、管理部门和公众进行了理性化的辩论和交锋,以裁决颁发企业的最终许可文件内容和排污许可条件。为此次模拟法庭能够取得实质性效果,四川金福纸品有限责任公司在中瑞双边项目组的帮助下已经

---

① 全国人大环境与资源委员会编译:《瑞典环境法》,中国环境科学出版社 1997 年版,第 195 页。

筹备了近1年的时间。[①] 可以想见,这1年的充分准备和酝酿,该公司对与项目申请相关的信息、规范和项目所涉及的利益关系进行过深思熟虑的考量,对于公司今后的发展战略定位将起到积极的推动作用。在中国社会经济改革向纵深发展、环境问题日益尖锐的今天,这样的尝试不失为一种促进社会、经济和环境效益多赢的创新,它不是一种猎奇或者作秀,而是一种新的经济发展理念和法治实践的有益探索。

(三)许可证持有者年度环境报告的强制义务规定

为强化对许可证的监管,瑞典环境法规定对从事有害环境的许可申请人和许可证持有者实施年度环境报告义务。[②] 这是在许可证实施中法律对从业者的环境影响行为信息进行实时监督的规定,提交环境年报构成获得许可证的企业或个人的强制性法律义务。如果从业者违背这一强制性法定义务,则应当承担相应的法律后果,该法第38b条第4款明确了违法者的责任承担,即监督机构可责令未提交环境年报的许可证持有者履行该项义务,在该项命令中,监督机构可以施以罚款。在瑞典,提交专门的环境年报已构成"已得到许可从事有害环境活动的人"的法定义务,不存在强制提供和自愿提供之说。对于环境年报所公开的信息,法律并不规定强制性和自愿性信息公开的内容,这些内容由政府或政府授权的机构依据具体行政需要进行设定。但是在提交的年报中应当含有"为履行许可决定所规定的条件而采取措施的情况以及采取措施的结果"的内容,如果被许可从事有害环境活动的人未履行该项义务,将招致监督机构"责令履行"并可以同时实行"罚款"的行政处罚。

在我国现阶段,企业提交专门环境年报还只是从2008年开始试行,并且还将环境信息公开分为强制性公开和自愿性公开两个方面。虽然环境法中也

---

① 这种尝试和实践所产生的效果正如该公司总经理赵联盟所言:"我相信我是中国第一位站上瑞典环境法庭的企业负责人,这是一次很好的学习机会,能够让企业在生产的同时更好地进行环境保护。"参见徐杨祎、张浪:《四川模拟瑞典环境法庭:公开听证排污许可》,载新华网:http://news.xinhuanet.com/yzyd/legal/20131016/c_117748242.htm,最后访问日期:2013年10月19日。

② 《瑞典环境法》(1969年第387号)第38b条第1款规定:"根据本法已得到许可从事有害环境活动的人,应当每年向郡行政委员会或者第38条规定的市政机构提交一份专门的环境年报。"该条第2款进一步规定:"环境年报应当包括为履行许可决定所规定的条件而采取措施的情况以及采取措施的结果。政府或政府授权的机构可以规定该环境年报应当包含比许可决定条件内容更多的环境情况。"参见全国人大环境与资源委员会编译:《瑞典环境法》,中国环境科学出版社1997年版,第115页。

有诸多许可规定,但并没有将对许可证的监督管理与环境信息公开相结合。而实际上,类似瑞典将环境许可证监管与信息公开(在这里指专门环境年报)相结合有其合理之处:本来从事有害环境活动就是一种禁止性行为,出于国家发展的需要才通过许可形式予以解禁,但由于是一种对环境有害的行为,也最终会损害到包括人类在内的生物群体,因此对其实施动态监管就是一种当然选择;强制性、专门性环境年报制度的推出,则有利于使这项监管通过信息的不断积累趋于完善,并形成对被监管对象(许可证持有人)的环境行为信息库,将现实监管与历史档案相结合,从而能使得许可制度变得科学合理。

(四)许可证运行中的动态监管和责任保障的强化

1.通过许可证的动态监管保障环境信息的真实性

为了保证从业者所提供的环境年报信息真实可靠,保障从业者在许可证中所承诺的义务得以有效实施,瑞典环境法赋予监督机构现场调查权力。在必要时,监督机构可根据有关法律的规定和专门检查程序,对有害环境活动及其影响进行调查和检查。调查时有权进入工厂,并有权对其设备或附属区域进行调查,无论工厂运行与否。这种进入工厂的调查制度有些类似于中国环境法律中规定的的"现场检查"制度。在监督机构进行调查时,财产所有者有义务对可能造成环境危害的设施,根据监督机构的要求提交有关该设备的必要信息。监督机构经调查发现问题时,可对责任者予以罚款。可以看出,瑞典对于环境危害行为的许可证监管是动态的监管,从而使得法定的许可制度真正达到保护环境、限制和遏制环境危害行为的目的;也可以认为这是对许可证信息内容的动态监管,从而保障企业提供的环境信息的真实性和完整性。虽然如此,瑞典环境保护法也规定了许可监管的界限。例如,瑞典环境法(1969年第387号)①第44条第1款的规定。这些限制主要还是体现在传统法上,在进行环境信息公开和环境行政监管时,应当注意对国家安全、商业秘密和个人隐私的保护。在对瑞典国家环境管理法律规范考察后发现,几乎都含有如下授权,相关行政管理机关有权要求被管理对象提供

---

① 该条款规定:"依法参与监督者,或依本法第43条第2款第2目规定实施调查者,未经授权,不得泄露或使用因工作之便而取得的商业或经营信息及任何有关国家安全的重要情报。"参见全国人大环境与资源委员会编译:《瑞典环境法》,中国环境科学出版社1997年版,第115页。

实施监督所需要的资料和相关文件。[①] 这是行政管理部门的权力，也是被管理者的法定义务。

2. 通过加强过程信息公开提升化学品监管的严肃性

瑞典对于与化学品相关的信息监管主要体现在两个层面，将对化学产品的标识监管与化学品的生产过程或进口环节监管相结合，体现为一种全过程控制理念。对化学品，要求当事人必须以“标识”等形式，“注明与人体健康或环境保护重要性有关的信息”。对“拟生产或进口在瑞典以前从未使用的化学品”，则要求当事人必须“提交有关化学品生产或进口的申报书、测试结果报告和其他信息”。另外，当事人还应当为行政机关提供监管所需要提供的信息和文件资料。强调对故意或者过失未提供，或者提供虚假化学品管理信息的行为实行刑事制裁，强调信息提供的义务属性、严肃性和法律权威。[②] 瑞典对于污染释放和转移的信息公开问题的立法，更为具体的可见于《有害环境的电池管理条例》。[③] 只是针对有害环境的电池这一项，该法就对“有害于环境的电池”及其产品、“商业性转移”的情形与范围予以了清晰的界定。当这些信息通过立法予以明确的划定之后，法案所涉企业才能更好地遵守法律规定，也便于行政执法和社会公众的监督，并且使执法和监督建立在科学和理性的基础之上。同时，当立法条文中的相关信息公之于众并让公众明确地了解后，公众就会对该类危害环境的电池产品进行购买选择，从而发挥出市场的无形监督作用。

3. 通过发布核活动工作信息强化对核活动的严格监控

同样，瑞典《核活动法》(1984 年第 3 号)第 20 条规定，要求能够让地方安

---

① 可以从瑞典国家的下列法律规范得到印证:《环境保护法》(1969 年第 387 号)第 13a 条、第 43 条第 1 款,《化学品管理法》(1985 年 426 号)第 10 条、第 15 条、第 18 条第 2 款,《特定饮料容器回收法》(1991 年 336 号)第 11 条,《辐射防护法》(1988 年第 220 号)第 31 条第 1 款,《核活动法》(1984 年第 3 号)第 17 条、第 21 条,《自然保护法》(1964 年法律第 822 号)第 18 条第 2 款第 1 项、第 18a 条,《森林法》(1994 年 1 月 1 日生效)第 34 条,《农用土地管理法》(1979 年法律第 425 号,1984 年法律第 197 号,1987 年第 471 号修改)第 8 条,《危险废物进出口条例》(1992 年 918 号)第 18 条,《有害环境的电池管理条例》(1989 年 974 号)第 9 条第 1 款。

② 《化学品管理法》(1985 年 426 号)第 8 条、第 10 条、第 15 条、第 18 条、第 20 条、第 21 条的规定。参见全国人大环境与资源委员会编译:《瑞典环境法》,中国环境科学出版社 1997 年版,第 134 页。

③ 参见瑞典《有害环境的电池管理条例》(1989 年 974 号)第 2 条、第 4 条、第 5 条、第 5a 条以及第 9 条的规定。全国人大环境与资源委员会编译:《瑞典环境法》,中国环境科学出版社 1997 年版,第 270 页。

全委员会获得该法所要求的、关于工厂已经进行或拟进行的安全和放射防护工作的信息，并将此种工作的信息编发给公众。[①] 在涉及核物质的活动中最关键性的问题应当说是安全，这是因为核物质本身蕴含着强大的动力、存在诸多不确定因素，如果处理不当、出现严重失误或者发生自然灾害，其所导致的后果将会很严重甚至是灾难性的。当代科学和技术对于核这样一种物质认识还很欠缺，比如，对于退役后的核设施以及核垃圾如何有效处置、核泄漏事故及其后续影响如何应对等重大问题，当今世界并没有很好的答案。这种安全不只是从事核活动人员的人身安全，它还直接关涉核活动附件居民、社区、国内地区的安全，同样也事关国家安全、邻国的安全。比如，日本福岛核电站泄漏，自上次地震海啸之后就没有停止过，它严重地影响到亚太国家的安全和太平洋海域的生态环境安全。因此，从事核活动的工厂就应当有相当高的义务和责任向监管机构、向公众提供“安全和放射防护工作的信息”。有两个重要原因要求他们这样做，首要原因是减轻人们对核不安全的担忧乃至恐惧，第二个原因是提高人们的核安全意识和能力，并能积极而有效地参与到核安全的防范过程中，这也是应急反应所必需的。

然而，在当今社会，由于不可再生能源对人类社会发展直接构成“瓶颈”约束和挑战，传统的化石能源所带来的环境负效应加剧了这种约束，加之人们的生产和生活基本上还是延续着传统意义上的、以消耗大量资源为代价的模式，迫使人们不得不过早地开发和利用核能。撇开核武器的开发、生产、试验对地球资源的巨大浪费、对地球环境和人类生存的强大威胁不说，就谈民用核能似乎已成为当今世界“清洁”能源的首选（相对于传统化石能源而言）。人类社会已经过早地进入对核能开发的时代，可是，地球人类真的并没有对核利用做好充分的准备，苏联对1986年切尔诺贝利核电站爆炸事故、日本对2011年大地震引发海啸致使核电站泄漏事故的无赖和无力应对就足以为证。这更说明需要对核安全信息予以充分公开，以使政府、社区和公众能够在认识、心理和能力上做好核能利用和核风险防范的充足准备。要让人们远离“谈核色变”的惶惑恐惧心态，在维护国家安全的前提下，应当提供相关信息，向人们提供核利用与核风险防范的知识，增强他们对核安全的心理承受能力和意识，提高他们对核事故的应急防范能力。面对世界范围的核安全问题以及国际上

---

① 全国人大环境与资源委员会编译：《瑞典环境法》，中国环境科学出版社1997年版，第163页。

发生的核泄漏事故教训,2017 年 9 月 1 日第十二届全国人民代表大会常务委员会第二十九次会议通过了《核安全法》,并于 2018 年 1 月 1 日开始实施,该法对于我国核利用的健康发展具有意义不言而喻。在这部法律中,第五章用第 63 ~ 69 条共 7 条的内容,专门就核安全的"信息公开和公众参与"进行了规定,信息公开和公众参与的推进是保障我国对核能的安全利用的重要民主基础。

(五) 中国选择的合理性分析

第一,危险化学品,无论是其生产还是运输、进出口,或是处置过程,都存在危险性毋庸置疑,不存在科学上的不确定性。对涉及危险化学品的各个环节(如生产、进出口)实施许可证管理,是因为危险化学品本身所固有的、对人类或者环境存在的潜在威胁,如果不实行强制管理那么这种危险就会转化为现实危害;由于经济和社会发展的需要,对其进行许可信息公开管理也符合经济、社会和环境相协调的环境法治原则。

第二,现行的法律规范,如我国环保部(原国家环保总局)颁布的《办法(试行)》只强制要求污染物排放超过国家或者地方排放标准,或者污染物排放总量超过地方人民政府核定的排放总量控制指标的、污染严重的企业应当公开环境信息,其立法原旨仍然是一种传统的事后补救或者减小损害的污染控制方式。本书认为,这样的信息公开虽然不可少,但是距离环境法治所要求的"预防原则"和"风险预防原则"还相距甚远。尤其是对于危险化学品的监管,这样的信息公开规定相当于放松了对企业的管制。对于危险化学品的监管,应当坚决秉承预防为主、防治结合的环境法治原则,规定获得许可证的企业实施强制环境信息公开,对许可证实施全过程监管。其公开的信息应当对公众开放,尤其应当对附近社区、居民开放,这是企业履行法定义务和责任的需要。

第三,强制性信息公开,有利于改善企业同附近社区和居民的关系,降低纠纷的发生率和处理成本;同时,让企业时刻提醒自己善加管理、增强对国家和社会生命财产安全的责任感,时刻警醒自己的行为。通过对许可信息的公开,增强公众对危险化学品的防范意识和知识,消除他们对于危险化学品的恐惧,争取他们的理解和支持,促进他们积极而有效地参与监督。实施强制公开,还有利于环境舆情监测的开展和预测防范。

第五节　环境责任制度的保障

一、环境行政责任保障措施

（一）美国的责任立法启示

1. 及时完善行政规范加强信息公开监管

安然（Enron）公司曾经是世界上较大的能源、商品和服务公司之一。然而，2001 年 12 月 2 日安然公司突然向纽约破产法院申请破产保护，严重挫伤了美国经济恢复的元气，重创了投资者和社会公众的信心。安然事件发生后，美国对其所爆发的公司财务丑闻的始作俑者们给予了严厉制裁，并且制定了更为严格和完善的、对公司信息披露行为予以监管的萨班斯法案（SOX 法案），这“让我们看到了美国强有力的监管，它用简直是残酷的手段彻底惩处了造假者”。[①] 2002 年 2 月 13 日美国 SEC 提出《上市公司信息披露规则修改建议》，要求修改各种公告的披露要求，披露重要的会计政策。紧接着，2002 年 3 月 7 日美国白宫网站发表了布什总统就安然事件后如何强化公司监管的 10 点计划，计划包括了对公司信息披露的监管。该建议紧紧围绕着如下三个核心问题展开。

第一，该建议强调了投资者的信息获取权，为投资者提供更好的信息。表现为：

（1）每个投资者每季度都有权获得为评价公司经营业绩、财务状况和财务风险所需的信息；公司则应当在它可控制的范围内向投资者公开他认为对判断公司价值有用的信息，不能以商业性秘密为借口加以拒绝。SEC 应确保公众公司提供给投资者的信息的真实性和公正性，并且这种信息应该用简单的语言描述。

（2）每个投资者对关键性信息应当拥有及时知晓的权利。SEC 应当扩充在报告期内要求提供及时公开的重要事件的范围。

第二，强化公司主要官员的信息公开责任。建议认为公司 CEO 必须告知公司投资者他的财务健康状况及他们所面临的风险；应当对公司公开的财务报表的真实性、时效性和公正性提供个人保证；每季度都应证明公司的财务报表和公司公开的信息准确、公正，而这些信息有利于理性投资者作出信息充分

---

① 仇俊林、范晓阳：《企业会计信息失真问题研究》，人民出版社 2006 年版，第 379 页。

的投资决策。

第三，构建更强有力和更独立的审计系统，以提高投资者对公司审计师的独立性和诚实性的足够信心。建议认为，审计师可以对公司管理现状作出非常关键的外部判断，投资者的投资决策需要独立审计师的判断、诚实和能力。建议还认为，虽然会计公司可以在提供包括税收计划、信息技术系统设计等的延伸服务中获利，但是，构成对独立审计的正直性和诚实性的妥协，客户还将被要求强制性地详细披露他们支付给审计公司及其连属机构的所有费用。建议要求，由一个直接受SEC监督的独立的监督机构，制定会计执业行为和执业能力准则，所制定的会计准则更多地为投资者的需求服务、及时回应投资者的需求，而不是仅仅建立在职业会计师的利益之上；该监督机构有权在任何需要的时候进行监督、调查，通过惩处个人违规者增强它的职业道德准则。

美国行动的果断，强调了发布信息行为的严肃性和法律权威，也反映了美国对待公司信息公开立法的务实精神，必须通过正当的法律手段让信息提供者意识并明白信息披露责任的意义和重大。虽然说《SOX法案》、SEC的建议、总统计划中没有直接提及环境信息公开，但是其行文和措辞强调了信息公开的重要性。本书研究认为，环境信息当然是这些文件中有关信息的不可缺少的成分并且包含在这些法律和行政文件之中，从而对公司的环境信息公开产生积极的推动作用。

2. 以执法创新柔性推动企业环境信息公开

除强化对企业信息公开的监管外，美国行政执法人员还创造性地进行执法实践，让违法企业参与或直接主导面向公众的环保宣传活动，如“要求违法者举办一系列的报告会，以提醒有关企业如何纠正违法行为，或要求违法者在电视和电台等媒体上举办公开会，抨击违法行为或宣传控制违法行为的新技术”。[①] 这是一种很具有创新性的执法解决环境违法行为的方案，这种创新更多地是从立法的终极目的出发来进行设计。本书认为，达到环境立法初衷就是解决问题的较好选择。从某种意义上讲，在违法行为发生后，要求违法者在公开场合或者大众媒体上对违法行为进行抨击和传播纠正违法行为的方法，它不能简单地被理解为我们通常所说的赔礼道歉，这是另一种形式的企业环境信息公开。当违法者在这些公共场合进行宣传时，他们实际上是在对自己所制造的这类环境违法行为进行深刻的剖析和反省，这需要违法者拥有敢于

① 美国国家环保局编：《环境执法原理》，王曦等译，民主与建设出版社1999年版，第83页。

面对自己违法行为的勇气,他们需要依据法律规范对相关环境信息进行必要的重新梳理,在宣传活动中正视、分析和深刻反省其违法行为的危害并暴露在公众的监督之下,从而提高企业和公众的环境守法意识。

"在美国,举办提高公众环境意识活动的违法者还必须清楚地向公众表明,它所进行的活动是达成的解决方案的一部分。"①这样便表达了违法公司的一种诚意,即愿意在法律规范的框架内就相关问题与政府、社区公众达成合意。这样的活动有些类似于行政处罚中的声誉罚,但不是全部,本书称这种形式的执法为"柔性执法",它更有利于拉近执法者与被执法者之间的距离,缩小相互之间的隔阂。声誉罚更多地是以一种处罚结果的形式表现出来,被处罚者只是被动地接受、不是身处解决问题的方案之中,其结果是否有效无法评价,还有可能会对违法者起到相反作用,即形成逆反心理。而要求违法者进行一些增强公众环境意识的宣传活动,虽然刚开始他们或许有抵制情绪,但是,随着宣传活动的进行,他们会进入守法宣传者的角色状态,抵制情绪也会自然消解,会感觉到守法的重要。更为重要的是,他们不仅是对公众进行环境意识和环境法律意识的宣传,而且这种从自觉到不自觉的宣传过程,无意间拉近了他们与公众之间的距离,形成了相互之间沟通的渠道。公众通过他们的宣传后了解到了企业的相关环境信息,看到了企业对环境违法行为悔改的诚意,这会为该企业今后同社区和公众的合作、为企业的发展制造有利条件,是为通过这种形式将坏事转化成了好事。对于执法者而言,也得到了企业和公众对于执法行为的认同,会逐渐形成一个良性的执法环境,这也是立法初衷之所在。这种执法方案是现代服务行政、透明政府建设的一种创新。环境信息在该项活动中得到分享和交流,理解与沟通则在政府、企业、公众之间传递和加深,从而,一种协同的执法与守法环境也就会慢慢形成。

在对人们的行为惯性分析后发现,对于成绩的正面和多次广泛宣传能提升其做好事业的主动性和积极性,而守法就是这样的主动行为。在政府的环境管理行为中,每年、每季度、每月乃至每一天都会收集到一些企业的、有关环境保护的好的成果案例,包括进行环境信息公开取得成绩的企业。如果行政主管部门能够通过现代媒介、利用新媒体进行宣传,就会鼓励企业自愿遵守环境法律规范要求(包括公开环境信息)。同时,基于企业间、行业之间市场竞争的现实,也会对同类企业和行业产生引导和推动效应,刺激

① 美国国家环保局编:《环境执法原理》,王曦等译,民主与建设出版社1999年版,第83页。

他们守法。可是,中国在环境行政中对守法企业的宣传很欠缺,更多地是对违法者环境违法行为的披露,加之受"家丑不外扬"中国传统思想的影响,企业更不愿意或者不敢公开他们认为的"对自己不利的"环境信息。然而,在行政管理中,如果管理者能够做有心人去洞察、发现企业环境行为的进步,并及时宣传激励企业所取得的进步,其产生的正能量将不可低估。实际上,所有的企业都在进行着环境行为的改善,相区别的只是程度大小、效果是否明显而已;他们都希望自己的努力和进步能够被政府、社区、公众认可并希望得到激励。这是一种正向激励机制,它的有效运用往往会产生意想不到的好效果。

如果要使法律、制度的实施产生实际效果,那么立法的设计应当是使违规成本大大高于违规收益,如果情况相反,那么企业就会当然地选择违规。对企业环境信息公开制度实施机制的设计就应当遵循这样的规律。中国的环境法律规范体系在当今世界上应当是比较全面的,有的制度的设计还表现出了创新性(如循环经济立法、规划环境影响评价、清洁生产促进法、节约能源法等),可是法律规范的实施效果却是不尽如人意。究其原因,除了受中国长期的重经济增长、优先 GDP 考核体系影响外,环境违法成本远远低于守法成本、设定对严重环境违法行为的处理上限也是非常重要的掣肘因素。不过,我们从 2014 年《环境保护法》的修订中看到了希望,该法的修订将为根治中国长期存在的在环境保护领域的"守法成本高违法成本低"的顽症提供了新的立法依据。① 从市场的角度看,我国目前市场机制、市场法律环境还不够完善。可以通过加强市场自律的规范体系建设,将某些掌控在行政机关手中的本来可以由市场、行业进行的管理权力下放或委托给行业或者社会组织行使,从而

① 《环境保护法》(2014 年修订)第 59 条第 1 款规定:"企业事业单位和其他生产经营者违法排放污染物,受到罚款处罚,被责令改正,拒不改正的,依法作出处罚决定的行政机关可以自责令改正之日的次日起,按照原处罚数额按日连续处罚。"例如,湖北开出史上最大环保罚单,楚源集团及其下属公司因超标排污及私设暗管违法行为,被罚 2700 多万元。参见喻珮、王贤:《2700 万元:湖北开出史上最大环保罚单》,载新华每日电信:http://news.xinhuanet.com/mrdx/2016-07/21/c_135529213.htm,最后访问日期:2016 年 7 月 28 日。王灿发教授牵头、六所高校专家参与的新环境保护法实施情况评估报告表明,"'守法成本高、执法成本高、违法成本低'的现象有了改变"。北京大学教授汪劲认为:"新环保法实施一年成果丰硕,这一方面得益于法律本身,另一方面也得益于中央在过去一年颁布多个文件的保驾护航,但作为环境领域的基础性法律,需要单项法律具体规定增强其可操作性,目前保障其更好实施的抓手还不够。"载搜狐网:http://mt.sohu.com/20160525/n451458451.shtml,最后访问日期:2016 年 7 月 28 日。

充分发挥行业组织和社会机构的监督和专业特长，提高管理效益。对企业环境信息的公开制度的推进，除了强化责任立法之外，还可以尝试充分运用市场机制、社会监督和引导机制的功能。

（二）我国行政责任规范的完善

相对于民事和刑事责任追究机制，对违反信息公开法律规范的行为，中国立法在行政制裁上给予了更多、也更详细的关注和规范。这除了受信息（包括环境信息在内）更多的是一种公共产品特性的影响外，也是中国长期的、受历史文化深刻影响而沉积下来的管制模式的一个缩影，当然这也是中国面临的需要一个长期的、不断加强民主和法治才能不断走向完善的社会发展课题。

1. 以加强企业违法者责任为主导

我国法律规范中，对于企业在环境信息公开中的责任追究，已逐步表现出具体规定环境信息公开违法的责任情形；①然而，有关环境信息公开责任立法的步伐还是太慢，显得谨小慎微，今后应当加强这一方面的立法进程。

在现有的其他环境立法中，有些立法只是一般性规定企业信息公开违法应当承担相应的法律责任，但是并没有指向环境信息公开，然而，从法理和立法宗旨考虑，可以延伸到环境信息公开违法企业的责任追究。在企业环境信息公开责任追究机制缺乏的状况下，在遵循法治原则、立法精神和法理原理的前提下，这样的责任追究机制运用模式具有实践和研究价值。有关环境行政制裁的规定，中国立法主要针对企业的污染行为、资源和生态保护行为，从企

① 《清洁生产促进法》（2012 年修正）第 31 条、第 41 条，《放射性污染防治法》（2003 年）第 55 条，《环境保护法》（2014 年修订）第 62 条，《核安全法》（2017 年）第 88 条对不依法公开环境信息的行为规定了相应的行政责任。尤其是《大气污染防治法》（2015 年修订）对如下违法情形加大了行政追责的力度，如第 100 条第 1 款第 4 项规定的违反法律规定的对“重点排污单位不公开或者不如实公开自动监测数据”，第 109 条第 2 款规定的“机动车、非道路移动机械生产企业对发动机、污染控制装置弄虚作假、以次充好，冒充排放检验合格产品出厂销售”，第 111 条规定的“机动车生产、进口企业未按照规定向社会公布其生产、进口机动车车型的”“排放检验信息或者污染控制技术信息”或者“有关维修技术信息”，第 112 条第 1 款、第 2 款、第 3 款规定的“伪造机动车、非道路移动机械排放检验结果或者出具虚假排放检验报告”“伪造船舶排放检验结果或者出具虚假排放检验报告”或“以临时更换机动车污染控制装置等弄虚作假的方式通过机动车排放检验或者破坏机动车车载排放诊断系统”。《企事业单位环境信息公开办法》（2014 年环保部令第 31 号）第 15 条、第 16 条规定，只针对“重点排污单位”，“未依法公开环境信息的行为”可以“举报”，对“违反”该办法的行为则“由县级以上环境保护主管部门根据《中华人民共和国环境保护法》的规定责令公开，处三万元以下罚款，并予以公告”。但是，这类责任规范毕竟还是很少，而且存在诸多限制条件。

业内部控制和外部监管角度展开。

(1)污染防治法对企业违法的责任追究

针对污染物排放申报登记事项,如果申报单位存在不按规定申报、拒报或者谎报、弄虚作假的行为,那么可以推定,这些不实信息将会带给环境管理的混乱和无效率,更为严重的是,企业依此运行的结果会给环境招致潜在的威胁,给其他主体的法定的利益造成潜在的损害。因此,应当依据不同情况,分别给予相应的行政制裁,包括责令停止违法行为、责令限期改正、给予警告或者处以罚款。[①] 立法这样规定的目的是,强化法律规范中的单位的法定的申报责任和义务。为了能够将更为严重的、潜在的危害控制或者消除在未然状态,要让他们意识到违反法定的申报事项不只是一个程序违法问题,它会妨碍国家和地方的决策、规划和行政监管的实施(如对地区或者流域水体污染总量的控制、节能减排的安排、区域或者产业发展规模的调控等),以此保障单位提供污染信息的完整性和真实性,这也体现出环境法的预防为主原则。

为达到对不同环境要素的保护效果,对不同环境要素的污染防治立法具有不同的调整重点,其执法方式也会有相应的变更,因此,行政责任的追究方式也具有不同的侧重。现场检查是环境管理中的一项必须的制度,国外环境立法也有类似这样的制度安排,这不仅是为督促和加强企业守法,也是执法者为了保障执法效果的重要手段,同时还是对企业提供污染防治信息真实性的检验方式。上述效果的产生,需要在现场检查中得到企业有效配合并保持高度的守法诚信。在环境执法人员进行现场执法时,如果企业违法拒绝现场检查,拒绝、阻挠环境监测工作人员进行环境监测活动,或者在被检查时不如实反映情况和提供必要资料或者弄虚作假,根据不同情节,就应当承担责令限期改正,或者警告,并处(或者可处)罚款的行政处罚;如果违反治安管理法规,

---

① 下列法律规范都有类似的法律规定:详见《环境噪声污染防治法》(1996 年)第 49 条;《固体废物污染环境防治法》(2016 年修订)第 68 条第 1 款第 1 项、第 2 款,第 75 条第 1 款第 2 项、第 2 款;《节约能源法》(2016 年修改)第 80 条、第 82 条;《水污染防治法》(2017 年修正)第 81 条、第 82 条第 1 项、第 3 项;《海洋环境保护法》(2016 年修改)第 74 条第 1 款第 1 项、第 4 项、第 2 款。

就应当承担治安处罚的法律后果。①

环境法不同于其他法的一个很重要的特点是其科学技术性。环境容量、环境基准、环境质量标准、污染物排放标准等技术规范都应当以环境科学、或者生态科学为基础,对环境监测结果、标识、标志、中文警示说明、节能产品认证标志、能源效率标识等环境技术规范的强制规定亦遵循着相同的原理。因此,与此相关的环境信息就更需要公开,以便公众能了解和理解它们的重要性。针对不同的环境要素特征,法律规范在责任形成要件和追究机制选择上亦呈现出了不同的特点。比如,我国《放射性污染防治法》(2003 年)第 49 条对不按照规定报告有关环境监测结果的处罚,第 55 条对企业不按照规定设置放射性标识、标志、中文警示说明的处罚。我国《节约能源法》(2016 年修改)第 69 条对生产、进口、销售国家明令淘汰的用能产品、设备,以及使用伪造的节能产品认证标志或者冒用节能产品认证标志的处罚;第 73 条对应当标注能源效率标识而未标注,未办理能源效率标识备案或者使用的能源效率标识不符合规定,伪造、冒用能源效率标识或者利用能源效率标识进行虚假宣传的处罚,等等。

对于突发环境事件,由于其发生的突然性、出于人们的意外或者疏忽大意,如果处理不当或者不得力,将会给环境生态和人们的生命财产安全带来巨大的威胁或者损害。为最大限度地减少损害结果的发生,就需要充分动员和调动一切积极力量参与对危机的应对处理。无论是对危机应对指挥系统的有效运转,还是对社会公众的参与,充分的信息公开对危机的有效解决必不可少。那么,在危机状态下,违反信息公开法律规定的企业,将直接妨碍对危机的正常和有效处理,造成后果的严重性决定了该违法企业应当承担严格的法律责任。基于放射性污染的严重危害性,我国《放射性污染防治法》(2003 年)第 55 条进行了特别的规定,该法条对不按照规定报告放射源丢失、被盗情况或者放射性污染事故的单位规定了严格的行政责任。② 针对环境紧急事件

---

① 这类规定可见:《大气污染防治法》(2015 年修订)第 98 条、《海洋环境保护法》(2016 年修订)第 75 条、《放射性污染防治法》(2003 年)第 49 条第 2 项、《环境噪声污染防治法》(1996 年)第 55 条、《环境监测管理办法》(2007 年)第 19 条。

② 《放射性污染防治法》(2003 年)第 55 条规定:"违反本法规定,有下列行为之一的,由县级以上人民政府环境保护行政主管部门或者其他有关部门依据职权责令限期改正;逾期不改正的,责令停产停业,并处二万元以上十万元以下罚款;构成犯罪的,依法追究刑事责任:……(三)不按照规定报告放射源丢失、被盗情况或者放射性污染事故的。"

的信息公开,该法是中国污染控制法中唯一规定承担严格法律责任的法律。在目前我国大小环境污染事件频发的今天,这不是一种正常现象。虽然我国《突发环境事件应急管理办法》(2015 年环保部令第 34 号)第 38 条第 6 项针对“未按规定公开突发环境事件相关信息”的情形,有“由县级以上环境保护主管部门责令改正,可以处一万元以上三万元以下罚款”的责任规定,但毕竟这只是一项行政规章,其效力等级显然比法律低,而且其执行效力还有待检验。因此,在今后的法律制定和修订中,需要加强对污染紧急事件中肇事企业的环境信息公开的责任立法,从而强化对环境污染事件预防和控制的责任意识,减少环境事件的发生。

我国《安全生产法》(2014 年修订)虽然说是针对企业内部的生产管理而言的,但是本书考察已有的环境污染事件得出了如下结论:企业生产的不安全性具有其固有的、内生的外部环境不安全性;几乎企业所致的环境污染事件,其初始原因均是企业生产监督缺失所致,有的是出于故意,有的则是因为过失。在安全工作领域,有个著名的“海恩法则”,[①]它是由飞机涡轮发动机发明者、德国飞行员帕布斯海恩对多起航空事故深入分析研究后得出的。海恩认为,任何严重事故都是有征兆的。在一起重大的飞行事故背后,通常潜伏着如下信息链条:1 个重大飞行事故←→29 个事故征兆,每个征兆←→300 个事故苗头,每个苗头←→1000 个事故隐患。这里隐含着一个量变产生质变、偶然中隐含着必然的关系问题,是谓“千里之堤,溃于蚁穴”。海恩法则的启示:影响安全的因素具有复杂性、多样性,但是最开始的因素往往是一些小的、容易被人们忽视的因素;要消除安全隐患和苗头,就必须从一开始就进行防范。事故发生前会有各种各样的征兆,事故的发生又是量的积累的结果。这些因素、隐患、苗头、征兆就是本书所指的信息。要消除一次严重事故,就必须敏锐而及时地发现这些事故征兆和隐患并果断采取措施,加以控制和消除。环境法中所提倡的风险预防原则与海恩法则有着异曲同工之效,正因为有海恩法则所示的情形,所以就应当在环境治理和环境保护中贯彻风险预防原则。

破解海恩法则魔咒的有效方法,除了强调责任制之外,就是要形成畅通的

---

① 海恩法则:任何不安全事故都是可以预防的。海恩法则强调两点:一是事故的发生是量的积累的结果;二是再好的技术,再完美的规章,在实际操作层面,也无法取代人自身的素质和责任心。载 360 百科:http://baike.so.com/doc/5414792-5652934.html,最后访问日期:2016 年 8 月 2 日。

信息公开、信息共享、信息交流和信息反馈系统，它们之间相互作用、相互促进，并且处于统一的体系之中。信息交流渠道越畅通，事故征兆和苗头越容易暴露出来，就越有利于对事故的事前预防、危险因素的排除，也就能降低事故发生风险的概率。“海恩法则”在环境信息公开中的作用表现在如下三个方面：其一，防范环境事故的发生是其最基本、最低层次的功能。其二，更重要的功能则是，通过对企业的强制性和自愿性环境信息公开、与外部信息共享，让企业的环境行为处在内外部监督的透明环境之下，督促企业履行良好企业公民的社会职责。其三，使得企业在合法取得对自身利益维护的同时，关注对法定的其他利益相关方合法权利的尊重和合法利益的维护。

因此，对安全生产的信息监管也是防止环境污染事件发生的重要措施，这是对环境污染的源头控制。《安全生产法》(2014 年修订)第 96 条对生产经营单位“未在有较大危险因素的生产经营场所和有关设施、设备上设置明显的安全警示标志”的责任规定，在有较大危险因素的有关设施、设备上，以及有较大危险因素的生产经营场所设置明显的安全警示标志的行政责任规定就是一种源头控制。对具有较大危险因素的生产经营场所和有关设施、设备设置安全警示标志，实际上是对外界发出安全警示信息，这是一种法定的强制性的信息公开规定，强调了信息标志的重要性，相关单位必须执行。因此，如果是与环境相关的危险因素、或者非环境类的危险因素却很可能引起环境污染事件，而企业又没有遵守这类规定，那么就可以适用本条规定追究法律责任。

对于我国环境立法中设定的对污染违法行政罚款额度的规定、实践中存在的违法成本低而守法成本高的不正常现象，在寻求解决方案时可以参考美国的执法做法。第一，违法所得的经济利益是以损害他人或者损害公共的环境利益为基础。因此处罚应至少能够剥夺违法人员因违法行为而获取的经济利益，即没收违法所得；如果不能剥夺这笔所得，那么从法理层面上讲就是不公平，法的功能就是为了平衡各方的利益。第二，以危害程度决定处罚的额度。这种设计能够体现出危害行为与经济处罚之间的相关性；这并不违反行政法所追求的合法性原则，是在合法原则下的合理选择。① 我国《环境保护法》(2014 年修订)规定的罚款额度，则是依照有关法律法规按照防治污染设

---

① 这两个方案参见美国国家环保局编：《环境执法原理》，王曦等译，民主与建设出版社 1999 年版，第 86 页。

施的运行成本、违法行为造成的直接损失或者违法所得等因素确定的。[①] 我国最新立法实践和美国经验有着相似之处。本书认为，上述方案既对违法者进行了合法合理的处罚，并未增加额外的环境行政成本，同时也对他人的和公共的法定正当利益进行了最大限度的维护，因此也符合行政法上的比例原则的旨意。

（2）资源生态保护和产业调控法对企业违法的责任追究

本书认为，对信息的收集与报告同样构成信息公开制度体系建构的重要方面，保障好收集和报告信息的准确性和真实性将对信息公开的质量和效果产生实质性影响。因此，我国一些法律也规定了相应的法律责任，以此表明环境信息公开制度的建构与实行不是一种静态的公开，而应当是体现为一种动态的过程。以对我国《海洋环境保护法》（2016 年修订）的考察为例，第 74 条第 1 款对于记录倾倒情况或者提交倾倒报告任一不符合规定的行为，规定了警告或者处以 5 万元以下的罚款的行政处罚。同样，《节约能源法》（2016 年修改）第 80 条对房地产开发企业在销售房屋时违法、未向购买人明示所售房屋的节能措施、保温工程保修期等信息；第 81 条对在采购用能产品、设备时，违反应当遵守优先采购列入政府采购名录中的节能产品、设备的强制性规定的公共机构，直接负责的主管人员和其他直接责任人员；第 82 条对违法报送能源利用状况报告或者报告内容不实的重点用能单位等应当承担的行政责任进行了规定。[②]

我国对于节能和清洁生产信息报告中的责任追究立法，更多强调的是相关企业的主动守法意识的提高和采取积极行动，以警示为主；只有当企业不听劝告而继续违背信息报告义务时才承担较严的罚款处罚。而实际上，对节能和清洁生产，因为受到长期传统的不讲究环保的经济增长模式的影响，要企业一时间改变这种模式，首先就是要企业能够在意识上发生变化，真正认识到节能和清洁生产的重要性，并且是其承担社会责任的重要方面，因此对企业信息公开的责任设计也应当符合这一规律。

---

① 参见《环境保护法》（2014 年修订）第 59 条第 2 款规定。

② 类似的行政责任规定还有，如《清洁生产促进法》（2012 年修正）第 17 条涉及的对不按照规定应当公布能源消耗或者重点污染物产生、排放情况企业，第 39 条第 1 款涉及的对不实施强制性清洁生产审核、或者在清洁生产审核中弄虚作假，或者实施强制性清洁生产审核不报告或者不如实报告审核结果的企业行政责任的规定。

(3)商法、经济法对企业违法的责任追究机制的借鉴

一种情况是,当公司以欺诈的手段隐瞒重要事实,如环境违法事实,而违法取得了公司登记,那么公司传递给管理部门和社会的信息就含有不真实成分,信息处于一种完全的或者部分的不真实状态。在这种状态下,公司要么在合法登记程序的掩盖下让这种违法状态维持下去,要么准备着新的违法行为。总之,这种信息状态的存在,无论是对于行政管理还是对于公司本身,更重要的是对社会公共利益和公众利益形成一种潜在的威胁,这是法治状况所不能容许的。基于这样的分析,我国早在2005年修正《公司法》时,第199条就有规定,对虚报注册资本、提交虚假材料或者采取其他欺诈手段隐瞒重要事实取得公司登记的行为,授权公司登记机关责令改正,并对上述两种情况分别给予不同数额的罚款,如果情节严重则会被撤销公司登记或者吊销营业执照。我国2013年修正《公司法》再次维持了这样严格的责任态势。公司法作这样的规定,旨在维持公司应当依法提供信息的原始纯洁性并预防其他方合法利益被侵害。

另一种情况便是,无论是公司还是企业,在向有关主管部门提供的会计凭证、会计账簿、财务会计报告等材料时,也就是在公司财务信息的形成和报告时,应当诚信守法使其提供的信息是真实可信的。无论是从公司或者企业的社会公民角色所应当肩负的社会责任,抑或是他们对于伦理道德责任的担当,或者是从信息公开的受托者责任理论和信息的决策有用理论理解,还是从最基本的法律意义上的企业的诚信阐释,企业提供真实的财务信息是基本要求。如果企业违反法律的基本要求,伪造、变造会计凭证、会计账簿,或者是编制虚假财务会计报告或者隐瞒重要事实,或者是在提供的财务会计报告等材料上作虚假记载或者隐瞒重要事实,或者是隐匿或者故意销毁依法应当保存的会计凭证、会计账簿、财务会计报告,那么企业或者其直接负责的主管人员和其他直接责任人员则应承担行政责任,其中的国家工作人员会受到行政处分,其中的会计人员则会受到从业资格处罚,而如果是构成犯罪则应当接受刑事制裁。[①] 本书认为,对于法定的、应当进入企业会计核算系统的环境信息,当然适用这些责任规定;而对于理论上可以进入企业会计核算系统的环境信息,则可以进一步探讨在不同实践情形下的适用案例。

---

① 参见如下法律规定:《会计法》(2017年修正)第42~45条;《企业财务会计报告条例》(2000年)第40条;《公司法》(2013年修正)第201条、第202条。

1998年澳大利亚通过《公司法》的修改，要求“公司制作更详细的环境报告”。第299条第1款第f项要求“董事在董事年度报告中载明公司根据有关规定在环境保护方面采取的措施”。[①] 准备和制作环境报告已成为澳大利亚公司法定的、强制性的信息公开义务，并与董事年度报告相配合，以董事的环境责任做保障。

“美国的证券法规定，国有公司必须披露其潜在的环境责任信息，从而刺激企业进行内部环境审计”。[②] 这是从证券管理制度的角度对国有公司的约束性规定，通过外部法律的强制规定促进公司内部治理的完善。在当今世界，国有公司基本上是一个国家对国家重要经济命脉的控制公司，因此其对国家和社会公众的责任就更加重大。美国证券法强制要求国有公司对其潜在环境责任信息予以披露，这些信息包括现实的环境违法行为、现实的和潜在的对环境的不利影响，其目的就是要通过公司加强内部环境审计制度建设来提高责任意识、逐渐转变公司粗放式的经营模式，通过加强内部监管预防公司环境风险，同时从证券市场安全的角度看也是必要的防范措施。

针对上市公司的特殊性，中国证券法对上市公司违反信息公开规定了更为严格的责任承担机制。这种立法同当今国际上证券立法的惯例协同，将有利于对中国上市公司和跨国上市公司的监管，加强同国际、外国证券信息监管的合作，同时也有利于金融市场的稳定。我国《证券法》(2013年修正)第55条规定下列两种情形均会招致证券交易所决定暂停公司股票上市交易的处罚：情形一，不按照规定公开其财务状况，或者对财务会计报告作虚假记载，可能误导投资者；情形二，有重大违法行为。我国《证券法》(2013年修正)第56条规定，不按照规定公开其财务状况，或者对财务会计报告作虚假记载，且拒绝纠正的，将受到证券交易所决定终止公司股票上市交易的处罚。可以看出，这是对上市公司比较严厉的行政制裁方式，在行政法理上称为行为罚，它通过行政强制手段剥夺公司的市场融资权，直接影响到公司的发展；它利用市场机制规制，引导上市公司遵守公司管理法律，遵守上市公司信息公开制度的立法，将市场机制融入法律规范之中形成法律保障。该法第193条的规定针对发行人、上市公司

---

① Donna Craig：《澳大利亚环境法中的工业用地治理》，载黎莲卿、玛利亚·索科罗·Z.曼圭亚特主编：《亚太地区第二代环境法展望》，邵方、曹明德、李兆玉译，法律出版社2006年版，第135页。

② 美国国家环保局编：《环境执法原理》，王曦等译，民主与建设出版社1999年版，第55页。

或者其他信息披露义务人以及他们的控股股东、实际控制人的如下三种情况的违法行为，规定了相应的行政制裁：未按照规定公开信息，或者所公开的信息有虚假记载、误导性陈述或者重大遗漏；未按照规定报送有关报告，或者报送的报告有虚假记载、误导性陈述或者重大遗漏；控股股东、实际控制人指使从事前两款违法行为。这些责任基于上述各类主体对上市公司的实际影响力而规定。将公司的信息公开的责任承担与其实际利益结合起来，这有利于上市公司内部加强对公司信息公开制度的落实，强化公司信息公开的责任意识。

根据我国《上市公司信息披露管理办法》（2006 年）、《上海证券交易所上市公司环境信息披露指引》（2008 年）的规定，如果上市公司发生与环境保护相关的重大事件，并且可能对其股票及衍生品种交易价格产生较大影响的，那么该上市公司就应当自该事件发生之日起两日内，对事件的起因、目前的状态以及可能产生的影响及时地披露和说明。及时披露的目的是更大限度地保护公众本身利益和维护公共利益，便于证券管理机构及时采取证券市场应对措施，并督促肇事企业采取积极措施进行应急处理。

环境信息公开不只是一个时点问题，它应还包含有解释过程，有对信息使用者反馈的释疑阶段，这是最基本的对于信息处理的要求。如果更进一步，对于提供环境信息的企业而言，通过权衡使用者对信息的反馈，修正、调整并完善企业的经营战略或者规划，使之更符合企业和相关利益方的共同利益、环境的要求，将会借助信息的交流过程，加强企业与利益相关方对项目或规划的实施的共识，通过建立经常性的沟通机制实现共赢。对会计的协调管理职能的研究将有利于环境信息公开在企业的推行。

对于上市公司的环境行为关注已成为理论和实践领域不可回避的主题之一，并且会成为一个永恒的主题。社会关注程度越高，对上市公司的期望和要求就会越大，更需要上市公司充分公开其拥有的环境信息，这是来自社会需求的推动力。虽然中国公司法、证券法没有明确规定公司、上市公司应当制作环境报告或者公开环境信息，但是，根据中国国家环保部与国家证监会联合颁布的规章和上海证交所、深圳证交所发布的信息公开监管的规定，中国证券法所规定的有关上市公司信息公开责任的规定，可以有选择地使用到上市公司环境信息公开责任追究之中，公司申请初次上市和再融资、招股说明书以及财务报告都应当含有环境保护的内容。随着环境问题及环境治理重要性的加强，上市公司环境信息公开应当在未来对我国《公司法》和《证券法》的修改中得到明确的体现，从而将对公司的环境信息公开行为监管纳入对公司的整体行为监管之中。

2. 强化对执法者违法行为的责任追究

在某种惯性上政府行为往往会成为企业的的学习和行为样板，政府的行为直接影响并引导着企业对企业环境信息公开的选择和实践，同样，对政府环境信息公开的责任追究也会影响企业在信息公开中的责任意识，并影响着企业的环境行为模式。同时，对政府环境信息公开的责任追究也为企业监督政府执法和守法提供了监督依据。在对政府信息公开追责机制中，针对政府不同的违法情形，最主要的行政责任形式是责令改正或者对直接负责的主管人员和其他直接责任人员给予行政处分；处理机关为本级政府、上级政府、上级行业主管部门或者监察机关。①

我国《国家突发环境事件应急预案》(2006 年)(以下简称《应急预案》)第 7.4.2 条对在突发环境事件应急工作中，不按规定报告、通报突发环境事件真实情况的有关责任人员、国家公务员和国家行政机关任命的其他人员，《突发环境事件信息报告办法》(2011 年)(以下简称《办法》)第 15 条对在突发环境事件信息报告工作中迟报、谎报、瞒报、漏报有关突发环境事件信息的直接负责的主管人员和其他直接责任人员，都规定了行政处分的责任承担方式。从《应急预案》及《办法》中的上述规范很容易发现，对环境应急中信息公开违法责任的规定存在如下问题还有待完善：其一，规定宽泛不具体，不能保证有效执法，如何为真实情况，有关法律和规定指哪些，有关责任人员不明确，情节和危害后果无标准尺度，行政处分指什么等；其二，行政责任只是“行政处分”畸轻有损法律的权威，虽然也有承担刑事责任的规定，但这两者之间的过渡跳跃性太大，尺度缺乏科学性；其三，《办法》为部委规章，其法律位阶偏低，具体实施起来难度大。其他非环境法类的法律规范所列出的类似的行政责任归责情形，②在行政责任追究上与环境类规范几乎相同，没有大的区分。虽然说这些规定不能当然延伸到环境信息公开责任承担，但可以在具体情形下，通过考察它们同环境信息公开联系的紧密程度，适时决定适用的条件和范围。

我国《政府信息公开条例》(2007 年)第 33 条针对政府信息公开行为，赋予了公民、法人或者其他组织享有下列监督和救济权利：对行政机关不依法履

① 我国目前涉及此类情形的环境类的法律规定有：《防沙治沙法》(2001 年)第 43 条，《城乡规划法》(2015 年修正)第 60 条第 4 项、第 5 项，《循环经济促进法》(2008 年)第 49 条。

② 比如，《突发事件应对法》(2007 年)第 63 条、《政府信息公开条例》(2007 年)第 35 条的规定。

行政府信息公开义务或者当政府信息公开工作中的具体行政行为侵犯其合法权益时的举报权利，依法申请行政复议或者提起行政诉讼的权利。同样，这也是一种责任追究机制，不同的是它是以公民、法人或者其他组织行使其监督权和救济权的形式发起。这一规定同样应当适用于政府环境信息公开的情形。

比较环境信息公开中企业与政府的责任承担类型、方式和程度大小不难发现，在这类立法中明显存在企业与政府违法责任承担的不对称问题。在中国现有环境立法中，政府是环境信息公开的主要主体并且应当承担更多的公开义务，企业对环境信息的公开义务规定则相对较少，这是问题的一个方面；而另一个现象也很明显，立法更多地规定企业违反信息公开义务应承担的责任，却很少有对政府违反环境信息公开义务的责任追究机制。结果是，立法上义务多者承担的责任却偏少，反而义务少的一方却要承担更多更大的责任，义务与责任不对称、权利与义务失衡，这种现象有悖于法治的本来含义，有失法律公正的价值追求。同样，在本书所探讨的经济和商事立法中，有关信息公开的规定也存在着这种现象。立法中这种相悖现象的发生虽然有其法制发展的历史和文化根源，但是我们应当正视这种立法的怪异现象，走出长期存在的立法怪圈，在对企业行为的规制和对政府行为的规制中寻找合适公正的平衡，实现政府的权力、义务、责任的统一，企业的义务、责任、权利的平衡。当今社会的特点是民主取向的法治社会，立法应当对政府、对企业公平对待，涉及环境信息公开问题，针对当前我国立法现状，立法应当强化对政府责任的追究、增强企业公开环境信息的义务，只有这样，环境信息公开法律制度才能有效推进并产生实施效果。

除此之外，创新干部的考核模式也是一种有效的措施。在中国，传统的对干部政绩、业绩的考核，以指标（尤其是经济指标）的完成作为考核内容，而缺乏对其他相关指标（如环境保护指标、对社会责任的承担、环境信息公开、制度机制设计、守法目标等）综合考核平衡。这样一种考核机制导向，必然使地方或者部门领导、国有企业负责人只是追求任期内的短期目标而不问企业长期发展，只完成经济指标而不顾对社会责任、环境保护责任的承担。而一旦出现任期目标难以实现的危机时，就有可能出现人为导致的企业信息失真问题，包括财务会计信息造假、隐瞒企业环境信息等现象。所以，为破除这种人为设置的传统怪圈，有必要对干部实行政绩、业绩的综合考察，将指标考核与非指标因素考核、同社会公众的评价相结合。近年来，中国提出并强化了生态文明建设和绿色发展理念，已改变了“唯 GDP 论英雄、论政绩”的评价模式，但要真正走出传统评价模式、经济增长模式的影响,还仍然有很长的路和艰难;尤其是在整个世界的经济发展一直处于低迷的形势下更是艰难。比如,美国特朗普政府轻视环境保护的政策法律模式就是对中国进一步发展的挑战,这就需要国家定力,中国建设生态文明虽然道路艰巨但却是明智之举。

我国40年的改革开放在增强综合国力、改善民生的同时,在工业化和城镇化过程中也付出了沉重的环境代价,一些地区"高污染、高排放"企业盲目扩张,一些行业产能过剩,污染物排放量很大,生态环境问题积重难返,资源环境风险已经成为中国风险社会的重要元素。企业经济行为对环境的外部不经济性为何一直难以有效解决?其中的一个重要原因就是企业的环境违法成本几乎为零,政策和法律设计时对于环境的外部性考虑不够。同时,一直以来在政府官员的考核和激励机制中,对经济绩效的偏向导致了官员对环境外部不经济性的忽视和淡漠,这也加剧了企业的环境枉法行为。党的十八届三中全会提出了新的官员考核机制和条件将有利于或者可以预见能直接促进这一现状的改变,《中共中央关于全面深化改革若干重大问题的决定》为改变这一现状提供了新的契机和依据。该决定明确指出:完善发展成果考核评价体系,纠正单纯以经济增长速度评定政绩的偏向,要加大资源消耗、环境损害、生态效益、产能过剩、科技创新、安全生产、新增债务等指标的权重。这一新的"指挥棒"将对中国经济社会发展产生巨大的影响,并将会有效地降低环境风险的概率,促进生态文明建设的进程。该决定同时提出,加强中央政府宏观调控职责和能力,加强地方政府公共服务、市场监管、社会管理、环境保护等职责,把"保护环境"列入政府的五大职能和作用,这符合中国现实。并要求各级政府高度重视包括环境、生态、安全生产甚至新增债务等指标,不能以牺牲环境、人民健康等为代价创造虚假的"GDP",这样才能有效地防范和应对环境风险。

3. 加大对第三方违法行为的制裁

在环境信息公开制度实施过程中,第三方承载着联系企业与政府、传递信息的重要任务。在理论和实践上,第三方往往被认为是具有独立利益、公正行事的仲裁者,是具有诚信的社会组织机构,因此,由第三方出具的证据和结论也被赋予很高的真实可信度,作为社会公民,这是第三方能够持续生存的社会合法性基础。但问题是,第三方也是以自己的行为获取自己生存发展的经济基础,他们的经济来源又是来自政府机构或者企业,作为经济人,第三方与政府、第三方与企业又存在割不断的经济利益关系。第三方得以生存的生态食物网络决定了法律对其服务行为进行约束的必要性，以维持第三方、政府、企业、社会之间的社会生态平衡，从而保障和引导其行为的合法性、维持其健康发展。我国现行法律对第三方在信息公开中的责任规定，在一定程度上对这种关系网络给予了照应。①

环境影响评价结果将直接决定项目或者规划能否实施，更为重要的是它会决定项目或者规划未来对环境质量产生的影响，国内外环境立法都将环境影响评价制度作为保护环境生态、防止环境污染和破坏的重要制度，作为第三方的环境影响评价机构的重要性也就不言而喻，对其行为予以规制也是题中应有之义。我国的环境影响评价立法对此做出了很好的注脚。② 由此我们看

---

① 比如，针对环境信息公开，《核安全法》(2017 年)第 82 条规定："违反本法规定，受委托的技术支持单位出具虚假技术评价结论的，由国务院核安全监督管理部门处二十万元以上一百万元以下的罚款；有违法所得的，没收违法所得；对直接负责的主管人员和其他直接责任人员处十万元以上二十万元以下的罚款。"《大气污染防治法》(2015 年修订)第 54 条第 1 款规定："机动车排放检验机构及其负责人对检验数据的真实性和准确性负责。"第 112 条第 1 款规定："伪造机动车、非道路移动机械排放检验结果或者出具虚假排放检验报告的，由县级以上人民政府环境保护主管部门没收违法所得，并处十万元以上五十万元以下的罚款；情节严重的，由负责资质认定的部门取消其检验资格。"第 2 款规定："伪造船舶排放检验结果或者出具虚假排放检验报告的，由海事管理机构依法予以处罚。"《环境保护法》(2014 年修订)第 65 条规定："环境影响评价机构、环境监测机构以及从事环境监测设备和防治污染设施维护、运营的机构，在有关环境服务活动中弄虚作假，对造成的环境污染和生态破坏负有责任的，除依照有关法律法规规定予以处罚外，还应当与造成环境污染和生态破坏的其他责任者承担连带责任。"《节约能源法》(2007 年)第 76 条规定："从事节能咨询、设计、评估、检测、审计、认证等服务的机构提供虚假信息的，由管理节能工作的部门责令改正，没收违法所得，并处五万元以上十万元以下罚款。"

② 1998 年《建设项目环境保护管理条例》第 29 条，就对从事建设项目环境影响评价工作的单位在环境影响评价工作中弄虚作假的行为规定了吊销资格证书、并处罚款的行政处罚。其后，《环境影响评价法》(2002 年)第 33 条对在环境影响评价工作中不负责任或者弄虚作假，致使环境影响评价文件失实的，2009 年的《规划环境影响评价条例》第 34 条，对规划环境影响评价技术机构弄虚作假或者有失职行为，造成环境影响评价文件严重失实的违法行为均规定了类似的行政制裁措施。2016 年修订后的《环境影响评价法》强调了这类主体的责任，第 32 条规定："接受委托为建设项目环境影响评价提供技术服务的机构在环境影响评价工作中不负责任或者弄虚作假，致使环境影响评价文件失实的，由授予环境影响评价资质的环境保护行政主管部门降低其资质等级或者吊销其资质证书，并处所收费用一倍以上三倍以下的罚款；构成犯罪的，依法追究刑事责任。"但是，2017 年修订后的《建设项目环境保护管理条例》第 25 条却只规定如下责任条款："从事建设项目环境影响评价工作的单位，在环境影响评价工作中弄虚作假的，由县级以上环境保护行政主管部门处所收费用 1 倍以上 3 倍以下的罚款。"很显然，行政法规所规定的行政处罚的内容和程度都比其上位法《环境影响评价法》规定得低，对照 2017 年 9 月 1 日修正的《行政处罚法》中有关行政处罚的"种类和设定"第 10 条的规定，该新修订条例的规定是否存在违法规定值得商榷。

出，立法对环境影响评价规制的进展和严肃性，如对"不负责任"行为的责任规定、对规划环评中"失职行为"的责任承担等。但同时我们也注意到，2016年修订的《环境影响评价法》和2009年《规划环境影响评价条例》仍然存在检讨之处。

其一，相比较1998年的条例所规定的违法"行为"的处罚要件，两部规范都以"行为+结果"作为处罚要件，都有致使或造成"环境影响评价文件失实"的结果要件，并且立法也没有就什么是"文件失实"作出明确界定，本书认为这是一种立法上的退步。结果要件给人的印象是，产生了结果才能受到处罚而不论其是否实施了违法行为，并且实施了违法行为是不会受到法律制裁的。这样的立法产生的后果是，环境影响评价服务机构会缺失守法意识，不利于该行业的正常发展，也不利于建立法律在公众中的威信。所以，立法应当回归到以"违法行为"作为行政处罚的要件。

其二，法条中规定的对"不负责任或者弄虚作假"的处罚是"降低其资质等级或者吊销其资质证书"，那么违法行为与处罚结果究竟是怎样一种对应关系不置可否，这自然给执法留下了较大的自由裁量空间，没有标准予以比照并不利于执法；"降低资质等级"处罚偏轻，根本不能根治服务机构的违法行为，面对巨大的经济利益诱惑，它同样地可能也可以再次违法而故伎重演，仍会继续地给环境利益形成潜在威胁。2009年《规划环境影响评价条例》中所设置的"予以通报"的处罚比"降低资质等级"处罚则更加逊色。"通报"对讲究声誉的人能起到警示作用，但对不顾及声誉者作用为零，只要能重操旧业有饭吃就行，更何况当今中国社会上对于这样的违法者还有很大的需求空间，这是立法留下的硬伤应当予以根治。虽然说2016年修订后的《环境影响评价法》有规定"构成犯罪的，依法追究刑事责任"，但是，如果没有构成刑事违法呢？并且通常情况是往往难以构成刑事违法。因此，作为立法者应当很清楚地明白这一点，相比较建设项目环境影响评价违法的潜在环境危害，规划环境影响评价违法往往会带给环境更大的环境风险。因此，为保障环境影响评价制度的严肃性，维护环境公共利益和他人的环境权利，今后的立法修改应当删除"降低资质等级"和"予以通报"的行政制裁措施；退而言之，或者保留并具体化这种处罚，但可以借鉴证券立法经验，同时对直接负责的主管人员和其他直接责任人员追究法律责任。①

---

① 参见《证券法》(2013年修正)第192条、第222条第1款、第223条的相关规定。

其三，本书研究也注意到，在对违法行为归责的立法中，往往只是追究第三方的环境影响评价法律责任，由服务方对环境影响评价结果负责。在环境影响评价制度的设计和运行中，要使第三方能够独立发挥出它的环境看门人的功能和作用，立法同时规定项目方和规划方的责任承担必不可少，规定第三方与项目方、第三方与规划方共同承担连带责任，形成一种制衡和监督机制。既然在他们各相互主体之间存在利益链条，那么从权利与义务相对应的法理角度考量，通过立法在他们之间设置义务和责任链也顺理成章，这不仅符合理论规则也顺应实践诉求。

4. 通过诚信建设强化责任意识

其一，诚信价值与功能。

当代金融危机肇始于美国，却锯成多米诺骨牌效应（Domino Effect），延伸到了全球，表明全球资本市场的基础并不稳定。症结在于企业的诚信丧失，表明无论是发达国家、还是不发达国家都同时存在严重的会计诚信危机。而诚信的意义，就如同诺贝尔经济学奖获得者肯尼思阿罗（Kenneth Arrow）所言："没有任何东西比诚信更具有重大的实用价值。诚信是社会系统的重要润滑剂。"[①]联想集团副总裁刘德国则认为，企业信用是一种间接信贷，并道出了这种信贷对于企业全面和可持续发展的重要价值。[②] 这也是各国经济、民事、商事立法中所强调的、平等主体之间交往应当遵循的基本准则。因此，在环境信息公开（包括环境会计信息公开）制度建设之始初，也应当有预防诚信危机的警觉，防微杜渐。

信用制度是中国市场经济建设的基本游戏规则，良好的信用是市场主体的权利得以实现、义务得以遵守的润滑剂。但是，目前企业与其外部利益相关方之间、企业内部委托方与受托方之间存在现实的信息不对称现象，监管部门和社会公众信息缺失，加之，中国相对于发达国家而言管理技术手段有些落后，使得市场信用风险加大，失信者搭上便车被异化地得到"宠幸"，而守信企业则失去褒扬、被市场忽略乃至被歧视。故此，加强整个社会的信用体系、企业征信体系建设，化解信息不对称，有效防范信息公开中的诚信危机是完善市

---

① 仇俊林、范晓阳：《企业会计信息失真问题研究》，人民出版社 2006 年版，第 274 页。

② 刘德国认为，通过信用建设，企业以间接信贷代替直接信贷能降低风险，稳定上下游的购、销关系，增进合作，并节约财务成本、改善自身资金流，最终改善单一产品销售，扩大销量和客户群，提升企业整体竞争力和品牌地位。参见汪仲启：《信用是撬动经济改革的支点》，载《社会科学报》2013 年 10 月 17 日，第 1 版。

场机制的重要基础性工作。企业环境信息公开制度的构建自然也成为这一体系中的重要一环，作为正在建构中的信用体系，企业的环境守法行为记载、违法行为记录等企业环境信息都应当进入对企业的动态评价体系之中，成为对企业整个信用的刚性约束因素。只有这样，才能建成完善的信用风险管理制度。我国 2014 年修订后的《环境保护法》就增加和明确了加强企业守法信用的主旨，[①]将会有力地推进企业的环境信用建设。

为解决整个社会所面临的信用缺失问题，1990 年诺斯提出了意识形态路径依赖的概念。[②] 沿着诺思的有关制度的意识形态路径依赖的思维，环境信息公开制度的建立与运行不能脱离当下中国法律和社会文化环境。应当考虑到该制度的发展同中国社会的意识形态进步相同步和促进，不能超越意识形态的发展阶段，在认同的基础上运行和实施制度。由于会计从业人员同样存在企业的会计生存依赖，因此在进行制度设计时应当考虑到现实中这种路径依赖，使得制度更多地有利于破解这种依赖或者障碍，从而保证信息生成人员能够更多地出于公正的立场。

其二，现代资本市场需要加强银行对信用的保障功能。

在现代资本市场，股权高度分散使得资本权力的委托变得不确定，正如美国法学家麦克尼尔所认为的，现代社会进入了没有委托人的契约关系时代。[③]这样一种状况使投资人对于会计诚信的关注出现分裂状态（冷漠与关心并存）。因为不同股权持有人对于其投资利益存在利益预期错位，这加重了企业代理人对于自身利益选择的权重，其会计诚信也就因此而发生相应变化、出现诚信偏离，最终导致信息失真。股权高度分散是资本市场发展的产物，是投资人对于资本市场投资风险的一种自然性预防，可以通过完善投资基金制度和机制立法，加强对金融、证券机构的改革，将分散股权、泛化分散的委托适度集中，以回归正常的委托代理关系，将代理人选择控制在适当的限度内。然而，对于环境信息而言，其公共特性决定了它更多地体现为一种社会需求属性，因此企业进行环境信息的披露更多的是对社会责任的履行。要实现会计

---

① 《环境保护法》（2014 年修订）第 54 条第 3 款规定："县级以上地方人民政府环境保护主管部门和其他负有环境保护监督管理职责的部门，应当将企业事业单位和其他生产经营者的环境违法信息记入社会诚信档案，及时向社会公布违法者名单。"

② 有关诺斯的路径依赖的论述，参见刘和旺：《诺思制度变迁的路径依赖理论新发展》，载《经济评论》2006 年第 2 期。

③ 仇俊林、范晓阳：《企业会计信息失真问题研究》，人民出版社 2006 年版，第 251 页。

诚信,存在如何保障会计人员的独立性问题,可以从加强立法、完善会计人员的进入、退出的流动市场的机制、强化企业责任等方面着手。

作为会计信息的需求者,银行并没有将环境因素纳入其通用的"企业信用评级表"中。但是,环境风险的防范已经不只是环境领域的问题,它与政治、经济、社会、文化的发展密切相关,绿色金融、绿色投资理念已在世界范围内展开。因此,中国的银行系统应当将环境责任在内的社会责任信用因素明确纳入"企业信用等级评定表",在银行对企业的贷款投资评价体系建设中考虑环境因素。不过,我们已经欣喜地看到,中国的发展已经定位于经济社会发展应当与环境保护相协调,在重大金融投资领域人们已开始关注和考虑环境和生态因素。①

其三,第三方作用的发挥。

上海市浦东新区企业社会责任达标评估遵循如下流程:独立的第三方评审机构的评估→提交评审委员会内部评定,如果评审结论为合格→浦东新区政府网站、企业社会责任网站以及《浦东时报》等媒体上公示 15 个工作日→收集举报、质疑和情况反映:(1)如有反对意见,则重新进行调查,情况属实则向申请企业发出未达标通知和申请终止通知;(2)没有举报等则确认达标资格。② 由此可以看出,在浦东的实践中,为使第三方评估结果真实可靠、公平公正,还需要多方组成的评审委员会对第三方评估结果把关,通过公众参与的监督等予以检验。而从已有第三方评估得出的、诸如环境影响评价报告、EHS报告、ISO14000 报告、环境年报、可持续发展报告的分析看,一般只是到此而已。浦东则是在上述基础上的一种制度创新,这值得借鉴和学习,为的是能够让评估结论的信息更具有公信力、可信度,提高透明度,同时,在某种意义上也

① 比如,环境保护部会同国家发展改革委、中国人民银行等 30 个部门《关于对环境保护领域失信生产经营单位及其有关人员开展联合惩戒的合作备忘录》(2016 年),国家发展改革委、中宣部、科技部、财政部、环境保护部、住房城乡建设部、商务部、质检总局、旅游局、国管局《关于促进绿色消费的指导意见》(发改环资〔2016〕353 号),环境保护部、发展改革委《关于加强企业环境信用体系建设的指导意见》(环发〔2015〕161 号),《绿色债券发行指引》(发改办财金〔2015〕3504 号),《能效信贷指引》(银监发〔2015〕2 号),环境保护部、保监会《关于开展环境污染强制责任保险试点工作的指导意见》(环发〔2013〕10 号),《绿色信贷指引》(中国银行业监督管理委员会,2012 年),《关于落实环保政策法规防范信贷风险的意见》(环发〔2007〕108 号)。

② 资料来源参见刘正义主编:《责任竞争力:第四次浪潮——浦东新区企业社会责任建设的创新》,上海社会科学院出版社 2011 年版,第 206 页。

能增强第三方的责任意识和专业素质。①

二、环境刑事责任保障措施

(一)巴西、瑞典的责任立法借鉴

对于环境违法行为的责任追究,世界多数国家选择的是更加严厉的罚款和追究违法者的刑事责任,对于环境信息公开中的责任追究机制也是类似。

《巴西环境犯罪法》(1998年)强调在紧急状态下行为人的主观表现的重要性,作为对行为人刑事处罚的酌定情节。如果行为人能及时告知即将发生的环境恶化危险,那么在责任追究时就会减轻对行为人的刑事处罚。对此本书研究作如下解读,及时公开即将发生的环境恶化危险,构成了减轻行为人环境犯罪责任的重要情形之一。因为,及时公开意味着行为人的一种积极的应对危机发生、有意减轻损害的主观意愿,这对于风险的防范和控制是相当重要的;那么,对于已经发生的环境恶化危险,行为人就更应当及时地公开相关信息,以更有效地减轻环境的继续恶化和损害的继续扩大。本书认为,对于环境恶化危险的已然和未然状态的信息公开,巴西环境刑法所秉持的是及时公开原则,否则就会招致更加严厉的刑事制裁。巴西环境刑法强调对行为人的主观状态的考察,推行的是一种通过刑罚的轻重引导行为人积极履行法定的与环境利益相关的义务。配合政府实施环境监督行为,是一种环境守法引导。企业环境信息公开,从立法原旨看,更多的应是劝导企业主动、积极履行的行为和义务,以刑罚作为支撑或有利于这一制度的推行。②

为保障环境许可证的实施效果,对提供虚假信息者,《瑞典环境法》(1969年第387号)采用了严厉的刑事责任承担方式,如监禁。③ 可以看出瑞典运用刑事手段的如下特点:其一,通过责任追究,强化对"可能造成环境危害的"设施所有人"提交有关该设施的必要信息"的法定义务。其二,强化对提供虚假信息的责任追究,以维护环境信息的准确性和真实性,维持法律的权

---

① 更加详细的信息,载浦东新区政府企业社会责任网:http://csr.pudong.gov.cn,最后访问日期:2013年6月25日。

② 资料来源参见《巴西环境犯罪法》,郭怡译,郭建安校订,中国环境科学出版社2009年版。

③ 《瑞典环境法》(1969年第387号)第45条规定,如果当事人在根据本法或者依本法发布的指令向有关行政机构提交的申请或其他文件中,故意或者过失提供与许可证申请审查或者监督有重要关系的虚假信息,则会判处罚金或者两年以下监禁;而如果是故意实施犯罪,则面临判处两年以下监禁。

威，尤其是，法律强调对"故意"过错状态的追责力度，规定对故意提供虚假环境信息，"且涉及主要的环境保护义务的，应当判处两年以下的监禁"的刑事处罚，并不存在选择"罚金"。这些规定，对环境信息提供者起到了警示和引导作用，对违法提供环境信息者能产生震慑效果。针对核活动的特殊危险性，瑞典《核活动法》（1984 年第 3 号）第 27 条就规定："故意或过失的向监督机构或地方安全委员会提供虚假资料且情节严重者，应判处罚金或不超过 6 个月的有期徒刑。"该法将许可证的管理与核活动者信息提供义务结合起来，活动者应当按照法律规定提交相关文件资料，并以刑事法律机制予以保障。①

（二）中国刑事责任规范考究

从对我国现行企业环境信息公开违法情形的处罚的立法考察来看，中国对于企业环境信息公开违法的制裁多采取行政处罚措施，利用刑事制裁措施保障企业对环境信息公开义务的履行的规范很少。不过 2013 年 6 月 8 日最高人民法院、最高人民检察院发布了《关于办理环境污染刑事案件适用法律若干问题的解释》，又一次向人们传递了我国将不断加强刑事立法推进环境保护法治的信号。这将会对完善中国企业环境信息公开立法起到积极的推动作用。相较于行政处罚和民事处罚，刑事处罚具有更强的法律威慑力，因此，无论是从实践需要还是从理论研究需要出发，强化企业环境信息公开的刑事责任立法都很有必要。环境信息公开中刑事责任的承担主体同样应当包括企业、第三方或者执法者。

1. 企业违法应承担的刑事责任

（1）环境法律规范所体现出的刑事责任

对于运用刑事责任立法以制裁企业环境信息公开违法行为，我国现行的环境立法主要在放射性污染防治、环境影响评价制度的维持、森林监管以及环境监测等几种情况下进行了实践。在现行环境法规范中，构成犯罪的，适用环境刑事责任的情形具体体现为：情形一，《放射性污染防治法》（2003 年）第 55 条设定的条件是，企业不按照规定设置放射性标识、标志、中文警示说明的，或者不按照规定报告放射源丢失、被盗情况或者放射性污染事故的违法。情形二，针对提供环境影响评价技术服务的机构，《环境影响评价法》（2016 年修

① 资料来源参见全国人大环境与资源委员会编译：《瑞典环境法》，中国环境科学出版社 1997 年版，第 163 页。

正)第32条设定的条件是,在建设项目环境影响评价工作中不负责任或者弄虚作假,致使环境影响评价文件失实;我国《规划环境影响评价条例》(2009年)第34条设定的条件为,弄虚作假或者有失职行为,造成环境影响评价文件严重失实。情形三,我国《森林法》(1998年修正)第42条第2款所指的是,伪造林木采伐许可证、木材运输证件、批准出口文件、允许进出口证明书。情形四,《环境监测管理办法》(2007年)第19条适用的则是,排污者拒绝、阻挠环境监测工作人员进行环境监测活动或者弄虚作假。

追问我国上述环境信息公开的刑事责任立法原旨,本书给出了如下重要性理由:放射性污染所产生的危害具有严重性、长期性,容易引起公众的恐惧;环境影响评价制度具有预防环境损害的功能,该项制度能较好地体现环境法的预防为主、防治结合原则,保障其评价过程和结果的公开透明,将有利于该项制度功能的充分发挥;森林信息公开的重要性,则来源于森林本身独有的维持地球生态平衡的生态学价值以及对于人类可持续生存发展的利用价值;环境监测是获取环境信息直接的、具有科学证据力的手段和制度,能够为环境战略和规划、环境立法完善、执法和司法效率的提高提供科学数据。这些现行的立法实践为通过环境刑法手段规制环境信息公开行为提供了开端和较好的铺垫,但还需要在立法理论和立法实践上进一步探讨与研究。

(2)其他法律规范的刑事责任机制的适用性研究

当环境信息进入企业财务会计核算体系之后,企业环境财务报告也就当然成为现行会计法的调整内容。问题的关键还是要依据现行法律规范,将相关的环境财务信息真正列入企业的会计凭证、会计账簿,财务会计报告之中,这需要企业自觉遵守法律的相关规定,也需要相关行政主管部门强化监管。以此为前提条件,如果企业违反现行会计法规范,伪造、变造会计凭证、会计账簿,编制虚假财务会计报告,或者隐匿或者故意销毁依法应当保存的会计凭证、会计账簿、财务会计报告,或者会计师事务所、注册会计师违反注册会计师法律规范,故意出具虚假的审计报告、验资报告,构成犯罪,那么均应承担刑事法律责任。[①] 这样的责任机制也包含了对企业或者第三方的环境信息公开行为的调整,同样也能起到利用刑法机制规范环境信息公开的目的。要达到上述目的,首要前提就是,通过相关立法明确将企业相关环境信息列入企业会计

① 参见《会计法》(2017年修正)第43~45条,《企业财务会计报告条例》(2000年)第40条,《注册会计师法》(2014年修正)第39条第3款的规定。

核算和报告之中,建立企业环境会计制度。

前文有关行政责任的论述,论证了环境事件往往同企业的安全生产监督管理密切相关,生产过程中的安全隐患同时也会成为酿成环境事件的隐患。因此,当安全生产信息公开违法与环境事件已构成内在的因果联系,如果生产经营单位未在有较大环境危险因素的生产经营场所有关设施、设备上设置明显的环境安全警示标志,造成严重后果并构成犯罪,或者生产经营单位主要负责人对生产安全事故隐瞒不报、谎报或者拖延不报的,构成环境犯罪,那么就应当承担刑事责任。同理,如果是有关地方人民政府、负有安全生产监督管理职责的部门,对生产安全事故隐瞒不报、谎报或者拖延不报的,构成环境犯罪,也应当依照刑法有关规定追究刑事责任。①

2. 行政主体违法应承担的刑事责任

突发环境事件的发生具有偶然性、对其处置应急的紧迫性,信息公开不及时和不完整则会招致群体性事件的发生,上升为社会热点问题,如果相关行政主体违反《应急预案》第 7.4.2 条规定,不按规定报告、通报突发环境事件真实情况,或者违反《办法》第 15 条规定,在突发环境事件信息报告工作中迟报、谎报、瞒报、漏报有关突发环境事件信息,并且构成犯罪,则对直接负责的主管人员和其他直接责任人员追究刑事责任。

考察我国环境立法中的"法律责任"章节可以发现,对环境行政管理人员不履行法定职责、玩忽职守的行为,大都有给予行政处分或者追究刑事责任的规定。比如,中国有十几部法律规定,对违反环境法律损害环境的行为公民有权提起"检举或者控告",如果相关的环境主管机关不对所提起的检举或者控告予以查处,是否就认为其构成了法定意义上的不履行法定职责、玩忽职守的行为？本书认为,首先,如果某一项环境法律规定政府或者企业有公开或者对提供的环境信息有反馈的法定义务,而其中某一个义务主体违反了这项规定,那么公众就有权对违法不公开环境信息的行为进行举报或者控告。其次,当公众向相关主管机关提出检举或控告后,实际上是向政府提供了相应的违反环境法律规范的信息,是对政府环境信息来源的补充,当接收到这一信息后,该行政机关对被检举或控告行为进行查处是其法定职责,即使法律没有明文规定应当查处,该行政机关进行查处的法定职责并没有因此取消;公众的"检举或控告"与相关主管机关采取查处行动之间的关系,是一种法定的内在逻

① 参见《安全生产法》(2014 年修正)第 96 条第 1 款第 1 项、第 107 条。

辑关系的程序，执法者不能因此枉自终结该程序以致公众提供的信息无法得到正常反馈；如果执法人员严重不负责任，不履行或者在履行职责中不认真或者不正确，就可以推定为是对法定程序的违背，构成法律规定中的"玩忽职守"行为，应当承担疏忽环境信息反馈、渎职的法律责任。构成犯罪的，根据刑法理论中有关玩忽职守罪的定义和构成特征，则适用玩忽职守罪进行处罚。①

三、关于环境民事责任保障措施的研究计划

对于企业环境信息公开违法行为是否适用民事责任机制，目前就笔者能够收集到的资料而言，还没有发现有这一主题的专门性探讨。但是，就法律责任体系的完整性出发，从法理原理的角度出发，对于企业环境信息公开违法，缺少民事责任的司法救济体系就是不完整的。从这一点看，研究对企业环境信息公开违法的民事救济机制则具有可能性和必要性，只是一个切入点的选取和如何切入的问题。在传统意义上，环境民事责任的承担需要损害后果，但环境信息公开的违法究竟造成怎样的后果，其判断标准的设定就是一个问题，因为环境信息公开的违法往往只是加重了权利损害。但是，相对于损害后果而言，企业的环境信息公开行为，从立法的出发点来讲更具有预防、预警和过程控制的功能。因此，本书认为，可以借助已经有的其他法律中关于民事责任的相关立法、法学理论研究成果，结合企业环境信息公开的特点和环境损害的特点进行研究探讨。这也是本书作者今后计划研究的重要内容。

第六节　基于政治和经济视角的保障措施

将企业环境信息公开制度实施融入生态文明建设之中。2017 年 10 月 18 日，在党的第十九次全国代表大会上，习近平总书记用一个部分"加快生态文

① 本书作者查询：以"玩忽职守"为"篇名"查得 CSSCI 论文 8 篇，载 CNKI 网：http://kns.cnki.net/kns/brief/result.aspx? dbprefix = CJFQ，最后访问日期：2018 年 5 月 5 日；以该词为"题名"查得优秀硕士、博士论文 50 篇，载 CNKI 网：http://kns.cnki.net/kns/brief/result.aspx? dbprefix = CDMD，最后访问日期：2018 年 5 月 5 日。这些论文均是以"玩忽职守罪"为标的进行讨论和论证，所以本书研究因此也就借鉴刑法理论研究的成果，对行政责任中的"玩忽职守"行为予以比照研究。

明体制改革,建设美丽中国”的篇幅,①详细阐述了党对生态环境保护、环境治理的战略方针和目标对策。这是新时期环境治理建设的重要机遇,对企业环境信息公开制度的实施将产生重要的推动作用。

借力政治建设。从将“中国共产党领导人民建设社会主义生态文明”写入党章,将生态文明建设纳入“五位一体”总体布局和“四个全面”战略布局,到严格追究党政领导干部生态环境损害责任以及追究责任时的“党政同责”,诠释了党和政府对于生态文明的政治责任。将企业环境信息公开作为生态文明制度体系建设的重要内容,广泛地进行环境信息公开实施的宣传和教育,使该项制度的实施成为政府和企业的共识,化作自觉行动,这种透明性建设同样契合党性建设和政治责任的要求。因为,对于企业环境信息公开制度的严格实施,体现的是政府和企业对于公众法定的环境知情权的尊重与维护,这是一种法定义务,同样也是一种政治信仰和责任。近年环境事件的性质转化现象表明,包括企业环境信息公开制度建设在内的环境参与权保障的制度化会有利于满足公众参与的意愿,帮助化解因环境事件导致的公众与政府、公众与企业之间的冲突,是我国环境治理体系建构和治理能力提升的重要环节。虽然中央环保督察制度的建立和垂直监察试点的推行能起到督促作用,然而,制度化的形成更有赖于地方和基层政府对于中国式协商民主的认识和实践、履行好为制度实施提供环保“公共服务”的职责。做好信息公开、协商、服务,才能平衡好政府、企业、公众三者的利益关系,借此可以推进党政生态环境保护责任考核评价机制的形成。

借力经济发展。党的十八大以来,生态文明建设所提出的“绿水青山就是金山银山”的理念、绿色 GDP 概念以及对各级领导干部生态环境责任审计的要求,明晰了新形势下党和政府对于经济与环境关系的坚定认识。这是对环境法所确认的协调原则的强化,政府和企业的发展观、生存理念都应当在这样新的认识下深化和实施。而企业环境信息的有效公开能够将政府和企业的环境行为、新的经济社会与环境的关系清晰地展现出来,为生态文明绩效评价考核和责任追究提供依据。企业作为理性经济人,其考虑因公开环境信息所产生的经济效益和花费的成本是其生存之义,也是实施企业环境信息公开制

---

① 习近平总书记在党的十九大报告中关于生态环境保护的论述。新华社:《习近平指出,加快生态文明体制改革,建设美丽中国》,载中国政府网:http://www.gov.cn/zhuanti/2017-10/18/content_5232657.htm,最后访问日期:2017 年 10 月 21 日。

度的重要内容。国内外的理论和实践研究表明,上市企业信息公开质量与其市场融资成本具有负相关性,可以作为企业推行该项制度的经济依据。由此,在中国建设生态文明的现实背景下,保障企业环境信息公开的质量,如发展第三方独立的、公正的企业信息公开质量评价指标体系,对于企业获取市场竞争力、市场配置资源功能的完善和国家经济结构的顺利转型均会产生积极意义。因此,结合企业环境信息公开制度实施中的“成本—效益”分析,推进对企业制度实施的考核、评价标准和程序的建立,从而以本项制度的实施带动企业的环境守法效益和经验效益的统一。

结　论

通过对中国企业环境信息公开的实践经验、立法现状和国内外可资借鉴的立法经验的系统研究，本书得出以下主要结论。

第一，企业从“理性经济人”到“有道德的经济人”再到“企业社会公民”的转化表明，企业已不再只是盈利的机构，还应当承担对企业利益相关方、社会、环境的责任，维护社会的公平正义也是其应有的义务。环境信息公开制度所涉各利益主体（包括企业在内）都处于由各种风险（包括环境风险在内）构成的社会之中。中国风险社会的现实要求，企业应当为解决现代社会的环境危机承担相应的社会责任，其表现方式之一就是公开企业对自然资源、环境容量、生态服务功能利用的相关信息，尤其是应当遵守法定的环境信息公开规定。风险社会理论和企业社会责任理论立足于宏观视域，阐释了企业公开环境信息的必要性和对社会责任的担当，支持了企业环境信息公开制度的整体性特征。风险社会决定了企业公民的角色的重要性，企业应当同其他利益主体相互合作、共同面对和承担风险社会责任，通过完善信息公开制度达成企业利益与社会公众利益、环境利益的统一。环境知情权理论是企业进行环境信息公开的义务基础，无论是从法学层面还是从政治学视角，环境民主理论或者更具体讲民众环境知情权理论，都是企业环境信息公开制度建设的重要理论依据。推行环境信息公开制度,其目的在于对公众环境知情权的保障,其理由还在于公众具有在良好的环境中生存的权利,公众具有参与环境保护的宪法权利。

第二,从经济学角度考虑企业环境信息公开,无论是制度的架构还是实施,其目标在于制度的效率,博弈论、信息资本论可以从微观的视角诠释企业公开环境信息的决策机制和动力。推进和完善企业环境信息公开制度建设,需要考察企业生产经营、公众参与和信息公开的过程性,充分考虑到企业与各利益相关方在信息公开中的利益博弈,以求达成一种比较现实的博弈均衡状态。环境信息公开是共同应对环境风险合作的基础和关键环节,应以合作均衡为共同的诉求和目标,虽然环境信息资本的经济价值和社会价值都很重要,但社会价值应当是首选。本书认为,环境会计核算和报告制度、环境影响评价制度、环境许可制度、环境责任制度能够实现一种协调,从而对企业环境信息公开制度的完善、推进该制度的有效运行形成保障体系。这几项制度共同作用,遵循着对企业环境行为的预防、过程控制和事后救济的逻辑路径,并建立一套比较公正合理的企业实施环境信息公开的考核评价体系,从制度层面把握和保证环境信息公开制度实施效果,同时,在实施过程中促进对企业环境信息公开制度立法的完善。

生存和发展的优位权奠定了人们参与环境影响评价的民主权利基础,是对环境影响评价中信息公开的法制化进程的强化,这里维护程序正义是关键。在环境影响评价程序中,环境信息的提供与环境信息的交流具有同等重要的地位,而后者的意义更大、作用更强;通过信息共享和信息交流,"企业信息提供—公众对信息的反馈—企业优化项目设计—企业进一步与公众的信息交流—最优项目的确定"才能处于良性循环状态。对企业环境许可信息实施公开有利于公众监督被许可企业的环境行为,环境信息公开是贯穿许可前的公众参与、许可中的公众监督和企业许可违法救济的核心和纽带。建立和形成我国一体化的环境许可信息公开制度应当以《行政许可法》和《政府信息公开条例》作为基本依据,在实施强化许可证的中期、后期监管监督的改革前提下,仍然应当重视对许可前的程序保障加强对企业环境行为许可前、许可中后期的环境信息公开。目前,传统的企业财务核算和报告制度与环境法规范中的经济内容相脱节,而实际上利用现行成熟的财务报告的制度优势嫁接环境规范中的相关经济内容具有可行性。对此,我国环境立法和预决算立法均提供了相关的法律依据,可以通过立法明确规定环境会计核算和报告制度,从而将环境法律规范的经济因素纳入会计核算,以保证企业公开的环境信息具有可读性，真正体现环境信息的实际应用价值。更为重要的是，可以将企业的环境治理纳入企业的内部治理之中，并且与对企业的外部环境监管和国家环境治理相协调。中国企业环境信息公开（尤其是强制公开）的责任规定缺乏，容易使得信息公开的规定沦为“软法”而失去法的强制力，因此应当明确规定企业对违反环境信息公开法律规范的责任承担。立法中，可以利用或者借鉴传统的环境行政责任的立法优势，同时，还需要加强对企业环境信息公开中的民事责任和刑事责任立法的实践与理论探讨，比如，研究检察机关对企业环境信息公开违法行为提起环境公益诉讼。

第三，从法律规定看，企业实施环境信息公开包括强制公开和自愿公开两种基本情形，这也是法律在设计企业环境信息公开制度时对平衡环境公共利益和企业个体利益的必然回应。强制公开和自愿公开是企业环境信息公开的两翼，两者相互促进，缺一不可，但在我国当前的现实背景下，首先更应当强调加强企业的强制环境信息公开。法律之所以要规定企业强制公开环境信息的义务，在于企业的生产经营行为存在现实的或者潜在的对于公共环境利益或者他人合法环境利益的危险和威胁，在于环境损害的不可逆性和不确定性并存，信息公开是为了防范和降低这种危险和威胁的程度和发生率。另外，效率与公平之于经济与法律是一种博弈。法律规定企业环境信息公开的强制与自愿相结合原则，考虑到企业要在经济发展与公共环境利益维护、公众的民主诉求之间寻求新的平衡。而从实际状况考察，即使是强制公开的要求也需要企业做出主动配合和行动，企业的自愿公开往往占主导，而且企业环境信息公开的实效取决于强制和自愿两个方面都能有效果，因此，立法对于企业强制环境信息公开主体、内容的设计应当具有一定的边界。虽然中国立法有对企业自愿环境信息公开的相关规定，但毕竟因为是企业的自愿行为，所以通常情况下应当通过激励机制鼓励企业进行环境信息公开而不是强制。然而，自愿也是相对的，可以通过环境标准的不断完善让企业意识到自愿行为的相对性，以提高企业自觉公开环境信息的积极性。

第四，环境信息具有资本的属性和价值，企业不可能失去其理性经济人的根本特征，对于“成本—效益”的考虑，在很多时候甚至在很大程度上会影响企业对环境信息公开的行为选择。所以，在进行企业环境信息公开制度建构时，应当考虑到制度设计后的实施的成本、效果和效率，从而使制度的实施可行而且能更加优化。

总之，企业环境信息公开制度的设计源于企业的“社会公民”角色和对公众环境知情权保护的回应,目的是应对我国在风险社会中严峻的环境问题的挑战。企业环境信息公开制度实施应当充分利用环境信息资本的价值功能,综合考虑各利益相关方之间的博弈均衡,并以环境影响评价、环境许可信息公开、环境会计核算和报告和环境责任等制度协同保障。除此之外,还需要辅之以政治的、经济的、文化的手段与措施共同推进制度的良性运行。政府在制度实施中扮演着无可取代的角色和功能。其一,政府对企业实施环境信息公开制度的态度,其本身公开环境信息公开的行为表现,能对企业环境信息公开制度的实施产生重要影响,因此政府的积极性和正能量一定要充分发挥。其二,政府不仅应当主动行使对企业环境信息公开的监督权力,还应当积极为企业实施环境信息公开搭建提供平台,并及时出台该项制度实施的统一规则、实施路径、对企业实施的考核和评价标准。借助平台和标准,方便和规范企业的环境信息公开行为,实现对信息的共享和交流。

本书研究力求从“企业—社会—环境”角度对中国环境信息公开制度的运行实践和法律规范进行剖析,运用相关理论并通过国内外比较研究,对与环境信息公开制度实施相关的立法和规范予以了相对全面的解构,对制度实践着重从法律层面进行了分析,最终演绎形成了一种比较系统的制度保障体系。但是,我国目前企业环境信息公开制度所面临的问题和障碍仍具有复杂性,破解这些问题与障碍还有赖于政治、文化、经济等多角度、多学科思考探讨对策,对此,本书研究虽有所涉猎但仍显不足和不力,这也是本书研究今后需要努力深入研究的内容和方向,也是继续研究的动力。

参考文献

一、著作

(一)中文著作

[1]袁家方主编:《企业社会责任》,法律出版社1989年版。

[2]汪劲:《日本环境法概论》,武汉大学出版社1994年版。

[3]王名扬:《美国行政法》(下),法制出版社1995年版。

[4]马小琳编著:《香港环境保护法制管理》,中国环境科学出版社1996年版。

[5]杨灿明:《市场结构与政府经济行为》,湖北教育出版社1997年版。

[6]陈惠湘:《中国企业批判》,北京大学出版社1998年版。

[7]刘俊海:《公司的社会责任》,法律出版社1999年版。

[8][英]乔治·恩德利、吕文珍、许国平、黎戈文:《中国和欧盟环境法的比较》,上海交通大学出版社1999年版。

[9]吕富强:《信息披露的法律透视》,人民法院出版社2000年版。

[10]蔡玉峰:《政府和企业的博弈分析》,中国经济出版社2000年版。

[11]刘连煜:《公司治理与公司社会责任》,中国政法大学出版社 2001 年版。

[12]王华、曹东、王金南:《环境信息公开的理念与实践》,中国环境科学出版社 2002 年版。

[13]郑少华:《生态主义法哲学》,法律出版社 2002 年版。

[14]卢代富:《企业社会责任的经济学与法学分析》,法律出版社 2002 年版。

[15]李静江:《企业环境会计和环境报告书》,清华大学出版社 2003 年版。

[16]蔡守秋:《调整论:对主流法理学的反思与补充》,高等教育出版社 2003 年版。

[17]陈慈阳:《环境法总论》,中国政法大学出版社 2003 年版。

[18]叶俊荣:《环境政策与法律》,中国政法大学出版社 2003 年版。

[19]赵细康:《环境保护与产业国际竞争力理论与实证分析》,中国社会科学出版社 2003 年版。

[20]徐祥民、田其云等:《环境权:环境法学的基础研究》,北京大学出版社 2004 年版。

[21]张梓太:《环境法律责任研究》,商务印书馆 2004 年版。

[22]李艳芳:《公众参与环境影响评价制度研究》,中国人民大学出版社 2004 年版。

[23]邹雄:《环境侵权救济研究》,中国环境科学出版社 2004 年版。

[24]吕忠梅:《沟通与协调之途——论公民环境权的民法保护》,中国人民大学出版社 2005 年版。

[25]高利红:《动物的法律地位研究》,中国政法大学出版社 2005 年版。

[26]张璐:《环境产业的法律调整:市场化渐进与环境资源法转型》,科学出版社 2005 年版。

[27]高桂林:《企业的环境责任》,中国法制出版社 2005 年版。

[28]李永臣:《企业环境会计研究》,中国人民大学出版社 2005 年版。

[29]陶传进:《环境治理:以社区为基础》,社会科学文献出版社 2005 年版。

[30]吴谦立:《公平披露:公平与否》,中国政法大学出版社 2005 年版。

[31]张维迎:《博弈与社会》,中国法制出版社 2005 年版。

[32]刘杰:《知情权与信息公开法》,清华大学出版社 2006 年版。

[33]汪劲:《中外环境影响评价制度比较研究:环境与开发决策的正当法律程序》,北京大学出版社 2006 年版。

[34]汪劲:《环境法律的解释:问题与方法》,人民法院出版社 2006 年版。

[35]李挚萍:《环境法的新发展:管制与民主之互动》,人民法院出版社 2006 年版。

[36]李爱年:《环境法的伦理审视》,科学出版社 2006 年版。

[37]秦天宝:《遗传资源获取与惠益分享的法律问题研究》,武汉大学出版社 2006 年版。

[38]张嫚:《环境规制约束下的企业行为》,经济科学出版社 2006 年版。

[39]曹凤月:《企业道德责任论——企业与利益相关者的和谐与共生》,社会科学文献出版社 2006 年版。

[40]甘培忠:《公司控制权的正当行使》,法律出版社 2006 年版。

[41]张瑞萍:《公司权力论:公司的本质与行为边界》,社会科学文献出版社 2006 年版。

[42]吕忠梅:《环境法新视野》(修订版),中国政法大学出版社 2007 年版。

[43]吴椒军:《公司的环境责任》,中国社会科学出版社 2007 年版。

[44]武戈、蔡大鹏:《中小企业的可持续发展与环境保全》,科学出版社 2007 年版。

[45]向佐群:《政府信息公开制度研究》,知识产权出版社 2007 年版。

[46]王雄元:《上市公司信息披露策略研究》,中国财政经济出版社 2008 年版。

[47]张程睿:《上市公司信息透明度:理论与实证研究》,经济科学出版社 2008 年版。

[48]吕艳滨、[英]Megan Patricia Carter:《中欧政府信息公开制度比较研究》,法律出版社 2008 年版。

[49]刘杰:《日本信息公开法研究》,中国检察出版社 2008 年版。

[50]姜启军、顾庆良:《企业社会责任和企业战略选择》,上海人民出版社 2008 年版。

[51]张立君:《论企业利益相关者共同治理》,中国社会科学出版社 2008 年版。

[52]刘岩:《风险社会理论初探》,中国社会科学出版社2008年版。

[53]李挚萍:《公法与政府管制丛书——农村环境管制与农民环境权保护》,北京大学出版社2009年版。

[54]朱谦:《环境法基本原理:以环境污染防治法律为中心》,知识产权出版社2009年版。

[55]冯永锋:《边做环保边撒谎:写给公众的环保内参》,世界知识出版社2009年版。

[56]张宗新:《上市公司信息披露质量与投资者保护研究》,中国金融出版社2009年版。

[57]李广宇:《政府信息公开诉讼:理念、方法与案例》,法律出版社2009年版。

[58]杨德明:《信息披露、投资者行为与市场回报》,经济科学出版社2009年版。

[59]蔡定剑主编:《公众参与风险社会的制度建设》,法律出版社2009年版。

[60]陈德敏:《环境法原理专论》,法律出版社2010年版。

[61]王灿发:《北京市地方环境法治研究》,中国人民大学出版社2010年版。

[62]朱谦:《公众环境保护的权利构造》,知识产权出版社2010年版。

[63]邹雄:《环境侵权法疑难问题研究》,厦门大学出版社2010年版。

[64]王明远:《转基因生物安全法研究》,北京大学出版社2010年版。

[65]高明华等:《中国上市公司信息披露指数报告(2010)》,经济科学出版社2010年版。

[66]李诗田:《基于合法性和代理冲突的社会责任信息披露动因研究》,经济科学出版社2010年版。

[67]郑育家:《企业性质、政府行为与真实控制权安排》,上海交通大学出版社2010年版。

[68]马怀德:《法治背景下的社会预警机制和应急管理体系研究》,法律出版社2010年版。

[69]刘霞、向良云:《公共危机治理》,上海交通大学出版社2010年版。

[70]王志良:《消费者认知视角下的危机处理研究》,上海交通大学出版社2010年版。

[71]汪劲:《环境法治的中国路径:反思与探索》,中国环境科学出版社2011年版。

[72]李挚萍:《正义与平衡:环境公益诉讼的深度探索》,中山大学出版社2011年版。

[73]常纪文:《环境法前沿问题——历史梳理与发展探究》,中国政法大学出版社2011年版。

[74]胡静、傅学良主编:《环境信息公开立法的理论与实践》,中国法制出版社2011年版。

[75]沈洪涛:《企业环境信息披露:理论与证据》,科学出版社2011年版。

[76]徐向华、孙潮、刘志欣主编:《特大城市环境风险防范与应急管理法律研究》,法律出版社2011年版。

[77]蒋高明:《中国生态环境危机》,海南出版社2011年版。

[78]刘正义主编:《责任竞争力:第四次浪潮——浦东新区企业社会责任建设的创新》,上海社会科学院出版社2011年版。

[79]钟宏武、张旺、张蒽:《中国上市公司非财务信息披露报告》,社会科学文献出版社2011年版。

[80]杨德明:《内部控制信息披露的经济后果研究》,经济科学出版社2011年版。

[81]石国亮:《国外政府信息公开探索与借鉴》,中国言实出版社2011年版。

[82]李广宇:《政府信息公开司法解释读本》,法律出版社2011年版。

[83]许莲丽:《保障公民知情权:政府信息公开诉讼的理论与实践》,中国法制出版社2011年版。

[84]陈芳:《公共服务中的公民参与》,中国社会科学出版社2011年版。

[85]全国干部培训教材编审指导委员会:《公共事件中媒体运用和舆论应对》,人民出版社、党建读物出版社2011年版。

[86]江林:《消费者心理与行为》,中国人民大学出版社2011年版。

[87]马骧聪:《环境法治:参与和见证》,中国社会科学出版社2012年版。

[88]王树义等:《环境法基本理论研究》,科学出版社2012年版。

[89]徐祥民:《气候变化背景下的环境法学研究》,知识产权出版社2012年版。

[90]吕忠梅:《侵害与救济——环境友好型社会中的法治基础》,法律出

版社 2012 年版。

[91]王文革:《环境知情权保护立法研究》,中国法制出版社 2012 年版。

[92]黄锡生:《自然资源物权法律制度研究》,重庆大学出版社 2012 年版。

[93]刘国涛:《和谐社会之环境立法研究:生物自然力法制构建与农业实践》,知识产权出版社 2012 年版。

[94]柯坚:《环境法的生态实践理性原理》,中国社会科学出版社 2012 年版。

[95]季卫东:《法律程序的意义》(增订版),中法制出版社 2012 年版。

[96]宋子义:《环境会计信息披露研究》,中国社会科学出版社 2012 年版。

[97]王军、谢锋、郑飞:《〈企业环境报告书编制导则〉与企业环境信息公开》,中国环境科学出版社 2012 年版。

[98]高明华等:《中国上市公司信息披露指数报告(2012)》,经济科学出版社 2012 年版。

[99]陆幸福:《知情权的中国实践——以政府信息公开与司法公开为考察对象》,法律出版社 2012 年版。

[100]王改娇:《公民利用档案权利研究》,上海世界图书出版公司 2012 年版。

[101]张维迎:《博弈论与信息经济学》,上海人民出版社 2012 年版。

[102]夏南强、殷克涛、谢乘风:《信息采集学》,清华大学出版社 2012 年版。

[103]王婧:《罗斯科·庞德的社会性法理学》,上海人民出版社 2012 年版。

[104]王积超主编:《企业社会学》,中国人民大学出版社 2012 年版。

[105]曾繁旭:《表达的力量:当中国公益组织遇上媒体》,上海三联书店 2012 年版。

[106]陈力丹:《舆论学:舆论导向研究》,上海交通大学出版社 2012 年版。

[107]周训芳:《生态文明视野中的环境管理模式研究》,科学出版社 2013 年版。

[108]陈华:《基于社会责任报告的上市公司环境信息披露质量研究》,经

济科学出版社 2013 年版。

[109]谢耘耕主编:《中国社会舆情与危机管理报告》,社会科学文献出版社 2013 年版。

[110]赵正群:《政府信息公开法制比较研究》,南开大学出版社 2013 年版。

[111]何跃军:《风险社会立法机制研究》,中国社会科学出版社 2013 年版。

[112]孟有军:《双内控》,北京大学出版社 2013 年版。

[113]蔡守秋:《基于生态文明的法理学》,中国法制出版社 2014 年版。

[114]周珂:《应对气候变化的环境法律思考》,知识产权出版社 2014 年版。

[115]王灿发:《气候正义论——气候变化法律中的正义原理与制度构建》,中国政法大学出版社 2014 年版。

[116]杜群:《能源政策与法律国别和制度比较》,武汉大学出版社 2014 年版。

[117]李爱年:《法治保障生态化:从单一到多维》,湖南师范大学出版社 2015 年版。

[118]季卫东:《法律秩序的建构》(增补版),商务印书馆 2014 年版。

[119]毕茜、彭珏:《中国企业环境责任信息披露制度研究》,科学出版社 2014 年版。

[120]胡新丽:《信息技术对政府环境决策的影响研究:以湖北省为例》,图书出版广东有限公司 2014 年版。

[121]肖红军、王晓光、黄速建:《中国企业公众透明度报告》,社会科学文献出版社 2014 年版。

[122]巩固:《环境伦理学的法学批判对中国环境法学研究路径的思考》,法律出版社 2015 年版。

[123]李丽平:《美国环境政策研究》,中国环境出版社 2015 年版。

[124]张祝平、楼海波:《农民环境权的历史演进及影响》,暨南大学出版社 2015 年版。

[125]邓集文:《中国城市环境治理的信息型政策工具研究》,中国社会科学出版社 2015 年版。

[126]王凤:《企业环境行为机理研究》,中国经济出版社 2015 年版。

[127]王雪:《上市公司自愿性信息披露策略研究》,西南财经大学出版社2015年版。

[128]黄夏基:《政府信息公开环境下广西档案开放利用研究》,武汉大学出版社2015年版。

[129]曹明德:《中国碳排放交易法律制度研究》,中国政法大学出版社2016年版。

[130]常纪文:《生态文明的前沿政策和法律问题:一个改革参与者的亲历与思索》,中国政法大学出版社2016年版。

[131]王文革:《公众共用物的法律保护》,法律出版社2016年版。

(二)中文译著

[1][德]马克思、恩格斯:《马克思恩格斯全集》(第3卷),人民出版社1960年版。

[2][德]恩格斯:《自然辩证法》,人民出版社1971年版。

[3][美]R.卡逊:《寂静的春天》,吕瑞兰译,科学出版社1979年版。

[4]H.恩泽:《公有土地的多目标权衡过程》,党志国译,吴用可校,载美国商务部环境事务办公室编:《美苏第一届环境经济讨论会论文集》,北京市环境保护科学研究所译,中国环境管理、经济与法学学会1982年版。

[5][美]小弗朗克·格雷厄姆:《寂静的春天(续篇)》,罗进德、薛励廉译,科技文献出版社1988年版。

[6][美]亚奇·卡洛原:《企业与社会》,蔡明兴译,台北,桂冠图书股份有限公司1988年版。

[7][美]约翰·罗尔斯:《正义论》,何怀宏、何包钢、廖申白译,中国社会科学出版社1988年版。

[8][日]正信加户:《"污染控制协议":日本控制污染的立法机构的双重作用》,肖隆安等译,载《亚洲太平洋地区环境立法与管理体制论文集》,中国环境科学出版社1990年版。

[9]全国人大环境与资源委员会编译:《瑞典环境法》,中国环境科学出版社1997年版。

[10]美国国家环保局编:《环境执法原理》,王曦、王夙理、李广兵、柯坚译,民主与建设出版社1999年版。

[11][日]原田尚彦著:《环境法》,于敏译,马骧聪审校,法律出版社1999年版。

[12]福斯特·莱因哈特、理查德·维尔特:《企业管理与自然环境》,李丽、赵正斌译,东北财经大学出版社、汤姆森国际出版集团2000年版。

[13][美]保罗·霍肯:《商业生态学:可持续发展的宣言》,夏善晨、余继英、方堃译,上海译文出版社2001年版。

[14]王曦主编译:《UNEP环境法教程》,法律出版社2002年版。

[15][美]乔治·斯蒂纳、约翰·斯蒂纳:《企业、政府与社会》,张志强、王春香译,华夏出版社2002年版。

[16][美]世界资源研究所:《国际著名企业管理与环境案例》,国家环境保护总局宣传教育中心编译,清华大学出版社2003年版。

[17][美]约翰·克莱顿·托马斯:《公共决策中的公民参与:公共管理者的新技能与新策略》,孙柏英等译,中国人民大学出版社2005年版。

[18][日]岩佐茂:《环境的思想——环境保护与马克思主义的结合处》,韩立新、张桂权、刘荣华等译,中共编译出版社2006年版。

[19]廖红、[美]克里斯·朗格:《美国环境管理的历史与发展》,中国环境科学出版社2006年版。

[20]Yumihiko Matsumura:《日本的土壤整治法》,载黎莲卿、玛利亚·索科罗·Z.曼圭亚特主编:《亚太地区第二代环境法展望》,邵方、曹明德、李兆玉译,法律出版社2006年版。

[21]Donna Craig:《澳大利亚环境法中的工业用地治理》,载黎莲卿、玛利亚·索科罗·Z.曼圭亚特主编:《亚太地区第二代环境法展望》,邵方、曹明德、李兆玉译,法律出版社2006年版。

[22][美]约翰·贝拉米·福斯特:《生态危机与资本主义》,耿建新、宋兴无译,上海译文出版社2006年版。

[23][美]丹尼尔·W.布罗姆利:《经济利益与经济制度——公共政策的理论基础》,陈郁、郭宇峰、汪春译,上海三联书店、上海人民出版社2006年版。

[24][美]肯尼斯·阿罗:《组织的极限》,万谦译,华夏出版社2006年版。

[25][美]爱德华·威尔逊:《人类与蚂蚁:谁将生存下去》,载华薇娜主编:《站在巨人的肩上——中外科普名篇品读》,凤凰出版传媒集团2006年版。

[26][美]彼得·S.温茨:《环境正义论》,朱丹琼、宋玉波译,世纪出版集团、上海人民出版社2007年版。

[27][英]简·汉考克:《环境人权:权力、伦理与法律》,重庆出版集团、重

庆出版社 2007 年版。

[28][日]黑川哲志:《环境行政的法理与方法》,肖军译,中国法制出版社 2008 年版。

[29][美]保罗·艾克曼:《说谎/揭穿商业、政治与婚姻中的骗局》,邓伯宸译,三联书店 2008 年版。

[30][美]彼得·德鲁克:《管理:任务、责任和实践》(第 1 部),余向华、陈雪娟、张正平译,华夏出版社 2008 年版。

[31]《巴西环境犯罪法》,郭怡译,中国环境科学出版社 2009 年版。

[32][日]佐佐木毅、金泰昌主编:《地球环境与公共性·公共哲学第 9 卷》,韩立新、李欣荣译,人民出版社 2009 年版。

[33][美]珍妮·X. 卡斯帕森、罗杰·E. 卡斯帕森:《风险的社会视野(上):公众、风险沟通及风险的社会放大》,童蕴芝译,中国劳动社会保障出版社 2010 年版。

[34][美]珍妮·X. 卡斯帕森、罗杰·E. 卡斯帕森:《风险的社会视野(下):风险分析、合作以及风险全球化》,李楠、何欢译,中国劳动社会保障出版社 2010 年版。

[35][英]尼克皮金、[美]罗杰·E. 卡斯帕森、保罗·斯洛维奇:《风险的社会放大》,谭宏凯译,中国劳动社会保障出版社 2010 年版。

[36][英]马克·斯密斯、皮亚·庞萨帕:《环境与公民权:整合正义、责任与公民参与》,侯艳芳、杨晓燕译,山东大学出版社 2012 年版。

[37][美]弗兰克·B. 弗里德曼:《环境管理实践指南》,萧凯译,上海人民出版社 2012 年版。

[38][美]凡勃伦:《企业论》,蔡受百译,商务印书馆 2012 年版。

[39][英]珍妮·斯蒂尔:《风险与法律理论》,韩永强译,中国政法大学出版社 2012 年版。

[40][印]阿玛蒂亚·森:《正义的理念》,王磊、李航译,中国人民大学出版社 2012 年版。

[41]阿诺德·汤因比、G. R. 厄本:《汤因比论汤因比——汤因比—厄本对话录》,胡益民、单坤琴译,商务印书馆 2012 年版。

[42][美]罗伯特·V. 珀西瓦尔:《美国环境法——联邦最高法院法官教程》,赵绘宇译,法律出版社 2014 年版。

[43][日]交告尚史、臼杵知史、前田阳一、黑川哲志:《日本环境法概论》,

田林、丁倩雯译，中国法制出版社 2014 年版。

[44][德]约瑟夫·福格尔：《资本的幽灵》，中国法制出版社 2014 年版。

[45][美]理查德·B. 斯图尔特、霍华德·拉丁、布鲁斯·A. 阿克曼、理查德·拉扎勒斯：《美国环境法的改革——规制效率与有效执行》，王慧译，法律出版社 2016 年版。

（三）英文原著

[1] *Transnational Corporation and Industrial: Hazards Disclosure*, United Nations, New York, 1991.

[2] Jone Felleman, *Deep Information: The Role of Information Policy in Environmental Sustianability*, Ablex Publishing Corporation Greenwich, Connecticut, 1997.

[3] *IFC Environment Division: Doing Better Business through Effective Public Consultation and Disclosure—A Good Practice Manual*, International Finance Corporation, 1998.

[4][美]斯蒂文费里：《环境法案例与解析》（第 2 版）（影印系列），中信出版社 2003 年版。

[5] Nancy K. Kubasek, Gary S. Silverman, *Environmental Law* (Fourth Edition)（影印版），清华大学出版社 2003 年版。

[6] Khondkar E. Karim, Robert W. Rutledge, *Environmental Disclosure Practices & Financial Reformance*, Westport, Connecticut, London, 2004.

[7] Jill Solomon, Aris Solomon, *Corporate Governance and Accountability*, John Wiley & Sons, Ltd., 2004.

[8] Heather Brooke, *Your Right to Know: How to Use the Freedom of Information Act and Other Access Laws*, Pluto Press, 2005.

[9] Doreen Mcbarnet, etc., *The New Corporate Accountability*, Cambridge Umvecity Press, Cambridge, 2007.

[10] Debbie M. Thorne, etc., *Business and Society*, Houghton Mifflin Company, Boston, 2008.

[11] Neil Craik, *The International Law of Environmental Impact Assessment*, Cambridge University Press, Cambridge, 2008.

[12] Jean-Jacques Paradissis, *The Right to Access Environmental Information: An Analysis of UK Law in the Context of European, International and*

Human Rights Law, VDM Publishing house ltd. , Saarbruoken, 2009.

[13] Tamara D. Afifi, Walid A. Afifi, *Uncertainty, Information Management, and Disclosure Decisions Theories and Applications*, Routledge Talor & Francis Group, New York and London, 2009.

[14] R. Edward Freeeman, etc. , *Stakeholder Theory*, Cambridge University Press, Cambridge, 2010.

[15] Michael E. Kraft, Mark Stephan, Troy D. Abel, *Coming Clean Information Disclosure and Environmental Performance*, The MIT Press, Cambridge, 2011.

[16] Levente Borzsák, *The Impact of Environmental Concerns on the Public Enforcement Mechanism under EU Law*, Wolters Kluwer Law & Business, 2011.

[17] Ted Trautmann, Rnne Sherry, James Hamilton, *Informal Corporate Disclosure Under Federal Securities Law*, Wolters Kluwer Law & Business, 2012.

[18] Arthur P. J. Mol, *Environmental Reform in the Information Age: The Contours of Informational Governance*, Cambridge University Press, 2014.

[19] UNECE Aarhus Convention, *An Implementation Guide*, UN Publication, 2000.

二、论文

(一)期刊论文

[1]蔡守秋:《环境权初探》,载《中国社会科学》1982 年第 3 期。

[2]漆多俊:《经济法学研究中的几个法理学问题》,载《政法论坛》(中国政法大学学报)1993 年第 3 期。

[3]张守文:《消费者的获取信息权及其法律保护》,载《中外法学》1996 年第 1 期。

[4]马骧聪:《中国环境管理中的公众参与》,载《环境污染与防治》1998 年第 6 期。

[5]吕忠梅:《经济法律责任论》,载《法商研究》1998 年第 4 期。

[6]王先林:《论市场管理法的几个基本理论问题》,载《中国法学》1998 年第 2 期。

[7]朱芒:《日本的行政许可——基本理论和制度》,载《中外法学》1999 年第 4 期。

[8]宁立志、许多奇:《试论消费者权益保护法的价值取向》,载《法学评论》1999年第4期。

[9]徐士英:《市场秩序规制与竞争法基本理论初探载》,载《上海社会科学院学术季刊》1999年第4期。

[10]吕忠梅:《再论公民环境权》,载《法学研究》2000年第6期。

[11]王全兴、陈虹:《经济法学研究方法的总结与反思》,载《北京市政法管理干部学院学报》2000年第1期。

[12]朱谦:《论环境权的法律属性》,载《中国法学》2001年第3期。

[13]徐士英、邱加化:《欧盟环境政策与竞争法的关系探析及启示》,载《法商研究》2001年第5期。

[14]漆多俊:《中国公司法立法与实施的经验、问题及完善途径》,载《中南工业大学学报》(社会科学版)2002年第1期。

[15]朱芒:《开放型政府的法律理念和实践(上)——日本信息公开制度》,载《环球法律评论》2002年秋季号。

[16]朱芒:《开放型政府的法律理念和实践(下)——日本信息公开制度》,载《环球法律评论》2002年冬季号。

[17]王曦:《论现行法律关于水资源环境信息管理体系的规定》,载《现代法学》2003年第4期。

[18]李挚萍:《论企业环境信息披露制度》,载《学术研究》2003年第12期。

[19]王全兴、管斌:《经济法与社会法关系初探》,载《现代法学》2003年第2期。

[20]刘红臻、肖乾刚:《走向现代性:中国经济法学发展的历程与启示》,载《法制与社会发展》2003年第1期。

[21]张守文:《经济法责任理论之拓补》,载《中国法学》2003年第4期。

[22]徐祥民:《对"环境权论"的几点疑问》,载《中国法学》2004年第2期。

[23]徐祥民:《质疑公民环境权》,载《法学》2004年第2期。

[24]周训芳:《欧洲发达国家公民环境权的发展趋势》,载《比较法研究》2004年第5期。

[25]周珂:《环境影响评价制度中的公众参与》,载《甘肃政法学院学报》2004年第3期。

[26]汪劲:《环境影响评价程序之公众参与问题研究——兼论中国〈环境影响评价法〉相关规定的施行》,载《法学评论》2004 年第 2 期。

[27]李艳芳:《论公众参与环境影响评价中的信息公开制度》,载《江海学刊》2004 年第 1 期。

[28]刘水林、雷兴虎:《论经济法的社会经济功能》,载《法学评论》2004 年第 2 期。

[29]许多奇:《英美金融监管制度改革及中国之借鉴》,载《法学》2004 年第 5 期。

[30]徐祥民:《环境权论——人权发展历史分期的视角》,载《中国社会科学》2005 年第 4 期。

[31]朱谦:《环境知情权的缺失与补救——从开县井喷事故切入》,载《法学》2005 年第 6 期。

[32]竺效:《全国首例环境行政许可听证案若干程序问题评析》,载《法学》2005 年第 7 期。

[33]郑成良:《论法律形式合理性的十个问题》,载《法制与社会发展》2005 年第 6 期。

[34]张守文:《"发展法学"与法学的发展——兼论经济法理论中的发展观》,载《法学杂志》2005 年第 3 期。

[35]周卫:《欧共体环境信息公开立法发展述评》,载《湖北社会科学》2006 年第 4 期。

[36]王全兴、汪敏:《经济与社会断裂的法律修复路径》,载《湘潭大学学报》(哲学社会科学版)2006 年第 4 期。

[37]刘和旺:《诺思制度变迁的路径依赖理论新发展》,载《经济评论》2006 年第 2 期。

[38]王小钢:《近 25 年来的中国公民环境权理论述评》,载《中国地质大学学报》(社会科学版)2007 年第 4 期。

[39]罗丽:《日本环境权理论和实践的新展开》,载《当代法学》2007 年第 3 期。

[40]朱谦:《企业环境信息强制公开的法律问题》,载《法治论丛》2007 年第 4 期。

[41]朱谦:《突发性环境污染事件中的环境信息公开问题研究》,载《法律科学》2007 年第 3 期。

[42]张式军:《突发性环境污染事件中的环境信息公开问题研究》,载《红旗文稿》2007年第20期。

[43]朱芒:《行政程序中正当化装置的基本构成——关于日本行政程序法中意见陈述程序的考察》,载《比较法研究》2007年第1期。

[44]许多奇:《银行保密义务与信息披露的现实冲突和法律整合——以信贷资产证券化为中心》,载《法学》2007年第6期。

[45]冯果:《经济法本质探微——经济法概念界定和制度构建的理性基础分析》,载《学习论坛》2007年第2期。

[46]李剑:《消费者选择权、消费心理与竞争法的逻辑——对"酒水不能自带"规定的思考》,载《现代法学》2007年第6期。

[47]吕忠梅:《环境权的法律论证——从阿列克西法律论证理论对环境权基本属性的考察》,载《法学评论》2008年第2期。

[48]徐祥民、孔晓明:《环境信息权及其现实意义》,载《中国海洋大学学报》(社会科学版)2008年第1期。

[49]王文革:《环境知情权的法律保护》,载《环境污染与防治》2008年第3期。

[50]王灿发、崔赟:《论环境信息公开范围的例外情况规定》,载《环境保护》2008年第09A期。

[51]朱谦:《政府环境信息公开范围及例外》,载《学习论坛》2008年第1期。

[52]朱谦:《抗争中的环境信息应该及时公开——评厦门PX项目与城市总体规划环评》,载《法学》2008年第1期。

[53]赵绘宇:《规划法律中的环境利益增进——以近期的三起环境公众事件为例》,载《法学》2008年第3期。

[54]郑少华:《经济法"社会公共性"研究之反思》,载《郑州大学学报》(哲学社会科学版)2008年第4期。

[55]刘剑文:《宪政与中国财政民主》,载《税务研究》2008年第4期。

[56]夏善晨:《构建社会信用体系　增强企业国际竞争力》,载《国际经济合作》2008年第1期。

[57]巩固:《环境权热的冷思考——对环境权重要性的疑问》,载《华东政法大学学报》2009年第4期。

[58]彭峰:《法国公众参与环境保护原则的实施及其对中国的借鉴》,载

《环境科学与技术》2009 年第 11 期。

[59]朱谦:《企业环境信息与银行信贷安全保障》,载《东方法学》2009 年第 1 期。

[60]钱水苗、郭蔚冉:《论中国上市公司环境信息披露的现状及其完善》,载《环境污染与防治》2009 年第 7 期。

[61]李爱年:《中欧企业环境信息强制公开制度比较研究》,载《法学杂志》2009 年第 12 期。

[62]崔赞、王灿发:《国外环境信息公开豁免范围述评》,载《环境经济》2009 年第 3 期。

[63]吕忠梅:《监管环境监管者:立法缺失及制度构建》,载《法商研究》2009 年第 5 期。

[64]叶必丰:《具体行政行为框架下的政府信息公开——基于已有争议的观察》,载《中国法学》2009 年第 5 期。

[65]冯果、袁康:《浅谈企业社会责任法律化》,载《湖北社会科学》2009 年第 8 期。

[66]夏善晨:《地方信用立法探索》,载《法治论丛》2009 年第 3 期。

[67]刘水林:《论民法的"惩罚性赔偿"与经济法的"激励性报偿"》,载《上海财经大学学报》2009 年第 4 期。

[68]蒋红珍:《知情权与信息获取权——以英美为比较法基础的概念界分》,载《行政法学研究》2010 年第 3 期。

[69]李爱年、刘爱良:《后〈奥胡斯公约〉中环境信息公开制度及对中国的启示》,载《湖南师范大学社会科学学报》2010 年第 2 期。

[70]赵绘宇:《美国环境影响评价制度 40 年纵览及评介》,载《当代法学》2010 年第 1 期。

[71]蒋红珍、樊博:《政务信息公开中的网络发言制度分析》,载《情报杂志》2010 年第 10 期。

[72]冯果、武俊桥:《由"类推监管"到"网络导向监管"——论网络信息时代证券信息披露监管制度的建构》,载《现代法学》2010 年第 2 期。

[73]刘水林:《从个人权利到社会责任——对中国〈食品安全法〉的整体主义解释》,载《现代法学》2010 年第 3 期。

[74]冯果、辛易龙:《公用企业社会责任论纲——基于法学的维度》,载《社会科学》2010 年第 2 期。

[75]冯果等:《金融创新视域下的公司治理——公司法制结构性变革的一个前瞻性分析》,载《法学评论》2010 年第 6 期。

[76]王灿发:《中国环境信息公开立法及面临的挑战》,载《环境保护》2011 年第 11 期。

[77]朱谦:《理性对待海洋环境污染事件中的信息通报义务——从蓬莱 19 - 3 油田溢油事件说起》,载《法学》2011 年第 9 期。

[78]李万新、李多多:《中国环境信息的主动发布与被动公开——两个环境信息公开试点项目的比较研究》,载《公共行政评论》2011 年第 6 期。

[79]顾明、徐丰果:《突发性环境污染事件中的企业环境信息公开问题研究——以紫金矿业水污染事件为例》,载《长沙铁道学院学报》(社会科学版)2011 年第 1 期。

[80]刘水林、王波:《论环境法公共实施与私人实施的结合与衔接》,载《甘肃政法学院学报》2011 年第 6 期。

[81]贺桂珍、吕永龙、张磊、Arthur P. J. Mol、冯嫣:《中国政府环境信息公开实施效果评价》,载《环境科学》2011 年第 11 期。

[82]许多奇:《信息监管:中国信贷资产证券化监管之最优选择》,载《法学家》2011 年第 1 期。

[83]彭飞荣、王全兴:《分配正义中的政府责任:以风险与法为视角》,载《社会科学》2011 年第 1 期。

[84]蔡守秋:《环境信息公开与公众环境参与的法治建设》,载《世界环境》2012 年第 6 期。

[85]朱谦:《上市公司突发环境事件信息披露的制度约束与衔接——以"紫金矿业行政处罚案"为切入点》,载《法学》2012 年第 7 期。

[86]朱谦:《上市公司突发环境事件信息披露的重大性标准探讨》,载《法治研究》2012 年第 10 期。

[87]方堃、万美:《海洋污染事件中肇事企业的信息公开义务与责任——对蓬莱 19 - 3 油田漏油案的法规范分析》,载《法学评论》2012 年第 5 期。

[88]蒋红珍:《从"知的需要"到"知的权利":政府信息依申请公开制度的困境及其超越》,载《政法论坛》2012 年第 6 期。

[89]刘水林、王波:《社会企业法的性质:社会法私法化的新路径——以英国社区利益公司条例为样本的分析》,载《上海财经大学学报》2012 年第 1 期。

[90]冯果、戚莹:《社会整体利益实现机制探究》,载《武汉理工大学学报》(社会科学版)2012 年第 4 期。

[91]王曦、唐瑭:《对“环境权研究热”的“冷”思考》,载《上海交通大学学报》(哲学社会科学版)2013 年第 2 期。

[92]王树义、庄超:《突发环境事件信息公开的理念更新与制度完善》,载《中州学刊》2013 年第 3 期。

[93]张璐:《公众自测环境信息的法律分析——兼论环境知情权实现途径的完善》,载《中国地质大学学报》(社会科学版)2013 年第 3 期。

[94]朱芒:《公共企事业单位应如何信息公开》,载《中国法学》2013 年第 2 期。

[95]杨国斌:《多元互动条件下的网络公民行动》,载《新闻春秋》2013 年第 2 期。

[96]方堃:《企业环境信息公开相关基本问题研究》,载《上海交通大学学报(哲学社会科学版)》2014 年第 4 期。

[97]郭红彩:《政企关系、市场化进程与地方政府环境信息公开——基于我国 A 股高污染行业的经验证据》,载《中国地质大学学报》(社会科学版)2014 年第 6 期。

[98]王芹、万凯莉、吴严:《政府环境信息公开与公众参与的实践与推进策略——以苏州市为个案研究》,载《电子政务》2014 年第 10 期。

[99]王彬辉:《我国企业环境信息强制公开制度的发展与实践路径》,载《法学杂志》2015 年第 8 期。

[100]吴灏文、张弛:《企业环境信息披露、研究评估与理论框架构建》,载《中国人口、资源与环境》2015 年第 11 期。

[101]毕茜、顾立盟、张济建:《传统文化、环境制度与企业环境信息披露》,载《会计研究》2015 年第 3 期。

[102]杨连星、张秀敏、陈婧:《分税制改革影响了企业环境信息披露吗》,载《产业经济研究》2015 年第 3 期。

[103]张秀敏、汪瑾、薛宇、李晓琳:《语义分析方法在企业环境信息披露研究中的应用》,载《会计研究》2016 年第 1 期。

[104]Luhmann,“Technology,Environment and Social Risk. Industrial Crisis Quarterly”,*Industrial Crisis Quarterly*,1990.

[105] Maurie J. Cohen,“Risk Society and Ecological Modernization”,

Futures Vol. 29, No. 2, Futures, 1997.

[106] Jos Janssen, "Recent Developments on Access to Environmental Information: Transparency in Decision Making", *European Environmental Law Review*, October 1998.

[107] Katy Brady, "New Convention on Access to Environmental Information and Public Participation in Environmental Matters", *Environmental Policy and Law*, Vol. 28, No. 2 1998.

[108] Stratopoulos T., Dehning B., "Does Successful Investment in Information Technology Solve the Productivity Paradox?", *Information & Management*, 2000, 38(2).

[109] Daniel T. Ostas, "Deconstructing Corporate Social Responsibility: Insights from Legal and Economic Theory", *American Business Law Journal*, Winter 2001.

[110] Cynthia A. Williams, "Corporate Social Responsibility in An Era of Economic Globalization", *U. C. Davis Law Review*, February 2002.

[111] Pall A. Davidsson, "Legal Enforcement of Corporate Social Responsibility within The EU", *Columbia Journal of European Law*, Summer 2002.

[112] Rachel Cherington, "Seurities Law and Corporate Social Responsibility: Toward an Expanded Use of Rule 10B - 5", *University of Pennsylvania Journal of International Economic Law*, Winter 2004.

[113] Eco Forum, "Statement of the European Eco-Forum and other Civil Society organizations of the UN-ECE region", The Almaty Action Statement, 2005.

[114] Rupley, Kathleen Hertz; Brown, Darrell; Marshall, R. Scott, "Governance, Media and the Quality of Environmental Disclosure", *Journal of Accounting and Public Policy*, November-December 2012, 31(6), pp. 610 - 640.

[115] Bae, Hyunhoe, "Reducing Environmental Risks by Information Disclosure: Evidence in Residential Lead Paint Disclosure Rule", *Journal of Policy Analysis & Management*, Spring, 2012, Vol. 31 Issue 2, pp. 404 - 431.

[116] Iatridis, George Emmanuel, "Environmental Disclosure Quality: Evidence on Environmental Performance, Corporate Governance and Value

Relevance", *Emerging Markets Review March*, 2013 (14), pp. 55 – 75.

[117] Lei Zhang, Guizhen He, Arthur P. J. Mol and Yong-long Lu, "Public Perceptions of Environmental Risk in China", *Journal of Risk Research*, 2013 Vol. 16, No. 2, pp. 195 – 209.

[118] H&M Magazing, Spring 2013.

[119] Lewis, Ben W.; Walls, Judith L.; Dowell, Glen W. S., "Difference in Degrees: CEO Characteristics and Firm Environmental Disclosure", *Strategic Management Journal*, May 2014, Vol. 35 Issue 5, pp. 712 – 722.

[120] Chen, Jennifer, "Initiating Disclosure of Environmental Liability Information: An Empirical Analysis of Firm Choice", *Journal of Business Ethics*, Dec. 2014, Vol. 125 Issue 4, pp. 681 – 692.

[121] Plumlee, Marlene; Brown, Darrell; Hayes, Rachel M.; Marshall, R. Scott, "Voluntary Environmental Disclosure Quality and Firm Value: Further Evidence", *Journal of Accounting and Public Policy*, July-August 2015 34(4), pp. 336 – 361.

[122] Cormier, Denis; Magnan, Michel, "The Economic Relevance of Environmental Disclosure and its Impact on Corporate Legitimacy: An Empirical Investigation", *Business Strategy and The Environment*, Sept. 2015, Vol. 24 Issue 6, pp. 431, 20.

[123] Zhang, Lei; Mol, Arthur PJ.; He, Guizhen, "Transparency and Information Disclosure in China's Environmental Governance", *Sustainability Governance and Rransformation* 2016: *Informational Governance and Environmental Sustainability*, *Current Opinion in Environmental Sustainability*, February 2016(18), pp. 17 – 24.

[124] Qiu, Yan; Shaukat, Amama; Tharyan, Rajesh, "Environmental and Social Disclosures: Link with Corporate Financial Performance", *The British Accounting Review*, March 2016, 48(1), pp. 102 – 116.

[125] D'Amico, Eugenio; Coluccia, Daniela; Fontana, Stefano; Solimene, Silvia, "Factors Influencing Corporate Environmental Disclosure", *Business Strategy and The Environment*, March 2016, Vol. 25 Issue 3, p. 178.

(二)学位论文

[1]王雪慧:《资本结构、公司治理、内部控制和会计信息关系研究》,对外经济贸易大学2004年硕士学位论文。

[2]邓旸:《中国环境信息公开制度的立法构建》,中南林业科技大学2006年硕士学位论文。

[3]孔晓明:《环境信息法研究——以完善立法为目标》,中国海洋大学2008年博士学位论文。

[4]高历红:《我国企业环境报告研究——财务报告的新进展》,中国地质大学2008年硕士学位论文。

[5]钱亚梅:《风险社会的责任担当问题》,复旦大学2008年博士学位论文。

[6]吴翊民:《基于成本收益的企业环境信息披露研究》,南开大学2009年博士学位论文。

[7]张世兴:《基于环境业绩评价的企业环境信息披露研究》,中国海洋大学2009年博士学位论文。

[8]司林:《信息资本的成本控制研究》,河南大学2009年硕士学位论文。

[9]崔赟:《企业环境信息公开法律制度研究》,中国政法大学2010年硕士学位论文。

[10]冯婧雅:《风险社会视角下的中国法律治理》,华东政法大学2010年硕士学位论文。

[11]刘琪:《我国上市公司环境信息披露法律研究》,华东政法大学2011年硕士学位论文。

[12]魏松耀:《地方政府环境信息公开的法律制度研究》,山东大学2012年硕士学位论文。

[13]王庆花:《企业信息资本配置及信息战略研究》,中国海洋大学2012年硕士学位论文。

[14]李香民:《风险社会与我国法律观念的变革》,吉林大学2012年博士学位论文。

[15]许树青:《风险社会下环境法的发展》,昆明理工大学2012年硕士学位论文。

[16]李南:《国有企业环境信息公开责任研究》,长安大学2013年硕士学位论文。

[17]王润:《上市公司环境信息披露与企业价值相关性研究》,北京交通大学2013年硕士学位论文。

[18]孟晓华:《企业环境信息披露的驱动机制研究》,上海交通大学2014年博士学位论文。

[19]郭丽红:《境外上市、实际控制人特征与企业环境信息披露——来自沪市A股重污染行业的经验数据》,兰州大学2014年硕士学位论文。

[20]刘文文:《论我国政府环境信息公开制度的完善》,浙江大学2014年硕士学位论文。

[21]闫瑞杰:《我国政府环境信息公开制度研究》,中国林业科技大学2014年硕士学位论文。

[22]武剑峰:《环境信息披露、融资成本与企业价值增长——来自沪市A股重污染行业的经验证据》,对外经济贸易大学2015年博士学位论文。

[23]赵萱:《企业环境责任信息披露制度绩效及其影响因素实证研究》,西南大学2015年博士学位论文。

[24]孙钰:《企业环境信息公开制度研究》,中国海洋大学2015年硕士学位论文。

[25]沈霖:《论政府环境信息公开——以环保主体互动理论为进路》,宁波大学2015年硕士学位论文。

(三)报纸论文

[1]金磊:《防灾考核为什么总缺教训报告?》,载《南方周末》2013年1月24日,第20版。

[2]徐峻音、段钢:《2013年中国城市居民环保态度调查表明——近八成居民会拒建污染设施》,载《社会科学报》2013年6月13日,第1版。

(四)网络文献

[1]《番禺垃圾焚烧厂选址应做风险评估典范》,载南方都市报南都社论:http://news.qq.com/a/20110525/000538.htm,最后访问日期:2013年2月28日。

[2]《如何实现双赢?中国大陆垃圾处理与群体性事件的博弈》,载云情报,凯迪社区舆情观察:http://club.kdnet.net/dispbbs.asp?id=8729555&boardid=101,最后访问日期:2013年2月28日。

[3]《全国1/4城市已无垃圾填埋场 垃圾围城亟待破解》,载中国固废网:http://news.solidwaste.com.cn/view/id_47100,最后访问日期:2013年5月25日。

致　谢

在本书即将付梓之际，我想借此机会，向在我攻读博士学位期间和国家社科项目执行期间对我给予关心和帮助的长辈、朋友和亲人们表示感谢。我要说的是，他们是我人生途中的贵人。

本书的出版，首先要感谢我的国家社科项目的参与人上海交通大学凯原法学院朱芒教授、中山大学法学院李挚萍教授、台湾政治大学法学院许耀明教授、原上海市闵行区环保局喻文熙副局长、上海交通大学外国语学院余继英老师、上海金茂律师事务所万美律师。他们在项目申请和结项阶段的研究成果以及在项目推进过程中的研讨与坚定的支持，都是项目最终能够顺利结项和本书能够出版的重要财富。

感谢中国社会科学院环境法学界的老前辈、深受人尊敬的马骧聪教授。记得 2013 年我去北京出差拜访他时，他曾谆谆告诫我，研究企业环境信息公开问题，应当立足中国特色社会主义、研究马克思主义法学原理、用心探究企业社会责任问题。与马老师的叙话犹如聆听祖辈的教诲，搭建了做学问稳与高的宏观架构，开阔了眼界，纯净了心胸。祝福老先生洪福高寿，幸福吉祥。

感谢我的恩师蔡守秋教授，他是我在武汉大学进行环境法研究的启蒙老师，虽然在武汉大学 3 年的求学时光短暂，但是可以说，从我想读他的研究生开始他就是我的人生导师。在与老师的交流中，他总是带着微笑,他对生活真诚、乐观,对学生很严格但宽宏大量,亦师亦友,与老师在一起我获得了足够的正能量和鼓舞。虽然他现在已77岁,但他仍对生活热爱、热情,旅游、爬山、走步、参加学术活动。这是他每年对环境法新的思考、学术成果的动力,而当我们这些学生在一起时,在为老师新作、新思想高兴、骄傲的同时,也会深感自惭形秽,暗下决心要向老师学习。他总是善意地提醒和鼓励我,要我多读书、多动手写作、关心国家大事,一直关心我的毕业论文写作、国家项目进展情况及本书的出版,并且在我请教问题时及时回复、指导和建议。老师倡导的公众共用物理念、环境知情权理论和对传统法理学的绿色反思,为我完善企业环境信息公开制度的思考提供了新的思维和视角。除对我事业的关心外,老师和师母还时常关心我们小家的生活,让人备感温暖。所以,老师的为人处世哲学和为学为研之道一直在鼓励着我,让我感受着生活的阳光。

感谢上海交通大学凯原法学院王曦老师,感谢他在我的博士研究生前期阶段给予的耐心指导,感谢他对我的工作、家庭的关怀和帮助。他治学的严谨和对待工作的认真值得我学习。

感谢北京大学法学院汪劲老师。1996年我在武汉大学读研究生期间就拜读了他的《日本环境法》。虽然没有专门聆听汪老师授课,但看他写的著作、翻译的译著就感觉到汪老师做学问、研究学术的专细。汪老师待学生宽厚,做学问严谨求实,视野思维高远敏捷,实属我们学术后辈的榜样。清楚地记得那年在青岛的一次会议期间,汪老师拿着用红色修改得密密麻麻的稿子,指导我的博士学位论文,精细到每一级标题。这一场景现在仍历历在目、让人备感温馨并受到鼓舞。直到现在,只要我有学术上的问题便向他请教,包括这本书请他作序,他总能在最短时间内回复。遇上汪老师是我的福气。

感谢王先林老师和他的夫人杜留霞老师,我们生活在同一小区很多年,感谢他们对我事业、生活的关心和帮助,对我家人的关爱。当我的事业出现挫折、我夫人患病时,他们总是伸出援助之手。他们总是很乐观开朗地安慰、帮助和支持我们,让我们全家人感到温暖。王老师作为学院领导不摆架子,平易近人,考虑问题总是周到和全面,让人觉得在他手下干事轻松、自愿,还有收获。真心感谢他为我的论文和项目提供的文献资料支持和帮助。

感谢我的博士学位论文导师许多奇教授,2012年我的论文进入攻坚阶段,她毅然受学院之命帮我于为难之际,顶着风险担任我的论文指导老师,实有侠义女子之风范,让学生钦佩和感激。许老师主要研究财税金融法,让她指导我，又要新添她额外研究环境法的研究重任。而且许老师当时还处于学院行政工作的关键时期，还有教学、科研、家庭上的繁重压力，可她仍欣然接受了这个任务，多次反复就论文结构、内容等传经送宝，哪怕是在境外访学期间也通过电子邮件关心、指导和督促我的论文写作，还主动帮忙找寻文献资料。许老师对我论文的真诚指导、自然流露的言传身教不仅使我顺利毕业、通过论文答辩，而且奠定了我之后进一步深化科研的良好基础。感谢许老师的豪情，资助我在法律出版社出版这本著作并欣然作序，感激之情唯有今后在事业上加倍努力，用成绩来回报。

感谢上海市闵行区环保局原书记刘家欣、原副局长喻文熙、路文工程师、闵行区办公室原主任张峰、闵行经济开发区徐亚军科长、莘庄工业区郑俊科长，他们在我们项目执行过程中，热心、尽心地提供实施建议和资料、介绍环保和执法现状、联系调研公司、工厂和居委会，对我们取得珍贵的第一手资料提供了极大的帮助和支持。他们的帮助和支持，保证了与公司、社区交流、调研的顺利进行，以及项目结论的真实。感谢这期间与我一起共同做项目调研和研究的同学和朋友，他们分别是南京市委党校朱达俊博士、上海金茂律师事务所万美律师、香港盛德律师事务所卫绮骐律师、北京公众环境研究中心 Kate 研究员，以及曹湘芹同学、李昱同学。他们在做研究时都表现出了一种很强的法律职业品质，具有很强的团队合作精神以及求知欲和钻研精神。

感恩我在上海交大凯原法学院工作期间的同事徐向华教授和她的先生贵州省高级人民法院院长孙潮，是他们给了我参与科技部“十一五”重大支撑项目、国家 863 计划应用示范类项目子课题的机会。徐老师和孙老师总是创造条件给年轻人以锻炼和发展的机会，他们为人诚信谦和、做事睿智坚定，思考问题缜密，对待项目认真、心细，把握住方向和框架，但给参与人自由。他们对待问题的看法有高度、深度，还接地气。能够参与这样的项目，无论是在科研上还是在做人方面都让我成长了很多，衷心感谢徐老师和孙老师。

感恩我在上海交大凯原法学院工作期间的同事和朋友杨力教授，参与他主持的与我的课题相关的企业社会责任研究项目时，他对待问题的思维敏捷、宏观把控与微观设计，对待调研结论的详细权衡和把捏，以及在项目讨论中的平易近人和谦逊、认真，都是我学习的榜样。

感谢华东政法大学肖国兴教授，感谢他的宽厚、热情和友好。在需要寻求外审专家审阅论文、国家社科项目预审时，肖老师在很忙的情况下毫不犹豫地接受了这样难的差事。他仔细审读文稿，在内容充实、结构调整、论证方法开放度等方面给予了非常有针对性、建设性的意见和建议。他提醒我，环境问题及其解决方法是综合性的，除了从法学角度思考外，还应当在法学科之外寻求解决答案，应当从经济学、政治学领域寻求答案。同样，在论文预答辩、答辩中，他亦显示出了对学术后进的爱护以及严谨和儒雅的风范。感谢上海财经大学郑少华教授，他是我原来在武汉大学法学院读研究生时就认识的朋友。郑老师工作和事业很忙，但是我们到上海工作后他一直关心着我的工作、事业和生活，关注着我博士研读的整个过程。他对我的国家社科项目成果预评审提出了详细的意见和建议，这些建议涉及具体的章节乃至段落如何调整更显逻辑性、更具有论证力度，这些足显郑老师对待研究的严谨和环境法思考的睿智。肖老师和郑老师的建议，成就了国家社科项目的最终成果和这部著作的原型。

我还要感谢上海财经大学的王全兴教授、上海政法学院王文革教授，感谢我原来的同事和朋友中国人民大学法学院的万勇教授，上海交通大学法学院的李剑教授、侯利阳教授。他们对我的博士学位论文评阅、修订提出的积极中肯的建议，是我顺利通过答辩的牢固基础，他们对人的真诚豁达、对待学术研究的严谨务实是我今后学术发展楷模。

感谢苏州大学王健法学院朱谦教授，他有关企业和政府环境信息公开的研究论文为我的博士学位论文写作、国家社科的执行提供了重要的参考价值。

感谢我原来在凯原法学院的朋友范进学教授、彭诚信教授，他们一直很关心我博士学位论文写作和生活工作，传授给我了国家项目结项报告书的写作经验，为我的项目顺利结项提供了重要参考和启示。

感谢中国台湾大学法律系叶俊荣教授，他之前在凯原法学院访学期间，对我的博士学位论文和国家项目的完善给出了很具价值的建议，他建议我多加关注环境权、环境公众参与在企业环境信息公开实施中的价值作用。与他的交流和讨论，使我感受到了他作为学者所具有的对待现实环境问题思考的高深学术素养。

在我的博士学位论文写作和国家社科项目执行过程中，还得到过如下老师朋友的指点，在此一并致谢。他们分别是南开大学戚道孟老前辈，西北政法大学窦玉珍老前辈，北京大学刘剑文老师，武汉大学李启家老师、王树义老师、罗吉老师、秦天宝老师，清华大学吕忠梅老师，中国人民大学周珂老师、李艳芳老师，中国政法大学王灿发老师、曹明德老师，中国海洋大学徐祥民老师，中南林业科技大学周训芳老师，复旦大学张梓太老师，湖南师范大学李爱年老师，中南财经政法大学高利红老师，上海交通大学郑成良老师、季卫东老师、秦裕林老师、葛岩老师、张绍谦老师、徐冬根老师、韩长印老师、徐小冰老师、叶永禄老师、李学尧老师、郭延军老师、其木提老师、林彦老师、赵绘宇老师、尚丽娜老师，上海大学王福华老师，上海市检察院副检察长王光贤先生，上海市金融检察处处长肖凯先生。感谢以下老师朋友的帮助和大力支持，他们是上海交通大学媒体与设计学院常河山老师，文科处凌宏发老师、刘津芳老师、黄谷香老师、胡菲菲老师、何屹锋老师、池晨颖老师，研究生院张勇老师、陆丹老师，凯原法学院汪后继老师、蒋惠老师、陈亚宪老师、赵怡冰老师、王南老师、李文凯老师、付媛媛老师、张怡老师、袁晔老师、骆云老师，复旦大学周景婧老师。

感谢我在凯原法学院工作期间的同事顾祝轩教授。在闵行校区时，我们俩分在同一间办公室，有幸成为他的室友。顾老师一直延续着他在早稻田大学博士求学时对研究的执着和情怀，不为学术界的指标评价体系所动摇，沿着自己设计的完成系列民法学史研究的心愿义无反顾地专心创作，他在法律出版社一年一部专著的问世得到了学界的认可和推崇，每年都获得上海市哲社奖。作为朋友，我们在工作、事业和生活上都有较深入的交流，我很羡慕他在做学术研究的豁达心境、执着追求和对学术理论研究的深邃，很感激有这样不断上进、给人激励的朋友。

上海交大凯原法学院资料室的陈夏根老师是我的朋友和曾经的同事，他对生活的乐观和坚定、对工作的热情和周到、对人的坦诚为我所钦佩，他与杜老师为我论文写作和项目的顺利完成提供了丰富的文献资料帮助。

感谢上海交大图书馆李泳涵老师，她多次无私耐心地帮我查询外文资料，为我的论文写作和项目推进奠定了丰富的外文资源。

感谢 *Journal of Environmental Law* 主编 Liz Fisher 教授，《法学评论》原常务副主编赵钢教授、责任编辑柯坚教授，中南财经政法大学的高利红教授，《法商研究》责任编辑余耀军教授，《政治与法律》主编徐澜波老师、责任编辑何卫东研究员、彭峰研究员，《上海交通大学学报》（哲学社会科学版）原主编叶必丰教授、刘晓荣主任、责任编辑孟宝棣老师、王淑芬老师等，在项目阶段性成果传播中给予我的真诚帮助和大力支持，他们对待学术创造精益求精的精神增加了我对学术的敬仰和执着。发表在这些期刊的成果奠定了现在这部著作的基础。

感谢上海师范大学哲学与法政学院院长蒋传光教授，与蒋老师的相识与共事是我的荣幸和缘分。虽然有繁忙的行政工作,但蒋老师待人热情、宽厚、诚真,平易近人、一视同仁,做学问认真专一出高成果,是我的榜样。每次遇上蒋老师,他总会与我寒暄,除了提醒和关心我的工作外,还关照我注意身体健康、劳逸结合,让人亲近、感到关怀,让人愿意在他手下安心地干活和工作。谢谢蒋老师对我生活和工作的关心、帮助,谢谢他为我的书作序鼓励。

2015 年来到上海师范大学工作,清新、简单的人际关系让我感觉亲切自由。感谢哲学与法政学院、法律系领导、同事的热情帮助和关心,是他们让我较快地适应了新的工作环境并轻松地做好自己的项目。感谢朱新光老师、刘作翔老师、施延亮老师、刘诚老师、马英娟老师、郑显文老师、环建芬老师、邓杰老师、胡廷松老师、夏邦老师、王宏老师、吕同舟老师提供的帮助与关心。真诚感谢上海师大社科处江家鸣老师的真情帮助和热情工作,督促我抓紧完成结项的准备工作。社科处开创的结项成果的预审核程序、外审专家的建议,对我最后完善和完成项目到了重要甚至是决定性的作用。

我还要感谢我在上师大指导的毕业了或就读的研究生、本科生同学。他们都听话懂事,让我省了不少心,有更多时间专心于项目结项工作。

感谢法律出版社财经分社社长沈小英女士、编辑刘晓萌女士的辛勤劳动和帮助,感谢出版社各位编辑老师,正是他们的认真负责,才保证了著作的顺利出版。

最后,感谢和感激我的家人。感谢先父方克明大人,感谢他在我最需要帮助时为我们家所做的一切。父亲的一生谦厚、热情、真诚,他总是默默地奉献并承受着他认为值得承受的一切。在我感到苦闷时,父亲总是带着他的爱劝慰我工作不要太累、为人不要太认真、待人要宽容大度。父亲和我青春早逝的母亲时常让我感到自己作为儿子为他们做的太少、欠他们的太多,这也是我想趁着年轻发奋努力工作和珍惜生活的重要原因之一。真诚地感谢我的岳父、岳母,感谢他们在我们工作和生活压力很大时,牺牲了退休的安逸给予我们的无私帮助。他们耐心和无怨无悔地帮我们带着孩子,将家里整理得井然有序,让我们夫妻能够全身心投入教学与科研,减轻了本来属于我们应当承担的家务和照料孩子的事务。岳父余宏照大人乐观大度、岳母熊莲宝大人开朗聪慧,他们的勤劳、勤俭持家的风格激励着我们,他们对孩子真挚的爱鼓舞着我们应当珍惜生活、乐观生活、爱惜生命和健康。感谢我的同胞弟弟方和伦和妹妹方颖波的关心和帮助。感谢我亲爱的妻子余继英和儿子方笑彦。在我读博求学和实施国家社科项目的整个阶段,我的很多精力都放在了这两件事情上,无暇顾及家人,他们母子为我付出了很多。当我感觉累了的时候,他们娘俩就心疼地督促我休息休息;当我懈怠之时,他们俩则打趣地说:“做得怎么样了呀?”“快了吧?”“累了就歇歇吧!”这就是一种家的感觉、一种幸福的感受。儿子唱出的一首歌、哼出的一个小曲,妻子的一声嘘寒问暖、一首诗或者一曲词,都会让我感觉欣慰和轻松。家里,唱唱闹闹、说说笑笑,是可以让人放松心情、缓解紧张的地方。有人说家是温暖的港湾,我深深认同。尤其是妻子2009年大病之后,她毅然放弃了继续读博的机会,坚持和坚强地做好她的教学和科研,承担了照顾家庭、教育孩子几乎全部的义务,坚决支持我的工作和学习而无怨无悔。我已无法用世间最美的语言来表达我对坚定支持我的亲爱的妻子的感激之情。谢谢你,我亲爱的妻子。现在细想起来,自己倍感有愧于你和孩子。我会用我今后的全部生命和努力来感激你、回报你,虽然说你为我、为家庭付出之时并不曾期求什么回报。我还要真诚地对我的孩子说声对不起,在你最需要爸爸陪伴照料的童年时光、最需要爸爸平等交流的少年季节,爸爸却总能找到冠冕堂皇的理由不满足你的愿望。在你处于重要的人生十字路口,小升初、中考的关键时期,爸爸严重地缺位,没有帮助到你而且对你产生了不好的影响,现在想来已是追悔莫及。爸爸希望能够求得你的原谅,爸爸永远爱你,希望今后的日子能够努力弥补那本应属于我们父子却偏被爸爸忽视了的遗憾。虽然说,现在的你已经极力想挣脱、远离爸爸的羁绊。写到这里,我要告诉自己的妻儿,我虽然没有尽到一个好的丈夫和父亲的职责,但我以有你们而骄傲、幸福、满足。我会以这部书的出版为契机做好未来的工作,更要尽好自己的家庭职责。

行文至此,我记起了一件让我永远感激的故事。那是我从武汉大学硕士毕业到上海交大工作的第二年,新世纪之交的2000年,我受当时交大人文学院法律系主任陈乃蔚教授的委托,回武汉大学拜望中国法学泰斗韩德培老先生,请他为上海交大准备出版的《新世纪法学前沿》题词。韩老先生当时年事已高,恐惊扰他,我忐忑不安。当我被引进韩先生家里时,老人家的平易近人顿时让我紧张的心情释怀。他询问了我的来意和我的专业,又听说我是武汉大学毕业、研究环境法,他很热情并且鼓励我要好好研究和实践环境法,他欣然地接受了我们的题词请求。老人家请家人为他取来了笔墨和宣纸,认真地写下了“海纳百川,有容乃大;壁立千仞,无欲则刚”十六个遒劲有力的大字送给我们作为鼓励和纪念。韩老先生虽已驾鹤西去,但是他送给我们的题词却时刻提醒着我、激励着我,做法学研究、做一个法律人就应当具有这样宽广的胸怀、气魄和无欲，我会谨记韩老先生的教诲，无怨无悔地向着这一目标奋进。

方堃
2018 年 6 月 18 日写于
上海文馨苑寓所

图书在版编目（CIP）数据

中国实施企业环境信息公开法律制度研究／方堃著
. -- 北京：法律出版社，2018
（金融财税法学前沿问题论丛／许多奇主编）
ISBN 978-7-5197-2664-5

Ⅰ. ①中… Ⅱ. ①方… Ⅲ. ①企业环境管理－环境保护法－研究－中国 Ⅳ. ①D922.683.4

中国版本图书馆 CIP 数据核字（2018）第 203832 号

中国实施企业环境信息公开法律制度研究
ZHONGGUO SHISHI QIYE HUANJING XINXI GONGKAI FALÜ ZHIDU YANJU

方 堃 著

策划编辑 沈小英
责任编辑 沈小英 刘晓萌
装帧设计 汪奇峰

出版 法律出版社
总发行 中国法律图书有限公司
经销 新华书店
印刷 北京虎彩文化传播有限公司
责任校对 马 丽
责任印制 吕亚莉

编辑统筹 财经法治出版分社
开本 720 毫米×960 毫米 1/16
印张 17.5
字数 310 千
版本 2018 年 10 月第 1 版
印次 2018 年 10 月第 1 次印刷

法律出版社／北京市丰台区莲花池西里 7 号（100073）
网址／www. lawpress. com. cn
投稿邮箱／info@ lawpress. com. cn
举报维权邮箱／jbwq@ lawpress. com. cn
销售热线／010-63939792
咨询电话／010-63939796

中国法律图书有限公司／北京市丰台区莲花池西里 7 号（100073）
全国各地中法图分、子公司销售电话：
统一销售客服／400-660-6393
第一法律书店／010-63939781/9782
西安分公司／029-85330678
重庆分公司／023-67453036
上海分公司／021-62071639/1636
深圳分公司／0755-83072995

书号：ISBN 978-7-5197-2664-5
定价：70.00 元
（如有缺页或倒装，中国法律图书有限公司负责退换）